告(고)함. 알림

재물이 차고 넘쳐도 남 주기는 어려운 일인데
신심과 공심을 내어 무명스님의 글을
알아보고 선뜻 응하여 도움을 주신
하남시 교산동에 居(거)하시는 이향호 님께
고마움과 감사를 전합니다.

안다는 망상과 있다는 망상이 지배하는 세상에서
주인 없는 집에 재물이 쌓일수록 독이 되는데
住處(주처)가 따로 없는 마음이 공심을 내면
그것을 活人(활인)이라 할 것이다.
이름에 남을 위한 美談(미담)에 향기(香, 향)가
널리 퍼짐(浩, 호)을 짊어지고 있어 아름답구나.

활인이 공심과 함께하여 만법과 돌아가니
大道(대도) 신장들과 호법 천신의 가호가 있어
가정과 사업에 번영이 따를 것입니다.
고맙소!

"또는 빈 항아리(空桶)이니라"

노자와 부처의 ...

도덕경

지은이 **노자** / 역해자 **자허당 황혜공**

천을출판

글을 시작하며

지천명을 넘긴 나이에 만난 노담仙人(선인)의 《도덕경》을 접하고 첫 장을 넘겨 '此兩者同出
而異名(차양자동출이이명)'이라는 글을 보고 너무 놀란 마음에 책을 덮어버렸던 기억이 지금
도 생생하다.

'색과 공이 같다.'는 말에 걸려 출가하여 '같다.'는 한 놈만을 잡기 위하여 전후좌우도 없이
방황할 때에 딱한 내 처지를 아시고 거두어 주신 사부님이 "禪門(선문)에 들려면 화두를 들어
야 한다."라는 말씀과 "무유가 쌍쌍이라 하시며 무자를 들고 정진하라."던 때라 도에 정의와
본을 밝혀 말씀하신 노담선인의 글을 보고 놀랐던 것이다.

이후 출가인으로서 본분의 일을 마치고 덮어두었던 《도덕경》을 꺼내 들게 되었으며, 이제
는 조석으로 옆에 두고 지내는 처지가 되었다.

시간을 내어 여러 학자님이 쓰신 책들도 접하게 되었는데 글을 읽다 보니 선인이 말하고자
하는 도와 덕에 대한 意中(의중)을 벗어나 글자만을 풀어 놓은 것을 보게 되어 안타까움을 느
끼게 되었다.

도란 일상이며 일상의 모든 것들이 도와 함께 들고나는 것인데 실상의 도를 모르고 글을 멋

들어지게 풀어 놓았다고 하여 도를 제대로 풀어 정리하였다고 할 수는 없을 것이다.

도란 無爲(무위)의 자연이며, 순수하고, 질박하고, 투박한 자연에 깃들어 있다는 것을 알기에 실상의 도를 모르고 쓴 글들에 아쉬움이 들어 필자가 필을 들게 되었다.

도를 말하자면, 노담선인의 도와 부처의 도, 공맹의 도가 다르지 않아 유불선의 도는 하나이며 뿌리 또한 같은 것이다.

도는 天道(천도)를 말하고 덕은 地德(지덕)을 말한다.

그래서 사람은 하늘과 땅을 품고 도덕을 품고 태어나서 도덕을 짊어지고 살아가며 행하는 이가 온당한 사람이라 할 것이다.

사람이 정체성을 지니고 항상 대상과 함께함을 알아 서로 의지하고 신뢰를 쌓아가며 변화에 응하는 것을 보면서 도와 함께 살아감을 보게 되는데 말로만 도를 알았다고 하면 무슨 소용이 있겠는가?

도가 살아있음은 活用(활용)을 아는 것이고 행위가 뒤따라야 할 것이다.

차별의 세상에서 평등을 구하려는 것이 도를 찾아가는 길이며, 사람이 세상에 올 때 평등을 품고 오기에 세상을 살아가는 누구라도 도를 품고 덕을 행하며, 살아가려고 노력하며 살고 있는 것이다.

'사람이 만물의 영장'이라 함은 천지 만물을 지배하고 천하의 모든 것들을 사람만이 제대로 이끌어 나갈 수가 있다는 말이며, 따로 신이 존재하여 세상을 이끌어나가는 것이 아니라 사람만이 세상을 이끌어나가는 신이라는 말이며, 사람만이 최고의 신이며, 사람만이 최귀의 신이라는 것이다.

사람이 最高(최고), 最貴(최귀), 最靈(최영)의 신이다.

그것은 사람만이 필요에 의해서 신을 만들기도 하고 또는 신을 버리기도 할 수 있는 존재이기 때문이다.

노담선인의 글을 존재적 가치를 우선시하는 눈으로는 제대로 알 수가 없고 무유가 동시에 태어나는 빈 항아리(空桶, 공통)를 알아야 제대로 《도덕경》의 깊은 맛을 알아 풀어낼 수가 있는 것이다.

《도덕경》81장 각각의 문장들이 다른 표현을 빌렸으나 내용 면에서는 도를 풀이하기 위한 중복된 문장들이 많은데 필자의 글에서도 중복되고 상이한 문장들을 많이 들어있는 것도 《도덕경》 자체에 들어있는 중복성 때문이다.

노담선인이 살아 활동하던 시대나 이천 오백 년의 시공을 뛰어넘어 현대를 살아가는 지금의 시대가 모양이 변하고 살아가는 사람들의 가치관은 변했으나, 그때나 지금이나 사람이 도를 품고 살아가는 정체성은 변함이 없기에 선인이 남긴 《도덕경》에 무한 가치가 담겨있으며, 1장의 글만으로도 도를 설명하기에 부족함이 없음을 알아차려야 할 것이다.

도를 만나 얻기를 바라면
노자도 공자도 부처도 버리고
내 입가에 삼세의 도가 담겼음을 보아라.

갑진 입하지절에 너른 골 백마산자락에서
自虛堂(자허당) 慧空(혜공)이 작하여 쓰다.

차례

상편

도덕경

상편

道可道非常道(도가도비상도)	길을 길이라 하나 항상 그 길이 아니고
名可名非常名(명가명비상명)	이름을 이름이라 하나 항상 그 이름이 아니다.
無名天地之始(무명천지지시)	이름이 없는 것에서 천지의 시작이 있었고
有名萬物之母(유명만물지모)	이름이 생기며 (그것으로)만물이 생겨났다.
故常無欲以觀其妙(고상무욕이관기묘)	그런 연유로 항상 함이 없는 것에서 묘함을 보려고
常有欲以觀其徼(상유욕이관기요)	항상 있는 것에서 결말을 보고자 한다.
此兩者同出而異名(차양자동출이이명)	무와 유는 동시에 나왔으나 이름을 달리하기에
同謂之玄(동위지현)	무와 유를 그윽하다고 하며
玄之又玄(현지우현)	그윽하고 또 거물거물하여
衆妙之門(중묘지문)	무릇 모든 현묘함이 들고나는 문이다.

1장 천지만법에 이변은 동시에 생겨났다.

노담선인은 1장에서 도의 근본과 정체성을 밝혀 놓았다.

천지 만물은 항상 함이 없는 이치로 변하는 것이 본이라 생성되고 소멸되어 가는데 어느 것도 무위자연의 법칙에서 벗어나는 것이 없다.

태초에 함이 없는 하나에서 무극의 혼돈이 변화가 일어나 싹을 틔우며 둘로 갈라져 천지의 음양이 생성되었고, 그것들이 자리를 잡으며(음양의 변화) 오행을 이루어 천지 만물을 품은 세상을 이루게 되었다.

세상은 변화는 원칙(진리)에 의해서 변하고 화하며 세상 만물은 어느 것 하나도 無常(무상)

한 것이 없으며, 그 씨는 변하지 않는다.

　그래서 天符經(천부경)에 用變不動本(용변부동본),

　즉 "용은 변하나 본은 변하지 않는다." 하였다.

　사람들이 살아가는 일상을 보면 어제가 오늘 같고 내일이 오늘 같을 것이라는 생각을 지니고 살 수도 있지만, 어제는 어제로 끝나고 오늘은 오늘로 이어지며, 내일은 내일대로 새로운 날을 이어가게 되는 것이다.

　노담선인이 말한 길이나 이름도, 생각으로는 어제와 같은 길이요 같은 이름이라 생각할 것이나, 천지 만물을 낳고 키우는 변화를 품고 살아가는 세상은 어제와 오늘이 다르고, 오늘과 내일이 다르다는 것이며, 우리가 간과하며 지내고 있는 지금, 이 순간, 순간에도 무와 유를 이어가며 變(변)하고 化(화)하며 끊임없이 새로움을 엮어내고 있다.

　길이란 일상을 살아가며, 생각하고 행동하는 일정한 틀을 말하며, 이름도 살아가며 때때에 붙여져 짊어지고 가는 호칭을 말한다.

　호칭은 부부가 있을 때는 여보, 당신 하며 대화를 이어가지만, 옆에서 아이들이 대화를 걸어오면 잠시 전에 부부에서 금세 부모가 되어 대화를 받아주고 부모님을 만나면 금방 자식이 되어 대화를 이어가게 된다.

　때에 따라서 부르는 명칭도 달라지고 응대하는 행동과 반응하는 동작이 달라지는데, 누가 달라지라고 해서 달라지며 누가 때에 변하라고 해서 변하는 것이 아니라는 말이다.

　그래서 '非常道(비상도) 非常名(비상명)'이라는 것이다.

　천지 만물은 그렇게 정해져 이름이 있는 것(有)이나 이름조차도 정해진바 없(無)는 것들이 조화를 이루며 항상 변화에 응하고 변함없이 이어 내리는 일상을 이어가고 있다.

　무와 유도 때에 따라 달라지며 유가 변하여 무로 돌아가면 유와 무는 본래에 자리인 同出(동출), 즉 공으로 되돌아간다. 그러하기에 우리는 잠시 잠깐도 대상을 떠나서 살 수가 없고 대상을 떠날 수도 없다.

궁극의 세상살이는 나와 대상, 대상과 내가 시간과 공간을 함께 품고 세월에 빈 空桶(공통) 속에 살고 있어 兩者同出而異名(양자동출이이명)이라 하였으며, 불가의 諸行無常(제행무상) 諸法無我(제법무아)라는 말과도 일맥하다.

일체 만물은 (변하기 때문에) 항상 하는 것이 없고, 변하는 모든 것들에는 씨가 없다(무와 유가 수시로 변하며 공통을 드나들기 때문에).

만법이 들고나는 공통(빈 항아리)은 그윽하고 그윽한 것들이 드나드는 문이며, 거물거물하여 알 수가 없어서 묘함이 드나드는 문이라 하였다.

본시 道(도)는 보고 있어도 볼 수 없고 듣고 있어도 들을 수가 없고, 오고 가도 알 수가 없으며, 손에 쥐고 있어도 알 수가 없다 하였다.

필자와 《도덕경》과의 인연을 적어본다.

色不異空(색불이공) 空不異色(공불이색)
色卽是空(색즉시공) 空卽是色(공즉시색)
색은 공과 다르지 아니하고 공은 색과 다르지 아니하므로
색(물질)이 곧 공이고 공(정신)이 곧 색이다.

학창시절(고2)에 위 문장을 책에서 접하고서 왜 물질과 정신이 같으며 나아가 無(무)와 有(유)가 같은 것이라는 말에 걸려 시도 때도 없이 의심이 일어나고 없어지는 세월을 살다가 불경의 말씀이니 출가를 해서라도 알아봐야겠다는 생각에 늦은 나이(45세)로 출가하여 힘들고 어려운 수행 생활을 이어오던 때였다.

출가하여 스님들을 찾아다니며 글의 뜻을 물어보았으나 만나는 스님들 마다마다가 달라 각기 다른 얘기(해석)를 늘어놓는 것을 접하게 되면서 스스로 '야! 요놈 색과 공이 같다는, 色是 空 空是色(색시공 공시색)을 알아차리는 것이 결코 만만한 일이 아니구나!' 하는 생각을 지니

게 되었으며 의심은 지울 수가 없었다.

그러던 어느 날이었다.

가끔 절집을 찾아 세간사 얘기나 부처와 도에 관하여 담소를 나누던 지인이 계셨는데 그 지인이 절을 찾아왔다.

마당에서 잡초를 뽑고 있었는데 지인의 차가 마당으로 들어오는 것을 보고, 하던 일을 멈추고 바라보니 차에서 내린 지인이 "스님, 여여하십니까?" 하며 합장 인사를 한다.

"사업이 바쁘실 텐데 어인 걸음을 하셨나요?" 하며 안으로 모시며 차를 준비하는데 지인이 손에 들고 온 책을 넌지시 내 앞으로 밀어 놓고는 "道(도)에 관해서는 노자의 《道德經(도덕경)》만한 책이 없다는 얘기를 들은 바가 있어서 얼마 전에 《도덕경》 책을 구입해서 읽어보았는데 쉬운듯하면서도 어렵고 그 어려운 것이 안개 속을 더듬는 것과도 같은 글이라 평소에도 책을 가까이하며 좋아하시는 스님이 생각나서 스님에게 드려야겠다는 생각이 들어 가지고 왔다〉"고 하며 건네준다.

차를 끓여 마시며 "아니, 선생이 모르시는 것을 낸들 어찌 알 수가 있을 것이며, 읽어야 할 불가의 책들도 많은데 이 책을 읽을 시간이나 있을까 싶네요?" 하며 건네주는 책을 받아 무심코 1장을 펼쳐 읽어 내려갔다.

그리고 잠시 후 한 대목의 문장을 보고 망치로 머리를 되게 얻어맞은 듯한, 멍한 느낌을 받으며 책을 덮어버렸다.

그것은 '此兩者同出而異名(차양자동출이이명)'이라는 대목을 보고서였다.

무와 유는 동시에 생하였으나 이름을 달리한다.

처음 《도덕경》을 접하고 받은 충격이 너무도 커서 감히 뒷장을 넘겨볼 엄두를 내지 못하고 강산이 변한다는 세월을 지내며 兩者同出(양자동출)의 자리(빈 항아리)를 알고 나서야 책을 접하게 되었으며, 이제는 조석으로 옆에 두고 들여다보는 처지가 되었다.

노담선인은 1장에서 도에 대한 정의를 내렸으며 兩者同出而異名(양자동출이이명) 무와 유가 이름을 달리하지만 나온 자리가 같은 그 자리가 묘하고도 거물거물한 그것이 도이며, 도의 體(체)와 用(용)에 대하여 이후의 문장을 이어 내렸다.

2장

天下皆知美之爲美(천하개지미지위미)	천하인들 모두가 아름답다고
斯惡已(사오이)	하는 것은 이미 추한 것이다.

皆知善之爲善(개지선지위선)	천하가 다 착하다고 하는 것은
斯不善已(사불선이)	이미 착하지 않은 것이 있기 때문이다

故有無相生(고유무상생)	그러므로 유와 무는 서로를 상생하고
難易相成(난이상성)	어렵고 쉬운 것도 함께 이룬다.

長短相較(장단상교)	길고 짧은 것도 서로를 드러내고
高下相傾(고하상경)	높고 낮음은 서로를 견준다.

音聲相和(음성상화)	말소리와 성대의 울림은 서로 조화를 이루고
前後相隨(전후상수)	앞과 뒤는 서로를 따른다.

是以聖人處無爲之事(시이성인처무위지사)	따라서 성인은 하는 일 없이 일을 처리하고
行不言之敎(행불언지교)	말 없는 가르침으로 행한다.

萬物作焉而不辭(만물작언이불사)	만물을 만들어 내도 공치사하지 않으며
生而不有(생이불유)	만물을 만들어 내도 소유하지 않는다.

爲而不恃(위이불시)	할 일을 할 뿐 자랑하지 않으며
功成而弗居(공성이불거)	공을 이루고도 거기에 머물지 않는다.

| 夫唯弗居(부유불거) | 머물지 않기에 |
| 是以不去(시이불거) | 자리를 잃는 일도 없다. |

2장 천지만법은 쌍쌍(무유)이다.

세상을 살면서 때마다 많은 사물을 대하게 되는데 아름다운 자연과 아름다운 꽃을 보기도 하고, 때론 올곧고 행실이 바른 사람도 만난다. 그런 꽃이나 사람들이 함이 없이 아름다움과 선함만을 고집할 수가 있을까?

아름답고, 착하고, 선한 裏面(이면)에 추하고, 더럽고, 악한 것은 없는가?

세상은 세상이 생겨날 때부터 흰(밝음) 놈과 검은(어두움) 놈이 함께 온 처지라 美醜(미추)가 함께 오고 선악이 함께 왔으며, 大小(대소) 高低(고저), 長短(장단)이 함께 왔으며, 모두가 同出而異名(동출이이명)인 것이다.

세상을 살아가는 모든 이들은 내가 있어서 세상이 존재하는 것이라는 생각을 가져 봄직도 하나, 그것은 착각과 망상에 지나지 않는 것이다.

실제로 내가 있으므로 세상이 존재하는 것이라는 생각을 하지만, 실상의 내가 나라는 것을 어떻게 증명할 것인가? 내가 나를 증명할 길이 없는 것이기에 無我(무아)라 하였으며, 내가 없으니 내가 생각하여 지어내는 마음조차도 없는 것이라 無念(무념) 無心(무심)이 되는 것이다.

내가 있어서 세상이 존재하는 것이라면 '나'라는 물건을 어떻게든 糾明(규명)해야 할 것인데, 어떻게 해야 규명할 것인가?

태어나면서부터 내가 존재하며 태어나면서부터 지니게 되는 이름이 있는데 그것으로 내가 존재하는 것인가?

태어나 성장하며 유년기를 지나 청년기에 들고 장성하면 가정을 이루고 장년기에 들며 나이를 먹게 되어 쇠해지면서 노년기에 들 것이다. 즉, 나를 어느 때에 내가 나인가로 규명할 수가 있겠나.

어제의 내가 나인가?

오늘의 내가 나인가?

아니면 내일의 내가 나인가?

사람이 세상을 살아가지만, 알 수 없고 풀 수가 없는 의심과 疑惑(의혹)을 짊어지고 살아가는데 수 천 년의 인간 역사에서 도저히(누구도) 풀기 어려워 인간의 4대 疑惑(의혹)이라 정하여 전하는 것이 있는데 보면,

1. 사람이 세상을 살아가면서도 내가 나를 모르고 살아가는 것이며

2. 왜? 세상의 많은 여성 중에서 나의 모친의 태를 빌어 태어나는 것이며

3. 인생이 살아간다는 것이 어떻게 살아야 잘 사는 것인지 알 수가 없는 것이며

4. 인생의 종말에 죽음을 맞이하면 돌아간다고들 하는데, 과연 어디로 돌아가는 것이냐?

수천 년의 인간 역사에서 도저히 풀 수가 없어서 많은 학자나 思想論(사상론)자들이나 理想論(이상론)자들이 인간의 4대 疑惑(의혹)이라 정하여 전하고 있다.

사람이 세상을 살아가고들 있지만 *살아가는 것도 *태어나는 것도 *나(我)라는 것도 *어디로 가는 것인지도 알 수가 없으며 어느 사람도 명확히 가르쳐 주고 알려 주는 곳도 없어 세상을 살아가는 누구라도 이 의심과 의혹을 품게 되면 답답하고 막막할 것이다.

'풀 수가 없는 의혹'이라 하여 마냥 덮어둘 수만도 없는 것은 인간 根源(근원)의 문제이기에 많은 이들이 4대 의혹에 답을 얻기 위하여 노력하고 있으며, 다소의 사람들은 신에 의지하거나 수행으로 답을 찾으려 헤매고 있는 실정이라 하겠다.

아니, 지금껏 수많은 세월 유수한 석학들도 답을 얻지 못하여 인간의 4대 의혹이라 정하여 전하는데, 필자는 무슨 헛소리 같은 소리를 하는 것이요? 혹시 뭐 좀 아시는 것이라도 있으시오?

허! 허! 아는 것도 없고, 의심도 의혹도 없으며, 모르고 있다는 것조차도 모르고 있소. 무슨 말 장난 같은 얘길랑은 집어치우시오.

하긴 사람이 지구라는 땅에 터 잡고 살면서 얼마나 많은 이들이 고심하고 고심하였으나, 풀 길이 없어 4대 의혹이라 정하여 전하는가를 생각하면 4대 의혹을 풀려는 것은 결코 쉽지 않은 일일 것입니다.

그런데 인간은 의심과 의혹을 짊어지고 태어나지만, 그것들을 풀 수 있는 五種(오종)의 씨(열매)를 품고 태어나는 것을 알 수가 있는데, 그것은

1. 因緣(인연)
2. 業(업)
3. 輪回(윤회)
4. 病(병)
5. 神明(신명)이다.

*1. 세상에 태어나면서 사람은 천지의 기운을 담고 태어나며 생멸을 이어가는 때때의 인연을 품고 왔으며,

*2. 스스로의 생각과 움직임(행위, 업)으로 삶을 엮어나가며,

*3. 세월이 흘러 나이가 들었어도 철부지가 있는가 하면, 때론 어린이가 어른같이 노숙한 행동을 하는 그것 또한 담고 태어난다.

*4. 태어나면서 지니고 나온 오장육부의 기능이 누구라도 한결같지가 않아 어느 병엔 강한 반면, 어느 병엔 약한 것도 스스로 짊어지고 태어난다.

*5. 사람이 세상에 올 때부터 밝음을 지닌 신령스러운 신명을 담고 태어나기에 사람은 온갖 신명 활동을 이어가며 살아가고 있다.

신명이 나면 어디에도 걸림이 없이 행동하지만, 神明(신명)이 動(동)하지 않으면 하던 짓도 멈추고 멍석을 깔아주고 등을 떠밀어도 하지 않는 것도 스스로 짊어지고 태어난다.

인간이 태어나면서 지니고 온 의심과 의혹을 풀기 위해서는 오종의 씨를 풀어헤쳐 정리하면 태어나면서 짊어지고 나온 4대 의혹에 대한 의심과 의혹의 덩어리는 봄볕에 눈 녹듯이 사라질 것이다.

인연과 업과 윤회와 병과 신명을 담고 세상에 왔음을 알고 특히 신명의 신령스러운 조화가

玄之又玄(현지우현) 衆妙之門(중묘지문)이며

眞空妙有(진공묘유)이며

眞空(진공)따로 妙有(묘유)가 따로따로가 아니라 眞空(진공)과 妙有(묘유)가 한자리에 함께 함을 알아 깨치면 의심과 의혹에서 벗어나 사람이 살아가는 것이나, 태어나는 것이나 죽어서 어디로 가는 것이나, 내(我)가 어떤 물건인 것도 알아 깨칠 수가 있으며, 의심과 의혹은 저절로 햇볕에 안개가 걷히듯 저 멀리 물러날 것이다.

不尙賢(불상현)	어진 사람만을 떠받들지 않으므로
使民不爭(사민불쟁)	백성들이 다투지 않게 함이요.
不貴難得之貨(불귀난득지화)	구하기 어려운 물건을 귀하게 여기지 않으므로
使民不爲盜(사민불위도)	백성들을 도둑질하지 않게 함이다.
不見可欲(불견가욕)	욕심을 멀리하면
使民心不亂(사민심불란)	백성들이 심란해하지 않게 하려 함이다.
是以聖人之治(시이성인지치)	그러므로 성인의 다스림은
虛其心實其腹(허기심실기복)	마음을 비우는 것으로 배를 채우고
弱其志强其骨(약기지강기골)	뜻은 부드럽게 하여 뼈를 강하게 한다.
常使民無知無欲(상사민무지무욕)	백성들로 하여금 지식과 욕망을 멀리하게 하고
使夫智者不敢爲也(사부지자불감위야)	감히 지혜를 뽐내지 못하게 하라.
爲無爲則無不治(위무위칙무불치)	그렇게 하는 일 없이 일하면 다스려지지
	않는 것이 없다.

3장 차별과 평등이 하나이다.

천지자연은 사심 없어 만물을 만들어 내고 키워도 욕심을 내지 않으며, 풍요롭고 넉넉하게 내어주고도 스스로 평등을 지키고 제 분수를 알아 제자리를 지키고 있건만, 천지 만물 중의 유독 사람만이 잘못된 마음으로 사리사욕에 욕심을 품고 살아가고 있다.

욕심이란 '나'만을 위하려는 생각이며, 상대를 무시하고 가볍게 여기는 마음과 행동에서 생하는 것인데, 욕심이 病(병)이라는 것을 인식해야 하는데, 그마저도 스스로의 욕심에 가려 '이 정도는 괜찮겠지.' 하며 크고 작은 욕심을 품고 살아가는데, 스스로를 망하게 하는 욕심은 필히 치료받아야 하는 병인데, 욕심을 병으로 받아들이는 이들이 얼마나 될까?

세상에는 천차만별의 사람들이 살고 있지만 각각의 마다마다는 행복한 삶을 누리기 위하여 열심히 살아가는데 빈곤하고 어렵게 살아가면서도 남을 위하고 도우며 행복하게 살아가는 사람이 있는가 하면, 많은 재산을 지니고 살면서도 어려운 이웃에게 인색하거나 나 몰라라 하는 경우를 더 많이 보는 세상이 되었다.

그것은 지니고 있는 물질로 사람을 평가하고 재물을 우선시하는 拜金主義(배금주의)의 세상이라 그런 것 같다.

천하 대도는 순수하고 질박하며, 투박하고 솔직 담백한 자연을 닮아 作爲(작위)함을 忌(기)하며 평범함을 따라가기에 자연스럽고 모가 나지도 않고 남들에 앞서는 것은 더더욱 바라지도 않는다.

혜능대사와 법달스님의 이야기이다.

중국의 당나라 시대에 法達(법달)이라는 스님이 있었다.

일곱 살에 출가하여 법화경을 3천 번이나 읽다 보니 (그냥) 외워져서 항상 법화경을 외우며 자신만만해 하던 법달스님이 6조 혜능대사를 찾아와서 절을 하는데 머리가 바닥에 닿지 않음을 본 대사께서는 법달스님을 크게 꾸짖게 되었다.

"그렇게 머리 숙이기가 싫은데 절은 왜 하느냐? 절을 하는 것은 我慢(아만)을 꺾자는 것인데 어째서 머리가 바닥에 닿지 않는 것이냐? '나'라는 것이 있으면 허물이 생기고 자신이 공덕을 잊으면 복이 한량없을 것이다."라는 말씀을 하시고, 대사께서는 "그대의 이름이 무엇이냐?" 물으니, 법달은 "法達(법달)입니다."라고 대답을 하였다.

그러자 대사께서는 말을 이어갔다.

"그대의 이름은 법에 달한 이름이나 어찌 법을 통달하였겠느냐? 그대의 이름이 법달이라고 하나, 열심히 읽고 외우면서 쉬지를 못했구나, 헛되이 외우면서 소리로만 되풀이하였겠지만, 마음을 밝혀야만 보살이라고 한다. 그대는 지금 나와 인연이 있어 내가 이제 그대를 위해 말을 해주겠다. 부처(깨달음)는 말이 없음을 믿기만 하면 연꽃이 입에서 피어날 것이다.”

천지 만물의 조화는 있는 그대로의 실상이 허상이며 實相(실상)이 無相(무상)임을 알아 깨치면 공을 취하는 것이며, 실상이 공하고 뭐하다 하여 (아주) 없어지는 것이 아니라, 변하고 변하는 것이기에 無相(무상)이라 함을 알아야겠다.

실상은 색과 공이 함께하며 공으로 돌아가면 그 자리를 眞空(진공)이라 하고 실상의 무와 유가 함께하며 무로 돌아가면 그 자리를 眞無(진무)라 하는데, 그 자리에는 나조차도 없어 無我(무아)라 한다.

진공, 진무는 변하되 변하지 않는 자리를 이르는 말이며, 妙(묘)하고 妙(묘)하며 그으긱하고 (玄, 현) 그으긱하다(玄, 현) 하였다.

성인은 마음을 비우는 것으로 배를 채우고 뜻은 부드럽게 하여 뼈를 강하게 한다는 것은 모든 법은 實相無相(실상무상)이라는 것을 알기에 비우는 것으로, 실상을 알고 부드러움으로 종지를 세우고 空桶(공통)으로 뜻을 강하게 한다는 말이다.

道沖而用之(도충이용지)	도는 비어있기에 그 쓰임이 있다.
或不盈(혹불영)	혹여 가득 차지 않아도
淵兮似萬物之宗(연혜사만물지종)	심연처럼 깊어 만물의 으뜸이 되며
挫其銳(좌기예)	예리한 것은 다듬어주고
解其紛(해기분)	맺힌 것은 풀어 주고
和其光(화기광)	눈부신 것은 은은하게 하고
同其塵(동기진)	마침내 먼지와 하나가 된다.
湛兮似或存(담혜사혹존)	깊고 깊은 곳의 무언가에 존재하는 듯하지만
吾不知誰之子(오불지수지자)	나는 누구의 자식인지는 알지 못하나
象帝之先(상제지선)	천제보다 먼저인 것은 분명하다.

4장 만법의 근은 빈 항아리이다.

현상계(有)는 구체적인 자세 그대로 끊임없이 변이·변화하므로 無(무)이고, 동시에 변화하면서도 그 본체는 전혀 변하지 않으므로 空(공)이라 한다.

그래서 有無(유무)는 어느 쪽에도 치우치면 공이 아니고 有無(유무)를 떠나 그와 절연 상태만으로도 공이 아니다.

그렇다고 유와 무의 사이에 한계를 두는 것도 아니다. 즉, 有(유)이면서 無(무)이고, 無(무)이면서 有(유)이다.

다시 말하면 무즉유, 유즉무가 동시에 일체가 되어있는 실제의 세계가 禪(선)의 입장이며, 전체관이며, 전 宇宙(우주)의 眞理(진리)이다.

그래서 도는 비어있는 것이기에 道沖(도충), 道空(도공)이라 하였다.

사람이 담고 사는 슬기로움을 智慧(지혜)라 하는데 사람의 지혜는 신령스러운 神明(신명)을 품고 있으며, 신명은 空桶(공통)에서 들고 난다.

부처가 설한 만고불변의 법칙이며 우주 만법의 진리는 '만법이 空(공)하다.'는 것이다.

중생들이 살아가는 세상이 空(공)하고 중생들 스스로가 비어있어 眞空(진공)을 품고 살며, 공통인 빈 항아리 속에서 들고나며 살아가고 있다.

세상이 空(공)하다는 것은 우주 천체가 허공에 떠 있고, 지구(땅)도 공각에 싸어 있으며, 땅에 터 잡고 살아가는 사람들 또한 천지와 닮아 空桶(공통)을 품고 살기에 天地人(천지인) 모두가 공하다는 것이다.

사람들의 생활이 과학의 발전이 급진전을 이루어 편리하고 안락한 생활을 영위하는 것도 실상 들여다보면 공을 활용함에서 얻고 있다.

차를 움직이는 힘도 空桶(공통)인 엔진에서 나오고, 미사일이나 인공위성도 공통인 엔진의 추진력으로 쏘아지고 올려지며 일상의 가전제품들도 공통을 활용한 제품들이다. 그러한 물건들이 생겨나 사람들에게 풍요로운 삶을 누리는 데 도움을 주고 있다.

공을 물질만이 아니고 사람들의 정신세계, 즉 천하대도를 품고 살아가는 모두가 空桶(공통)을 품고 살아간다는 것을 인지해야 할 것이다.

經(경)에,

觀自在菩薩(관자재보살)

行深般若波羅密多時(행심반야바라밀다시)

照見五蘊皆空(조견오온개공)

度一切苦厄(도일체고액)

관자재보살이 반야에 깊은 지혜를 행하여 저 언덕(彼岸,피안)에 이르러 때에 밝은 지혜로 보니 오온

이 비어있음을 알아 모든 고통과 액을 멸하였다.

般若(반야)는 맑고 밝고 깊은 지혜를 뜻한다.

저 언덕은 깨달음의 경지에 들어선 자리, 즉 도와 통한 경지를 말한다.

오온은 우리들의 들고나는 감각기관인 眼(안), 耳(이), 鼻(비), 舌(설), 身(신)을 말한다.

정리해보면 보살이 도를 통하여 피안에서 此岸(차안. 현실 세상)을 보니 눈으로 보는 것이나, 귀로 듣는 것이나, 코로 냄새를 맡는 것이나, 입으로 말하는 것이나, 몸으로 접촉하는 모든 것들이 空(공) 하여 비어있다는 것을 알고 나서 모든 고통과 걱정과 근심과 재앙과 불행한 것들에서 벗어나게 되었다는 말이다.

그러면 오온인 감각기관이 비어있어서 空(공)한 것을 알면 차안을 넘어 피안에 들게 되는데 공함이란 이러이러한 것이라 답을 일러주면 그것으로 도와 통할 수가 있는 것인가?

말로 字字句句(자자구구) 일러 주어도 알아들을 수가 없을 것이며, 道(도)란 특성상 담길 그릇이 아니면 아무리 도를 담고 싶어도 담을 수가 없는 것이기에 글자로나 말로는 전할 수가 없다 하였으며,

其法可傳(기법가전)

其妙處不可傳(기묘처불가전)

법이란 이러이러하다는 것은 (말이나 글로) 일러 줄 수 있으나

법에 이르는 묘처는 무엇으로도 전할 수가 없다 하였다.

아무리 좋은 약수가 있어도 건강한 사람은 거들떠보지도 않을 것이나 좋은 약수가 아니라도 목이 마른 자는 물을 찾아 마실 것이다.

象帝之先(상제지선), 하늘이 열리기 전부터 天帝(천제)보다 먼저인 것이 분명한 천하대도를 담고자 한다고 해서 누구나 담을 수가 없는 것은 스스로의 간절함에 있으며, 그것은 목이 마른 자의 간절함과 목이 마르지 않은 자의 간절함이 다르기 때문이다.

도는 이러이러한 것이라 (문자나 상식)을 일러 줄 수는 있으나 도의 문에 들어서는 妙(묘)함은 일러줄 수가 없다 하였다.

무유가 同出(동출)한 자리가 공이며 공을 잡아야 천제보다 먼저인 천하대도를 거머쥘 수가 있는 것이다.

천하의 대도를 거머쥐려면 其法可傳(기법가전) 其妙處不可傳(기묘처불가전)이라는 말을 씹고 또 곱씹어야 한다.

其法可傳(기법가전), 법에 이르고자 하는 이들에게 문자나 알음알이를 전할 수는 있으나 그것만으로는 자성부처를 품게 할 수는 없다.

우리의 의식을 6식이라 하며, 의식은 의식작용과 분별 작용을 동시에 수행하며, 그것은 7식인 말라식(자기중심으로 판단하는 에고이즘 정신)과 8식인 아뢰야식(나무의 뿌리에 속하는 지난 과거와 현재의 행위인 업을 포함한 정신)에 단단히 얽매여 있다.

9식과 10식은 모든 것이 비어있다는 것을 인지해야 하는 단계, 즉 부처와 보살을 품게 되는 단계를 말하며, 識(식)에 알음알이를 내려놓아야 하는 때이며, 不立文字(불립문자) 敎外別傳(교외별전)이라는 부처의 말씀과 10知보살도 견성하지 못했다는 말씀을 상기해야 하는 때이다.

其妙處不可傳(기묘처불가전), 전할 수 없다는 妙處(묘처)를 어떻게 해야 알 수가 있고 그 자리에 들 수가 있는가?

그 묘처는 나도 비어있고 대상도 비어있는 자리에 드는 것이며, 아는 것도 없고(필히 문자와 식을 버려야 한다) 나도 없고(無我, 무아) 마음조차도 없는 無心(무심)에 드는 시기이며, 만법의 변화에 응하는 공을 취한 자리이며, 一切無心(일체무심)을 품은 자리이다.

그러니 문자나 식의 알음알이로는 근접할 수가 없는 자리이며 자자구구를 일러 주어도 '절대' 알 수가 없는 묘한 자리이다.

스스로 목마름에 물을 찾아 나서는 갈급함을 지니고 오온과 의식이 빈 항아리에서 들고나는 것을 알아차려 천하대도를 취한 대장부의 출현을 기대해 봅니다.

天地不仁(천지불인)	천지는 어질지 않아
以萬物爲芻狗(이만물위추구)	만물을 짚으로 만든 개처럼 다루며
聖人不仁(성인불인)	성인도 어질지 않아
以百姓爲芻狗(이백성위추구)	백성들을 짚으로 만든 개처럼 다룬다.
天地之間(천지지간)	천지 사이에는
其猶橐籥乎(기유탁약호)	마치 풀무와도 같은 것이 있어서
虛而不屈(허이불굴)	비어있으나 굽힘이 없고
動而愈出(동이유출)	움직일수록 더욱 더 거세어진다.
多言數窮(다언삭궁)	말이 많으면 처지가 궁색해지니
不如守中(불여수중)	마음속에 담고 있는 것만 못한 것이다.

5장 어짊과 불인은 본시 하나에서 생하였다.

천지는 도를 담고 있는 도의 본체이다.

聖人(성인)도 도를 담고 살아가고 범부들 또한 도를 담고 살아간다. 성인은 담고 있는 도를 슬기롭게 활용하는데, 일반 중생들은 도를 담고 살면서도 슬기로움을 망각하고 살기에 '이건가? 저건가?' 하며 의심과 의혹을 스스로 짊어지고 고통의 나날을 지내고 있다.

부처가 나라를 거느릴 수 있는 王座(왕좌)도 버리시고 생로병사에 의문을 풀고자 출가하시어 여러 사문을 만나 6년 동안 고행하였으나 몸을 괴롭히며 고행하는 것이 修道(수도)함에 도움이 되지 않는다는 것을 깨달으시고 굶주림을 이겨내시며 참선을 하시기에 이르러 새벽 동이 틀 무렵에 샛별이 반짝! 빛나는 것을 보시고 도를 이루어 부처가 되셨다.

부처가 되시고 나서 보니 일체 범부중생들 모두가 부처의 佛性(불성)을 지니고 있는 부처임을 아시고 一切衆生(일체중생) 悉有佛性(실유불성)이라는 말씀을 하셨다.

이 말은 모든 사람이 부처의 품성과 씨를 지니고 산다는 말이다.

仁(인), 어질다. 不仁(불인), 어질지 않다.

1장에 此兩者同出而異名(차양자동출이이명) 무와 유는 동시에 생겨났으나 이름만 다르다고 한 말을 대입하면,

어진 것이나 어질지 않은 것은 동시에 생겨났으나 이름만 다를 뿐이다.

이어서 천지간에는 풀무(탁약) 같은 것이 있다고 하였는데, 풀무는 대장간에서 쇠를 녹이기 위하여 밀고 당기는 장치인데 밀어도 바람이 들어가고 당겨도 바람이 들어가는 장치이며 밀어도 풀무 안에는 바람이 가득하고 당겨도 풀무 안에는 바람이 가득한 것처럼 천지는 탁약과 같은 空桶(공통)으로 이루어져서, 밀어서 바람이 생기면 有(유)라 할 것이고 당겨서 바람이 밀려 들어오면 無(무)라 할 것이다.

하늘과 땅 사이에는 빈 곳으로 형성되어 있는데 그 공간을 가득 메우고 있는 것을 空氣(공기)라 한다. 空(공)하여 비어있으나 氣(기)가 가득 찬 공간이라는 말이다.

더운 기운을 만난 공기(수증기와 함께)는 데워져서 위로 상승하지만, 어느 지점에 이르면 찬 공기를 만나 더 위로 오르지 못하고 기운이 떨어지게 되어 찬 기운과 함께 눈이나 비가 되어 내리게 된다.

그러면 비는 인자하고, 눈은 인자하지 않은 것인가?

아니면 눈은 인자하고, 비는 인자하지 않은 것인가?

모든 일은 때의 기운이 일하는 것이며 기운이 높은 고압이냐, 공기에 기운이 낮은 저압이냐에 따라서 천지의 날씨는 달라지는데 달라지는 날씨는 공통을 들고나는 기운의 변화에 따라 달라지며 변하는 것이 묘함을 품고 변하는 것을 어찌 가늠이나 하겠는가.

가뭄에 농작물들이 타들어 갈 때 비를 기다리던 농부들에게 비가 내리면 얼마나 고맙고 감사해할 것이나, 폭풍우에 많은 양의 비가 내려 지은 농사가 망쳐 떠내려간다면 내리는 비를 누가 고마워하겠는가.

눈도 눈을 기다리는 이들에게 내리면 고마워할 것이나, 폭설로 어려움을 겪는 이들에게 내리는 눈은 원망의 대상이 될 것이다.

그래서 천지는 어짊과 어질지 않은 것을 동시에 지니고 왔으며 천지에 모든 일은 때의 기운이 공통을 드나들며 크고 작은 변화를 만들어 내며 이어 내리는 것을 알아야겠다.

천지는 기로 뭉쳐져 있는 기의 덩어리이며 天氣(천기)와 地氣(지기)로 이루어져 있다.

사람 또한 기의 덩어리라 기운으로 이루어져 기운으로 몸을 운신하며 살고 있다.

사람을 이끄는 기운으로 이루어진 精神(정신)은,

形體(형체)와 氣魄(기백)과 血魂(혈혼)이 서로 통합하여 이루어져 있다.

神(신)은 심장과 통하고,

氣(기)는 폐와 통하며 腎臟(신장)에 감추어져 있고,

정혈은 간장과 통하며 頭腦(두뇌)에 감추어져 있다.

形氣血(형기혈) 삼위가 일체가 되어 하나를 이루면 一妙然(일묘연) 神明(신명)이라 하며 신명은 일신을 주관하고 있으며 기혈신과 오장육부에 감추어져 있다.

그래서 사람의 생명은 신명이 주관하고 있다.

사람의 몸체는 神(신)이 거하는 宅(택, 집)이요, 精(정)은 신이 거하는 근본이며, 氣(기)는 神(신)이 主宰(주재)한다.

氣(기)가 몸에 충만하고 血(혈)이 제대로 기운 따라 돌면 神明(신명)이 상쾌하고 정신은 맑고 밝을 것이다.

그러나 신을 太用(태용)하면 신이 渴(갈)하고, 精(정)을 태용하면 정이 갈하고, 氣(기)를 태용하면 신명이 絶(절)하여 사망에 이른다.

사람이 靈體(영체)라 함은 신령스러운 신명이 기를 품고 혈이 돌며 맑고 밝은 신명이 생명을 주관하고 있기 때문이다.

谷神不死(곡신불사)	골짜기의 신은 죽지 않는다.
是謂玄牝(시위현빈)	그것은 넓고 깊은 여자의 자궁과 같기 때문이다.
玄牝之門(현빈지문)	넓고 깊은 여자의 자궁의 문은
是謂天地根(시위천지근)	하늘과 땅의 뿌리가 된다.
綿綿若存(면면약존)	있는 듯 없는 듯 이어지나
用之不勤(용지불근)	아무리 써도 다함이 없다.

6장 우주 만법의 변화는 천지인을 품고 돈다.

천지 만물은 음양과 오행의 조화로 이루어져 있다.

음과 양의 무궁한 변화로 음속에 양이, 양속에 음이 있어 그것이 때의 오행과 變(변)하고 化(화)하며 새로운 세상을 이어가고 있다.

천지를 이루고 있는 하늘과 땅과 사람은 귀한 요소이기에 천지인을 三才(삼재)라 하며 天才(천재), 地才(지재), 人才(인재)를 말한다.

천지의 생성을 음양오행으로 들여다보자면,

日(일), 月(월), 火(화), 水(수), 木(목), 金(금), 土(토)이다.

天才(천재), 태양의 양기와 달의 음기가 만나 뜨거워지면 火(화)를 이루고 강한 열기가 식으며 물(水)을 만들어 내고, 그 물은 나무(木)를 자라게 하며, 점점 자라서 단단해지고 단단해진 것(金)들은 부스러져 대지를 덮는 흙(土)이 되었다.

地才(지재), 대지의 생성 오행은 하늘이 열리는 오행의 逆順(역순)이라 토, 금, 목, 수, 화가 된다.

人才(인재)가 생성되는 순서를 오행으로 살펴보면 부의 정혈과 모가 지닌 난자의 수기가 뜨거운 정으로 화합하여 결성되며 소리를 인식하고 뼈가 자라고 신체의 장기가 생겨나 피부를 덮게 되어 사람의 형체를 생성하기에 人才(인재) 오행은 수, 화, 금, 목, 토가 된다.

천지가 열리며 봉우리와 골짜기가 생겨나고 그것들에 의해서 음기와 양기가 모이고 흩어지게 되었다.

양기는 내닫고 뻗치는 기운이며, 음기는 크고 작은 모든 것들을 받아들이며 양육하고 보호하는 온순한 기운을 품었다.

양기의 행위는 단순 명료한 것이 특징이나, 음기는 침착하고 포용하며 모든 것을 받아들이는 변화를 품고 있다.

천지의 谷神(곡신)이 암컷이라 하면, 수컷인 峰神(봉신)도 함께함을 알아야 하며 천지간의 기운은 암수, 즉 음양의 기운이 함께하고 있다.

하늘을 떠받드는 기운을 말할 때에 동서남북 사방과 중앙의 기운을 합하여 나타내는 것으로 甲(갑), 乙(을), 丙(병), 丁(정), 戊(무), 己(기), 庚(경), 辛(신), 壬(임), 癸(계)의 天干(천간)이 있다.

갑을의 오행은 木(목)이고 동쪽의 기운을 품고 있다.

병정은 오행으로 火(화)에 속하고 남쪽의 기운을 품고 있다.

무기의 오행은 土(토)에 속하고 중앙의 기운을 품고 있다.

경신은 오행으로는 金(금)에 속하고 서쪽의 기운을 품고 있다.

임계의 오행은 水(수)에 속하고 북쪽의 기운을 담고 있다.

천간은 암수를 결정하며, 암수는 합궁에 의해서 이루어진다.

갑의 수컷과 기의 암컷이 합이 되고 을의 암컷과 경의 수컷이 합이 되며, 병의 암컷과 신의 수컷이 합이 되고 정의 수컷과 임의 암컷이 합이 되며, 무의 수컷과 계의 암컷이 각각의 합을 이루고 있다.

세상은 곡신(암컷)만으로 이어갈 수가 없고 봉신(수컷)만으로도 세상을 이어 나아갈 수는 더더욱 없다.

태양의 따사로움과 달빛의 은은함이 천지간에 음양을 만들며 암컷과 수컷의 기운으로 천지 만물이 생장하고 있으니 谷神(곡신)만으로 세상을 이어 나갈 수는 없을 것이며, 필히 峰神(봉신)과 함께하기에 세세생생 마르고 닳도록 不死(불사)할 것이다.

음의 기운을 품은 谷神(곡신)과 양의 기운을 품은 峰神(봉신)이 만물을 키워나가며, 풍요로운 세상을 이루는 것은, 낮에는 태양의 열기를 받아들인 봉신이 일을 하며 밤이 되면 음기인 곡신이 낮에 받아들인 열기로 천지 만물을 키우고 있다.

누가 둘(곡신과 봉신)의 경중을 논할 것이며, 누가 앞선다 할 것인가!

천지자연의 음양은 어느 쪽으로 기울어져도 안 될 것이며 어느 한쪽으로 기울어지지도 않는 것이기에 아무리 써도 다함이 없다.

天長地久(천장지구)	하늘은 높고 땅은 끝이 없다.
天地所以能長且久者(천지소이능장차구자)	하늘이 높고 땅이 끝이 없는 까닭은
以其不自生(이기불자생)	스스로를 드러내려고 굳이 애쓰지 않기 때문이다
故能長生(고능장생)	그러기에 오래 갈 수 있는 것이다.
是以聖人後其身而身先(시이성인후기신이신선)	성인은 몸을 뒤에 두기에 앞설 수 있고
外其身而身存(외기신이신존)	몸을 버림으로써 몸을 보존한다.
非以其無私邪(비이기무사사)	사사로운 마음을 앞세우지 않기에
故能成其私(고능성기사)	능히 사사로움마저 이룰 수 있는 것이다.

7장 천지는 기의 합체이다.

천지가 높고 넓은 것은 그것을 지탱하는 힘(氣)이 있기 때문이며, 그 힘은 호흡에서 나온다.

호흡은 氣(기)를 들이고 내는 것을 담당하는 기관이다.

천지의 호흡은 晝夜(주야) 二息(이식)이라 2번 오르고 내린다.

사람의 호흡은 열고 닫히는 데 闔(합)이 3만 6천이요, 闢(벽)이 3만 6천이라 晝夜(주야) 합 벽이 7만 2천이 된다.

그러므로 천지의 壽(수)는 悠久(유구) 무궁하여 변화가 없으나, 사람의 呼吸(호흡)은 短(단)하고 數(삭)하여 變化(변화)가 많음으로 壽命(수명)이 短(단)하다.

사람의 생명은 精核陽氣(정핵양기)의 충만함에 있으며 태양의 양기를 호흡하므로 사람은 양기를 채울 수가 있고, 하늘의 광명을 잃으면 만물이 살 수가 없으며 사람도 양기를 잃으면 수명이 短促(단촉)되거나 졸한다.

수련 공부하는 자들은 항상 태양의 양기와 산소를 복식하여 오음 오기로 기혈을 돌리면 기혈이 鼓之舞之循環(고지무지순환)하여 淸淨(청정)하게 되고 眞一精核(진일정핵)이 체내에 蓄積(축적)하게 된다.

　眞一精核(진일정핵)이 체내에 쌓이면 삿되거나 요사스러운 기운이나 온갖 百毒(백독)이 물러나며 병의 근원조차 침입할 수가 없어 萬病(만병)을 예방하므로 건강을 지키고 장수를 누리게 되며 내공 호흡의 수련법은.

[九轉煉丹煉心法(구전련단련심법)]

一轉(일전) : 措摩心地煉金丹(조마심지련금단)

　　　　　此始苦海萬波息(차시고해만파식)

二轉(이전) : 生剋順逆眞火發(생극순역진화발)

　　　　　煉出金丹初生月(련출금단초생월)

三轉(삼전) : 自强不息徐徐進(자강불식서서진)

　　　　　一點靈光漸漸明(일점영광점점명)

四轉(사전) : 金烏蟾光奮神威(금오섬광분신위)

　　　　　河車搬運過曹溪(하차반운과조계)

五轉(오전) : 龍虎玄朱交媾際(용호현주교구제)

　　　　　珠落黃中結聖胎(주락황중결성태)

六轉(육전) : 龍精虎液歸金昇(용정호액귀금승)

　　　　　如意丹珠養眞土(여의단주양진토)

七轉(칠전) : 蟄藏黃庭氤氳養(칩장황정인온양)

　　　　　猶龍潭底拘珠眠(유용담저포주면)

八轉(팔전) : 脫離苦海丹已成(탈이고해단이성)

　　　　　神光赫赫耀金庭(신광혁혁요금정)

九轉(구전) : 有形無形滿虛空(유형무형만허공)

　　　　　眞一靈光充宇宙(진일영광충우주)

구전련단련심법의 수행은 초급인 有聲轉(유성전)과 중급인 無聲轉(무성전)과 고급인 心性轉(심성전)의 호흡법이 있다.

유성전은 소리를 내어 몸에 氣(기)를 들이고 내는 수행으로 몸에 들인 기는 잠들어 있는 몸의 각 기관과 장기에 상생과 상극의 기운을 들이고 내며, 삼단전과 三關(삼관)을 지나며, 몸에 나쁜 邪氣(사기)와 濁氣(탁기)를 내뱉는 활로를 열어 밖으로 배출하는 수련의 시기이며, 구전련단법에 1, 2, 3전 단계의 수련에 속한다.

수련 기간에 길고 짧음은 타고난 개개인마다 천부의 재질이 다르지만 일구수련하면 무성전의 수련에 도달할 수가 있다.

無聲轉(무성전)의 수행은 말이나 소리 없이 수행하는 단계이며, 생각이나 호흡의 움직임까지도 살피고 다스려 나가는 수행의 시기이며, 구전련단법에 4, 5, 6전 단계의 수련 시기이다.

몸의 건강은 물론 마음의 생각마저도 다스리고 들이고 내는 호흡의 깊이에 따라 조절하며 몸에 기를 들이고 내는 수련의 시기이다.

心性轉(심성전)에 이르면 말이나 소리를 떠나 무아무심의 단계에 들어가는 수행의 시기이다. 구전련단법의 7, 8, 9전에 해당하는 수련이며 기를 들이고 냄에 자유롭고 무상무념의 생각과 마음마저도 여읜 무애의 경지에 들어 유형무형에 구애됨이 없는 경지에 이르는 단계를 말한다.

본 수행은 산택통기법으로 행한다.

8장

上善若水(상선약수)	가장 훌륭한 선행은 물과도 같다.
水善利萬物而不爭(수선리만물이불쟁)	물은 만물을 이롭게 하면서도 다투지 아니하고
處衆人之所惡(처중인지소악)	모두가 싫어하는 낮은 곳에 자신을 둔다.
故幾於道(고기어도)	그러기에 물은 도에 가장 가깝다.
居善地(거선지)	(도와 함께하면) 머무는 땅이 좋아지고
心善淵(심선연)	마음은 맑고 깊은 연못을 닮는다.
與善仁(여선인)	(상대에게는) 착하고 어질며
言善信(언선신)	말에는 믿음이 있고
正善治(정선치)	다스릴 때는 공명정대하다.
事善能(사선능)	일을 할 때는 최선을 다하고
動善時(동선시)	때를 알아 행동하며
夫唯不爭(부유불쟁)	다투는 일도 없어
故無尤(고무우)	그러기에 허물을 남기지도 않는다.

8장 識(식)이나 文字(문자)로는 도를 취할 수가 없다.

세상에서 가장 귀한 것이 있다면 자신만큼 귀한 것은 없을 것이다.

그래서 타인을 위하거나 나라를 위하여 초개와 같이 몸을 던져 희생한 사람들을 志士(지사)나, 烈士(열사)나, 英雄(영웅)이라 칭하며 추앙한다.

인류가 모여 사는 세계의 역사를 두고 보더라도 때때에 나라나라마다 위기에 처한 나라를 위하여 초개와 같이 몸을 던져 나라를 구한 이들이 얼마나 있어왔는가를 되돌아보면 그들의 자기희생의 善行(선행)이 있었기에 후대의 자손들은 그들의 선행정신을 기리며 이어 내리고 있다.

최상의 선행은 나도 없고 나의 마음까지도 없는 無我(무아) 無心(무심)에서 나오는 행위이다.

어떤 일을 행하고자 할 때에 앞뒤를 가리며 '이럴까? 저럴까?' 하는 마음은 나를 버리는 행동으로 이어지지 않을 것이며 나를 버리는 최상의 선행으로도 이어지지 않을 것이다.

일체 만물이 도와 함께 살아가지만, 그것을 인지하지 못하는 것은 자연을 닮은 정신을 품고 살아가기 때문이다.

항상 변하지 않는 것 같은 자연과 항상 그렇게 흐르는 물을 보며 으레 그렇게 보기 때문일 것이다.

如來(여래)는 無心(무심)이라 하였다.

자연이 품고 있는 무심과 물이 낮은 곳으로 낮은 곳으로 가는 것에도 무심을 품고 있음을 수행자들은 깊이 關(관)해야 할 것이다.

예전에는 先聖(선성)들이 자신의 법을 이심전심과 심수구전으로 제자에게 전해주었는데 석가도 자신의 법을 전할 때에 가르치거나 배우는 것 밖에 있고 글로서도 전할 수 없는 것이라며 이심전심을 말씀하셨다.

석가는 제자인 가섭에게 법석의 자리에서 법을 전하셨는데 법을 전하는 법회의 광경을 보면, 부처의 설법이 있음을 알리자 부처의 법문을 듣고자 수십만의 군중들이 법석의 자리에 운집하였는데 자리에 모인 군중들은 '부처가 무슨 말씀(법문)을 하실까?' 하며 모두들 궁금해 하였는데 부처는 단에 올라 아무 말씀도 없이 연꽃을 든 손을 번쩍! 들어 보였다.

부처는 아무 말씀도 없이 손에 연꽃을 들어 보였는데 연꽃을 든 부처를 보며 다들 의아해하였을 것이다.

그러나 부처는 부처대로 과연 이 연꽃을 든 '나의 뜻(意中, 의중)을 누가 알고 있을까?' 하며 군중들을 천천히 둘러보는데 "무슨 뜻으로 연꽃을 드셨나?" 하며 의혹에 찬 군중들 속에 오직 한 사람 (가섭존자)만이 빙그레 미소 짓고 있음을 보게 된다.

부처는 자신이 연꽃을 든 뜻을 제자인 가섭만이 알고 있음을 보시고 (속으로) 기뻐하시며 즉석에서 가섭에게 법을 전하였다.

"나에게 正法眼藏(정법안장) 涅槃妙心(열반묘심)

　　　　實相無相(실상무상) 微妙法文(미묘법문)

　　　　不立文字(불립문자) 敎外別傳(교외별전)이 있으니

　이것을 마하가섭에게 전해준다." 하시며 부처는 자신의 법통을 가섭에게 전해주었다.

　법석에 모인 많은 사람은 부처의 말씀과 행동을 보고 들었어도 알 수가 없어 궁금해했을 것이나 분명한 것은 가섭에게 부처의 법통이 전해졌다는 것은 들어서 알았을 것이다.

　그러나 그것도 (법통을) 주고받는다는 부처의 일방적인 말씀인지라 가섭에게 과연 무엇을 주었을까?

　도무지 눈앞에서 펼쳐진 광경이었으나 군중들은 알 수가 없었으며 '과연 무엇을 주고받았을까?' 하는 의심을 지울 수가 없었을 것이다.

　아니면 가섭에게 미리 무언가를 주셨을까?

　분명히 주고받은 것이 있는 것도 같은데 과연 그것이 무엇인가?

　군중들은 부처의 의아한 행동이 몹시 궁금하였을 것이다.

　분명 부처는 단에 올라 연꽃을 든 손을 번쩍! 든 것 말고는 아무런 (행위)도 한 일이 없었는데 그 순간에 무언가를 주고받은 것이 있다는데 도통 알 수가 없는 것은 그때 법석에 참여했던 군중들이나 시공을 떠나 이 글을 읽는 이들도 의심이 드는 것은 같은 마음일 것이다.

(분명히 부처는 자신의 법통을 가섭에게 전해주었습니다.)

　법(대통)을 전함에 말길과 글 길을 떠나 말이 아닌 심법의 행위(이심전심 심수구전)에 의해서 법을 전하는 행위는 시공을 떠나 지금에도 이어지고 있으며 앞으로도 禪家(선가)에서는 예전(부처 당시)의 방법대로 법통을 이어갈 것인데 진실로 妙(묘)하고도 妙(묘)한 전법 행위가 아닐 수가 없습니다.

　도를 증득하여 전해주는 것도 천지자연과 같고 흐르는 물과 같은 것이라

　번쩍! 들어 올린 손의 연꽃을 보고 웃음 지었던 가섭과 천지의 자연과 흐르는 물이 도를 품

고 있다는 것을 누가 알기나 하겠는가?

일상을 살아가며 움직이는 모든 동작에 도가 담겨있다.

부처가 연꽃을 들어 보인 동작이나, 교통을 정리하는 사람의 동작이나, 무대에서 춤을 추는 댄서의 동작이나, 시장에서 목청을 돋워 소리치며 물건을 파는 장사꾼의 동작에도 도가 담겨 있다. 아닌가?

부처와 중생들의 움직임에 따를 것은 없으나 다른 것은 有相(유상)에서 無相(무상)을 보고 有爲(유위)에서 無爲(무위)를 보느냐가 다르다.

凡所有相(범소유상) 皆是虛妄(개시허망)

若見(약견) 諸相非相(제상비상) 卽見如來(즉견여래)

무릇 모양이 있는 것들은 모두가 허망한 것이다.

만약에 모양에서 모양 아님을 본다면 즉시 여래를 볼 것이다.

깨달음을 얻은 부처의 행동이나 미혹에 쌓여 살아가는 중생들의 행동이 다를 것이라는 생각도 가져봄 직하나, 깨달음을 얻었다 하여 달라지는 것은 없다, 그래서

悟了同未悟(오료동미오), 깨달음을 얻어도 깨닫기 전과 같다 하였다.

그러니 미혹한 중생의 속에서 깨달은 부처를 기대해 보는 것이며, 깨달음을 얻은 도인이나 미혹한 중생들이 따로따로가 아닌 하나이며, 모두는 차별과 평등, 평등, 즉 차별을 (동시에) 품고 살아간다.

그래서 도를 품으면 흐르는 물처럼 살아간다는 말이다.

持而盈之(지이영지)	이미 지니고 있는 것을 더 채우려 하는 것은
不如其已(불여기이)	그만두는 것만 못하며
揣而銳之(췌이예지)	충분히 날카로운데 더 벼리려 하면
不可長保(불가장보)	그것은 오래 간직할 수가 없게 된다.
金玉滿堂(금옥만당)	금은보화가 집에 가득하면
莫之能守(막지능수)	결코 이를 지키지 못할 것이다.
富貴而驕(부귀이교)	부귀를 누리면서 교만하면
自遺其咎(자유기구)	자연히 스스로에게 허물을 남기게 되며
功遂身退(공수신퇴)	공을 세운 후에 물러나는 것이
天之道(천지도)	천하의 도이다.

9장 욕심은 치료해야 할 병이다.

세상을 살아가는 사람들은 누구라도 나름대로 열심히 살아가고 있다.

그것은 누구라도 보다 나은 내일을 행복하게 살기 위함이며 열심히 일하고 노력하는 것은 열심히 노력하고 수고하는 만큼 행복해질 것이라는 믿음에서일 것이다.

그런데 노력하고 수고하면 행복해질 것이라는 믿음을 지닌 만큼 안정되고 행복한 삶을 누리는 이들이 얼마나 될까?

본래 세상엔 믿음과 의심이 함께 왔기 때문에 의심을 '철저히' 해소하지 않은 믿음은 실상 沙上樓閣(사상누각)에 불과한 것이다.

그렇다고 믿음을 갖지 말라는 것은 아니다.

사람은 모두가 貴(귀)한 존재이기에 귀한 만큼 대접받으며 살아야 마땅한 것인데 어디 행복이라는 놈이 말처럼 그렇게 쉽게 오나?

물질(財物, 재물)만 있으면 행복할 것이라는 생각에 열심히 재물을 모아 그것에 기대보지만, 물질만으로는 행복을 다 채울 수는 없는 것이다.

그것은, 본래 사람은 물질(色, 有)과 정신(空)을 함께 지니고 왔기 때문에 사람의 행복은 물질과 정신이 원만이 충족되어야 만이 진정한 행복을 얻었다 할 것이기 때문이다.

물질이면 못할 것이 없는 물질만능주의가 되어버린 세상에서 행복을 얻기 위하여 열심히 조금만 더, 조금만 더하며 물질이 행복을 보장해 줄 것이라는 생각에 욕심내어 쫓아가지만, 그것은 自足(자족)을 모르는 행위이며 스스로에게 病(병)이 될 것이다.

그렇다고 열심히 살지 말라는 것은 아니다.

산에 오르는 자는 정상에 오르면 다시 내려와야 하고, 어떤 목적을 정하여 열심히 일하여 목적을 달성하면 그 또한 되돌아설 줄 아는 것이 현명한 처사일 것이다.

산의 정상에 오르거나 목적을 이루면 되돌아 내려오는 것을 망각하여 욕심을 낸다면 그것으로 스스로를 망치게 할 것이며 스스로 족함을 모르는 처사이기에 그 욕심은 치료해야 하는 병이 될 것이다. 그래서,

欲治其疾(욕치기질)이니   욕심은 반드시 치료해야 할 질병이라

先治其心(선치기심)하라   먼저 그 마음부터 치료해야 하며

必正其心(필정기심)하여   반드시 그 마음을 바르게 하여

乃資於道(내자어도)하라.   도를 품어야 한다고 하였다.

어느 수행자의 얘기이다.

어느 수행자가 출가하여 4~5년이 지나던 어느 날, 전화가 와서 받아보니 세속의 오랜 친구인 탁구(친구의 별명)였다.

"목사야(스님의 별명), 얼마 전에 집안일로 큰형님을 만나게 되어 얘기를 나누다가 목사가 출가하여 스님이 되었다고 형님에게 말했더니 형님이 놀라시며 언제 시간을 내어 만나보자고 하셨는데 너는 시간이 어떠냐?"

"그래! 가까운 날에 시간을 내서 형님을 찾아뵙자. 그나저나 형님은 어떻게 지내시냐?" 물으니, 탁구는 "형님은 서예학원을 운영하시며 지금도 공부를 이어오신다."고 하였다. #(탁구의 형님은 당시 사고뭉치인 고삐리 시절에 우리 모든 친구의 우상이셨다.)

그런 통화를 하고 정한 날에 탁구와 스님은 형님을 찾아갔다.

형님의 사무실(서예학원)에 들어서니 형님이 반가이 맞으시며 "아니, 얼마 만이신가? 한 30년은 된 것 같은데." 하시며 "목사님이 어찌 스님이 되었소! 적지 않은 나이에?" 하신다.

"예, 형님 제가 살아오면서 품은 의심이 있어서 그것을 풀어보려 애를 써보았으나 풀 길이 없어 불경의 말씀이라 호랑이를 잡으려고 호랑이 굴에 뛰어들었다고나 할까요?" 하니, "그래요." 하시며 "무엇이 그리 의심이 나서 잡으려는 것이냐?"고 물어오신다.

그것은 色卽是空(색즉시공) 空卽是色(공즉시색)이라는 말인데, 물질과 공이 같다는 말이며 유와 무가 같다는 말인데 이 말에 걸려 더 늦기 전에 풀어야겠다는 생각에 출가하였다고 말하였다.

얘기를 들은 형님은 "야! 멋지시네, 색과 공이 같고 무유가 쌍쌍이라는 것에 의심이 들었다 하니 다행이라" 하시며 즈음에는 물질 만능시대가 되어 상업이나 호구지책으로 출가하는 이들도 더러 있다는 말을 하시었다.

"그나저나 때가 되었으니 점심을 먹어야 할 텐데 무엇으로 할까?" 하시니, 탁구가 "형님, 자장면을 시켜서 먹자."고 하여 자장면을 주문했다.

얼마 후 자장면이 배달되어 와서 각자 자장면을 비벼 먹는데 형님이 "잠깐!" 하시며 스님에게 "지금 자장면을 누가 먹고 있나?" 물으시니, "형님, 내가 먹고 있지요."라고 답을 하니, 형님은 "아니야. 다른 놈(모르는 놈)이 먹고 있어." 하신다.

스님은 조금 의아하였으나 자장면을 비비며 맛있게 먹고 있었는데 형님이 "잠깐!" 하시며 조금 전과 같이 "누가 먹고 있나?" 물어오신다. 스님은 "내가 먹고 있다."고 전과 같이 대답을 하였는데 형님은 "아니야. 주인 없는 놈이 먹고 있는 거야!" 하신다.

　형님의 질문과 답이 조금은 이상하다는 생각을 하며 자장면을 먹고 있는데 형님이 "잠깐!" 하시며 "지금 자장면을 누가 먹고 있나?"라고 질문을 하셨는데 순간 같은 질문을 3번씩이나 물어오는 것이 이상하기도 하고 짜증도 나게 되어 큰 소리로 "내가 먹고 있지요!" 하니, 형님 은 "아니야. 주인 없는 도둑놈이 먹고 있는 거야, 그 도둑놈을 잡아야 돼!" 하셨다.

　점심을 먹고 차를 마시며 형님은 스님이 된 동생 친구인 목사에게 "색과 공이 하나이며 같 다는 것을 알아차리는 것은 실상 어려운 일도 아니나, 사람들이 세상에 올 때에 지니고 온 천 부의 재질과 근기가 각기 다르기 때문에 일정한 시간이 필요하니 앞으로 시간을 내어 찾아와 공부하라."는 말을 하시었다.

　그 후로 스님은 형님을 스승으로 모시고 가깝지 않은 거리를 시간만 나면 찾아다니며 8년 의 세월을 죽이고서 만법이 하나인 것을 알아차리고 내 자장면을 뺏어 먹는 도둑놈을 잡아내 어 형님의 인가를 받는다.

　많은 세월이 흘러갔어도 형님을 찾아뵙던 날 점심때 자장면을 먹으며 천하대도의 根本(근 본)을 일러주었는데 담지 못하였던 것을 알게 되었다.

　虛幻(허환)의 공신이 법신이며 천하대도는 때에 인이 있어야 연을 이어가는 것인데 아무리 생각해도 장님이 눈을 뜨고 벙어리가 노래를 부르니 사부님(형님)이 고맙고 탁구(친구)가 고 맙다. 땡큐! 허! 허! 허! 허!

載營魄抱一(재영백포일)　　　(사람이) 혼백에 실린 도를 품고

能無離乎(능무리호)　　　그것에서 떠나지 않을 수가 있겠는가?

專氣致柔(전기치유)　　　기운만으로 오롯이 부드러움에 이르러

能嬰兒乎(능영아호)　　　갓난아이처럼 될 수 있겠는가?

滌除玄覽(척제현람)　　　넓고 깊은 도의 거울을 씻고 닦아서

能無疵乎(능무자호)　　　흠이 하나도 없게 할 수 있겠는가?

愛民治國(애민치국)　　　백성을 사랑하고 나라를 다스림에

能無知乎(능무지호)　　　무지로 할 수 있겠는가?

天門開闔(천문개합)　　　하늘의 문이 열리고 닫히는 것처럼

能無雌乎(능무자호)　　　암컷의 감각이 느껴져도 흔들리지 않을 수 있겠는가?

明白四達(명백사달)　　　천지 사방이 훤해도

能無爲乎(능무위호)　　　아무것도 모른다고 할 수 있겠는가?

生之畜之(생지축지)　　　도는 만물을 낳고 기른다.

生而不有(생이불유)　　　나게 하고서도 소유하지 않고

爲而不恃(위이불시)　　　일을 이루고서도 기대지 않고

長而不宰(장이불재)　　　널리 베풀어도 지배하지 않으니

是謂玄德(시위현덕)　　　이를 일컬어 넓고 그윽한 덕이라 한다.

10장 道心(도심)은 순수하고 투박한 慈心(자심)이다.

나무에 피어있는 예쁜 꽃들을 보면 누구나 꽃의 아름다움과 꽃이 주는 향기와 꽃이 주는 慈心(자심)에 취하게 되는데 꽃을 피우기 위하여 잎은 잎대로 줄기는 줄기대로 얼마나 수고했을 것이며, '눈에 보이지 않는 땅속의 뿌리도 얼마나 고생을 했을 것인가?' 하는 생각을 가져 보는데 꽃(자손)을 피우기 위하여 온갖 만물들은 자신의 수고를 마다하지 않는데 사람의 자식 사랑도 예외는 아닐 것이다.

사람이 자식을 낳아 키우는 정성과 노력은 나무가 싹을 키워 꽃을 피우는 데 들이는 정성과 수고 이상일 것이며, 자손을 위하여 들이는 정성과 사랑은 가히 짐작조차 가늠하기 어려울 것이다.

꽃을 사람에 비하면 잎과 줄기는 형제자매가 될 것이고 나무의 기둥은 부모가 되고 땅속에 감추어진 뿌리는 조상님들이 되겠다.

사람이 도를 품고 살아가며 도는 蘖(얼)을 품고 자손에게 얼을 이어 내리며, 얼은 魂魄(혼백)을 품고 있다.

그리고 사람의 오장 육부는 혼백을 품고 있으며, 오장은 간장, 심장, 비장, 폐장, 신장이며 정신 기혈을 주관한다. 육부는 담, 위, 대장, 소장, 방광, 삼초이며 정핵을 오장에 분배하여 전달하고 찌꺼기는 대소변으로 배출한다.

인체의 오장육부에는 오행(금목수화토)의 조화를 담고 있다.

心臟(심장), 인체의 크고 작은 신경경락에 혈액을 보내고 들이는 순환 활동을 하며 신명 활동의 본부이다.

오행은 火(화)이며 太陽宮(태양궁)이라 한다.

肝臟(간장), 위가 보내는 정액을 흡수하여 血(혈)을 조성하여 심장으로 전달하는 일을 하고 魂(혼)을 맡아서 지키는 기관이라 인체의 장군이라 칭한다.

오행은 木(목)이며 藏魂宮(장혼궁)이라 하며 혼을 담고 있다.

脾臟(비장) 五味(오미)의 맛을 구분하고 淸濁(청탁)을 분별하는 본부이다.

오행은 土(토)이며 태양 黃庭宮(황정궁)이라 하고 意(의)를 지킨다.

肺臟(폐장) 생기 산소를 들이고 내는 기관으로 삼만 육천 신경에 전달 순환하며 病核(병핵), 炭素(탄소)를 배설하는 일을 하고 있다.

오행은 金(금)이고 魄(백)을 지키며 사수하는 기관이다.

腎臟(신장) 하복부 방광 내에 좌우 2개로 이루어져 있으며 좌신은 水(수)이고, 우신은 火(화)이다. 우신은 심장과 연결되어있는 근막이 있어서 水火相濟(수화상제)하는 백색에 근막이 있다.

오행은 水(수)에 속하며 지략과 꾀주머니를 차고 있어서 智司宮(지사궁)이라 한다.

六腑(육부)는 기혈순환의 조화가 없으므로 설명을 생략한다.

사람의 체질을 四相(사상)체질로 분류하여 태양, 태음, 소양, 소음으로 논하나 이것만으로는 형체 본질대로 성질, 출세, 행동, 건강, 질병, 오행이 과하거나 불급하기 때문에 장부에 대소허실을 논하기에 부족함이 있어 사람의 체질을 9체로 분류하였다.

9체는 태양, 태음, 소양, 소음, 양명, 궐음, 오행구비, 태양태음합체, 소양소음합체이다.

太陽人(태양인) : 호걸이 많다. 성품이 용감하고 결단력이 있으며, 여자는 수기가 모자라고 방광이 협착하여 수태에 불리하다.

太陰人(태음인) : 호걸이 많고 성품이 인내 자중하며 체질이 중후하다.

少陽人(소양인) : 소인이 많다. 성품이 급하고, 이해를 잘하며, 정이 많다.

少陰人(소음인) : 교만, 질투, 사심이 많고 혈이 풍부해 생산을 많이 한다.

陽明人(양명인) : 성품이 온화하고, 순하며, 시비를 하지 않는다.

厥陰人(궐음인) : 우둔하고, 미혹에 빠지며, 욕심이 많다.

태양태음합체 : 강함과 온유를 겸비하여 외교에 능하다.

소양소음합체 : 부드러움과 직설을 겸비하여 거간 소개에 능하다.

오행구비합체 : 지혜가 총명하여 대중 통솔력이 뛰어나 偉人(위인)이 많다.

사상체질을 떠나 九體(구체)의 분류로 현대 의학과 과학의 발전을 기대하며 자세한 설명은 생략한다.

三十輻共一(삼십폭공일)	서른 개 바큇살이 하나의 통에 모여 있는 것은
當其無(당기무)	가운데가 비어있는 것을 사용하려는 것이며
有車之用(유차지용)	빈 통이 있기에 수레가 쓸모 있는 것이다.
埏埴以爲器(연식이위기)	흙을 빚어 그릇을 만드는 것도
當其無(당기무)	내면이 비어있으므로
有器之用(유기지용)	그릇으로서 쓸모가 있게 된다.
鑿戶牖以爲室(착호유이위실)	문과 창을 뚫어 방을 만드는 것도
當其無(당기무)	내면이 비어있기 때문에
有室之用(유실지용)	방으로서 쓸모가 있게 된다.
故有之以爲利(고유지이위리)	그러므로 있는 것이 이롭게 되는 것은
無之以爲用(무지이위용)	없는 空이 쓸모가 있기 때문이다.

11장 삼세에 부처는 지금 내 앞에 있다.

삼라만상의 존재물들은 이름을 지녔든 이름이 없든, 쓸모가 있는 물건이든 없는 물건이든, 모두가 도를 품고 있으며, 그것들 모두는 공을 품고 있으며 道空(도공)으로 생멸을 이어가고 있다.

부처에게 성불을 授記(수기)받고 도솔천에 계시며 하늘의 仙人(선인)들과 지내다가 佛後(불후) 56억 7천만 년 후에 도래하여 龍華世界(용화세계)를 이룬다는 미륵부처(慈氏菩薩)를, 백년도 살기 어려운 중생들에게 부처는 무엇 때문에 상상을 초월하는 시간인 56억 7천만 년 後

(후)에나 출현한다는 미륵부처를 왜 얘기하였을까요?

부처가 말씀하신 모든 經文(경문)은 중생들이 根器(근기)에 따라 알아들을 수 있도록 방편을 설한 것이기에 그러한 부처의 뜻을 안다면 중생을 사랑하고, 자비를 실천하며, 불법이 있는 곳 어디에나 부처를 위하고, 부처를 좋아하며 따르는 호법신장들과 함께 補處菩薩(보처보살)이 항상 함께하고 있다는 사실을 알아야 할 것이다.

미륵보살이 56억 7천만 년 후에 도래하여 용화세계를 이룬다는 말은 부처님이 방편으로 하신 말씀이다.

부처는 시공(과거, 현재, 미래)을 초월하여 항상 중생들과 함께하고 있다는 것을 안다면 어찌 세월의 흐름에 미륵부처를 기다릴 필요가 있을까? 그것도 56억 7천만 년이나?

부처는 부처의 지혜가 필요하고 부처의 대자대비하심에 도움을 청하는 중생들이 있는 곳 어디에나 현신하시며, 부처(석가)가 살아 계실 때나, 사후의 지금이나, 미래에도 사바 중생들과 부처는 항상 함께하고 있으며, 미륵부처도 시공을 초월(當來. 당래)하여 항상 사바 중생들(下生, 하생)과 함께하고 있다는 것을 알아야 할 것이다.

미륵부처가 세상에 오시어 이룬다는 龍華世界(용화세계)도 미륵부처와 함께하는 곳 어디라도 이미 용화세계임을 알아야 할 것이며, 언제나 모든 부처와 함께 미륵부처도 當來下生(당래하생) 중생들을 위하여 이미 오시어 중생들의 고통과 고난과 희로애락을 함께하고 있다.

부처는 想像(상상)과 時空(시공)을 초월하여 신비하고 초능력으로 존재하는 것이 아니라, 변화하는 곳 어디에나 아미타부처가 함께 하고 자연과 더불어 살아가는 인간 세상 어느 곳에나 사랑과 자비를 베풀며 시공을 초월하여 미래에 현신한다. 미륵부처도 이미 當來(당래) 세상에 오시어 중생들과 함께하고 있음을 알아야 할 것이다.

봄에 아무것도 없는 대지를 뚫고 나온 어린싹들이 자라 여름에 무성해지고 풍성하게 자란 나뭇잎들이 가을이 익어 서리가 내리면, 낙엽이 되어 우수수 떨어지는 것을 보게 된다. 누구나 세월의 無常(무상)함을 보고 느끼며 참 세상 허망하다고들 하는데 허망한 것에서 실상을 바로 보고 무상을 보면, 떨어지는 낙엽에는 천백억화신의 부처가 들어있고, 원만보신의 노사나불이 들어있고, 청정법신 비로자나불이 들어있고, 구품도사 아미타부처(변화)의 힘이 함께하고 있음이다. 미륵부처의 용화세계도 當來下生(당래하생)하여 떨어지는 낙엽 속에 지금을 살고 있는 중생들과 함께함을 알아야 할 것이다.

神(신)이란 다른 법계(우주나 지하세계)의 어디에 따로 존재하는 것이 아니고, 부처 또한 어딘가의 천상에 따로 존재하는 것이 아니기에 기이함이나, 신비한 형상이나, 음성으로 부처를 보려 함은 잘못된 망상이다.

나약하다는 생각을 지니면 언제나 나약할 것이고, 적당히 편리함을 추구하면 언제나 적당히 편리함만을 쫓아갈 것이고, 모양이나 음성을 쫓아다니거나 혹? 하는 곳에서 부처를 찾는다면 그러한 것들에서는 부처를 친견할 수가 없을 것이다.

부처는 밝은 지혜를 뜻하는데 부처의 슬기로움을 어떻게 해야 얻을 수가 있는 것인지 부처의 말씀을 들여다보면,

無智亦無得(무지역무득), 지혜도 없으며 또한 (지혜에서) 얻을 것도 없다 하심은 부처의 空心(공심)에는 그 무엇도 없어 비어있다는 말이며, 그 무엇도 없다 하심은 진공과 묘유가 함께 한다는 말이며, 평등과 차별, 차별과 평등이 함께 한다는 뜻이다.

세상은 서로가 어울려 살아가지만 각각에는 상대가 있어서 서로 다른 二邊(이변)을 지니고 살아가고 있는 것을 보게 된다.

있다는 有(유)를 내세우는가 하면 없다는 無(무)를 짊어지고 살아가는 것을 볼 수가 있는데, 無有(무유)를 함께 포용하면 공에 머물게 된다. 왜냐하면 세상은 用不用(용불용)이기 때문이다.

대상과 함께할 때 (대상을) 사용하는 이가 있을 것이고 대상을 알지 못하여 이용하지 못하는 이들도 있을 것인데, 비어있는 공간을 알아서 유익하게 사용하는 이가 있는가 하면 같은 공간을 주어도 활용할 줄 모르는 이가 있을 것이다. 이는 도의 활용도 시공을 알고 대상을 알아 그것을 초월하여 때에 使用(사용)하는 것에 있다.

천하 대도의 이치도 이와 같다.

五色令人目盲(오색령인목맹)　　갖가지의 화려한 치장은 사람에 눈을 멀게 하고

五音令人耳聾(오음령인이롱)　　감미로운 소리는 사람의 귀를 어둡게 하며

五味令人口爽(오미령인구상)　　산해진미는 사람의 입을 즐겁게 한다.

馳騁畋獵令人心發狂(치빙전렵령인심발광)　　사냥의 유희는 사람의 마음을 미치게 만들고

難得之貨令人行妨(난득지화령인행방)　　희귀한 재물은 얻고자 하는 이들을 어지럽힌다.

是以聖人爲腹(시이성인위복)　　이런 까닭에 성인은 배(본질)를 위할 뿐

不爲目(불위목)　　눈(형상)을 위하지는 않는다.

故去彼取此(고거피취차)　　그러므로 모양(감각)을 버리고 복심(본질)을 취한다.

12장 사람만이 최고 神靈(신령)스러운 신이다.

화려한 치장이 눈을 현혹하고, 재물이 사람을 어지럽게 하고, 산해진미가 사람의 미각을 만족시키는 것은 오행의 색과 맛을 즐긴다는 말이다.

색은 청색으로부터 시작하여 적색, 황색, 백색, 흑색의 오색으로 오행의 색을 말하며 맛은 신맛, 쓴맛, 단맛, 매운맛, 짠맛의 오미가 있다.

사람은 木(목)의 신맛이나 靑氣(청기)가 떨어지면 청색의 색소가 부족하게 되어 酸核(산핵)의 흡수력이 떨어져서 仁愛(인애)의 성질이 박하게 되므로 魂(혼)이 미흡하게 되고 부실해지면 肝病(간병)을 부르게 된다.

火(화)의 쓴맛이나 赤氣(적기)가 부족하게 되면 심장에 적색의 色素(색소)가 고갈되면 苦核(고핵)의 흡수력이 떨어져 禮尊(예존)의 정신이 박해져서 心身(심신)의 병을 얻게 된다.

土(토)의 단맛(甘)이나 黃氣(황기)가 부족하면 비장이나 위장에 황색 색소가 부족하게 되어 甘核(감핵)의 흡수력이 원활치 않아 信厚(신후)에 신명이 어두워져 비위에 병을 얻게 된다.

金(금)의 매운맛이나 백색의 기가 부족하면 폐나 대장에 백색 색소가 부족하게 되어 辛核 (신핵)에 흡수력이 저하됨으로 義理(의리)를 담을 수가 없게 되고 魄(백)을 지킬 수가 없어 폐 나 대장에 병을 얻어 건강을 지켜내기 어렵게 된다.

水(수)의 짠맛이나 黑氣(흑기)가 부족하면 흑색에 색소가 부족하게 되어 신장과 방광에서 취하는 鹹核(함핵)의 흡수력이 떨어져 知慧(지혜)의 정신이 박해지며 정신에 혼탁을 가져와 신장 방광에 병을 얻게 된다.

過猶不及(과유불급)이라 하니 모자람이나 넘침도 이와 같다.

세상 사람들에게는 온갖 믿음의 대상인 神(신)들이 존재하고 있다.

존재하는 신들은 이름을 지니고 있으며 나름대로 인간 세상에 복음을 전한다고는 하지만, 과연 그 신이 세상에 올 때에 복음을 짊어지고 왔을까?

세상에 알려진 신들이 존재할 수 있었던 것은 크든 작든, 알려졌든 안 알려졌든 신이 스스 로 세상에 출현한 일은 古來(고래)로 없다.

신은 사람에 의해서 만들어져 모셔지고, 사람에 의해서 소멸되고, 다시 사람들의 필요에 의 해서 부활시켜 이용하고 있어 진정한 신은 사람이다.

신을 모시는 단체를 ㅇ교, ㅇㅇ교라 칭하는데 교가 만들어지면서 신을 위하고 모시기 위하 여 온갖 교리가 사람들에 의해서 만들어지고, 그것을 지켜나가는 것이 믿음의 대상으로 포장 되어 교세를 이어 나가는 실정이다.

"세상엔 종교는 있으나 그의 대상인 신은 없다. 신은 사람이 만들기에 사람이 최고의 신이다."

종교에 대하여 많은 이들은 역사를 지녔거나 이름이 있거나 유명세가 있거나 교세가 있는 경우를 선호하고 인정하는 경우가 많고 종교를 선택함에 자신의 선택적 의지와는 별개로 태 어나면서부터 종교를 품고 태어나는 경우도 있다.

"사람이 最高(최고)의 신이며 최고로 神靈(신령)스러운 신이며 최고로 貴(귀)한 신이다."

동서양의 종교를 살펴보면 서양(가톨릭, 기독교, 마호메트교 등)의 종교는 믿음의 대상이 되는 唯一神(유일신)이 존재하는 것을 알 수 있는데, 가톨릭의 성모 마리아, 기독교의 예수, 이슬람교의 알라신이다. 이들은 모두 唯一神(유일신)인 하나님을 모신 종교이다.

동양의 종교는 도교, 불교, 유교 등이 있으며, 다수의 많은 신을 모시고 있으나 신의 대상이 없다.

불교의 법당에 모셔져 있는 불상은 방편의 신이며, 깨달음을 얻어 부처가 되신 석가모니만이 모셔져 있는 것이 아니고, 수많은 부처와 보살들이 모셔져 있다.

유교도 공자만을 모신 것이 아니고 많은 성현이 함께 모셔져 있다.

도교도 노자만을 모신 것이 아니고 후대를 이어오신 성현들이 함께 모셔져 있는 것을 알 수가 있다(유불선의 신은 방편의 신들이다).

천지 만물은 생겨나면서 이름(名)을 지니게 되는데 이름을 지녔든 안 지녔든 자체 그대로가 신이며, 사람들이 알든 모르든, 모시거나 모시지 않거나 신은 천지자연 어디에나 존재하고 있다.

신들 중의 사람만이 최고의 신이며 신령스러운 신이라 함은 사람만이 사물을 대함에서 깨달음을 얻을 수 있는 존재이기 때문이며, 사람만이 스스로를 알아차려 새로운 것을 만들어낼 수가 있는 변화의 능력을 지녔기 때문이며, 때때에 변하는 세상에서 변화에 응하여 새로운 존재(神, 신)를 만들어 내는 것이 사람이기 때문이다.

신이나 종교는 사람들에 의해서 만들어지는 창작물이다.

종교의 신은 대중을 통솔하려는 구심점으로 여겨 때론 정치적인 소명을 안고 생긴다.

시대의 흐름에 따라 필요하면 신을 만들어 모시다가도 시대의 여건에 의해서 모셔왔던 신이 할 일을 다 하여 대중에게 외면당하면 사람들은 즉시 모시던 신을 버리고 새로운 이름으로 바꾸어 새로운 신을 만든다. 교리나 목적(구원)도 바꾸어 그동안 모시고 섬겨왔던 것을 버린다. 이는 인류의 역사를 들여다보면 쉽게 찾아볼 수가 있다.

천지 만물이 生(생)하고 滅(멸)하는 것을 반복하며 세상을 이어 내리는데 빈 항아리(眞空, 진공)에 들면 공이 되고, 나오면 有(유)라 하며, 없어지면 無(무)에 드는 것이라 無相(무상)이 되며, 항상 그렇게 들고나도 변함이 없기에 空(공)은 진실로 묘한 것이라 眞空妙有(진공묘유)라 한다.

눈을 멀게 하는 화려한 화장이나 치장도, 감미로운 소리도, 입을 즐겁게 하는 맛있는 음식도, 사냥의 즐거움도, 구하기 어려운 희귀한 재물, 모두가 있는 존재물이기에 有爲(유위)라 하는데,

經(경)에,
一切有爲法(일체유위법)　　　如夢幻泡影(여몽환포영)
如露亦如電(여로역여전)　　　應作如是觀(응작여시관)
모양이 있는 모든 것들은 꿈같고, 도깨비 같고, 물거품 같고 그림자 같으며,
이슬 같고, 역시 번개와도 같아 응당 관하라 하였다.

사람이 태어나 부모의 양육을 받으며 유년기를 보내고, 교육을 받고 사회에 진출하게 되는 청년기를 보내고, 성인이 되면 배우자를 만나 결혼하여 살며 자식을 낳고 사회생활을 하며, 중년기와 장년기를 보내며, 때때에 계절을 보내며, 익어가면서 노년기를 맞게 된다.

인생의 노년기에 들어서서 되돌아보면 어떤 일은 똑똑히 기억하지만 어떤 일은 어렴풋이 다가오는데 어찌 보면 꿈같은 일이었고, 어찌 보면 물거품 같기도 하고 환영 같기도 하고, 번쩍! 하며 사라지는 일도 있었고, 아침이슬처럼 서서히 말없이 기억의 저편으로 멀어진 일들도 되돌아 곱씹어 보면 꿈만 같은 세월이라는 생각을 갖게 될 것이다.
때때에 나를 미치게 하고 기쁘게 하거나 슬프게 하거나 괴롭게 만들었던 모든 일이 지금까지 나를 이끌어 왔는데, 나는 어떠한가!
身老心不老(신로심불노), 몸은 늙으나 마음은 늙지 않는다고 하였으니 마음 하나는 변하는 것이 아니며, 때에 적응하고 변하나 本(본)인 하나는 변하지 않는 空桶(공통)인 빈 항아리에 들고나는 것임을 알아, 성인은 눈에 보이는 모양과 형상을 쫓아가는 감각을 버리고 腹心(복심)을 취하다 하였다.

寵辱若驚(총욕약경)	총애와 굴욕을 두려움으로 대하며
貴大患若身(귀대환약신)	큰 근심도 내 몸처럼 귀하게 여겨라.
何謂寵辱若驚(하위총욕약경)	어찌 총애와 굴욕을 놀란 듯 두려움으로 대하라고 하는가?
寵爲下(총위하)	총애는 윗사람에게 받는 것이므로 내가 그 아래에 있다는 뜻이다.
得之若驚(득지약경)	윗사람의 총애를 받아도 놀란 듯하고
失之若驚(실지약경)	윗사람의 총애를 잃어도 놀란 듯해야 한다.
是謂寵辱若驚(시위총욕약경)	이것은 사랑받거나, 욕되나 늘 놀란 듯, 하라는 말이다.
何謂貴大患若身(하위귀대환약신)	큰 어려움을 내 몸처럼 대하라는 말은 무슨 말인가?
吾所以有大患者(오소이유대환자)	내가 큰 어려움을 지니게 되는 것은
爲吾有身(위오유신)	내가 몸을 가지고 있기 때문이다.
及吾無身(급오무신)	나에게 몸이 없다면
吾有何患(오유하환)	내게 무슨 환란과 근심이 있겠는가?
故貴以身爲天下(고귀이신위천하)	그러므로 천하를 내 몸처럼 귀하게 여기는 사람에게는
若可寄天下(약가기천하)	가히 천하를 맡길 수 있고
愛以身爲天下(애이신위천하)	천하를 내 몸처럼 사랑하는 사람이야말로
若可託天下(약가탁천하)	천하를 맡길 수가 있는 것이다.

13장 차가움도 뜨거움도 본바탕은 하나다.

사람의 行動(행동)은 몸이 움직이는 동작을 말하지만, 몸을 움직이게 하는 것은 마음이기에 사람은 마음의 움직임에 따라서 움직이며 호불호가 갈리게 되는 것인데 나에게 이익이 되는지, 아니면 불이익이 되는지에 대한 판단도 마음이 결정하며 결정은 행동으로 옮겨진다.

사람이 사람답게 살아가려고 노력하는 행위도 마음에서 정하여 행하는 것이며 때론 사람으로서 해서는 안 되는 행위도 때에 마음이 판단하여 행하게 되는 것은 우리의 마음속에는 선하고 착한 마음만 있는 것이 아니라 추하고 악한 마음도 함께 지니고 있음을 알게 한다.

그래서 不思善(불사선)이요, 不思惡(불사악)이라 하였다.

간단한 문장이지만 6조 혜능스님과 얽혀있는 얘기가 있어 적어본다.

중국 선종은 달마를 初祖(초조)로 하여 2조, 혜가 3조, 승찬 4조, 도신 5조, 홍인 6조, 혜능으로 이어진다.

오조 홍인대사는 혜능이 본성을 깨쳤음을 알고 의발을 전하면서 "이제 너를 육조로 삼겠노라. 그러니 스스로 잘 호념하고 널리 중생을 제도해 앞으로도 禪法(선법)이 끊어지지 않도록 하라."라고 말하였다.

혜능이 5조 홍인대사를 처음 만나 '불성무남북(佛性無南北)'으로 선문답을 하고 방아를 찧은 지 8개월 만의 일이었다.

심지어 혜능은 삭발 수계식도 하지 않은 행자에 불과했다.

그리고 홍인이 말했다.

"만약 이곳에 계속 있다가는 사람들이 그대를 해칠 수도 있으니, 어서 빨리 먼 곳으로 떠나야 하네. 부지런히 남쪽으로 가되 삼 년 동안은 법을 펴려 하지 말게."

그리고 "가사는 다툼의 실마리가 될 터이니 너의 대에서 그치고 뒤로는 전하지 말라."고 했다. 이 말에 따라 가사를 전하는 전통은 계송 한 수를 전하는 것으로 바뀌었다.

오조는 혜능을 데리고 밤길을 걸어 강가에 닿았다.

마침 배가 한 척 있어, 오조는 혜능을 위해 친히 노를 잡고 저어 강을 건네주었다.

혜능은 홍인대사를 하직하고 발길을 바삐 옮겨 남쪽으로 향했다.

날이 새고 혜능이 오조의 법통을 받고 의발을 받았다는 것을 눈치챈 대중들은 가사와 발우를 빼앗기 위해 수많은 사람이 그를 추적하였다.

혜능은 남쪽으로 향한 지 두 달 만에 대유령에 이르렀다.

많은 사람이 자기 뒤를 쫓고 있음을 간파하고 있던 터라 대유령 고갯길의 주막에서 자신을 쫓는 추격대를 발견하고 소란을 피하려고 주막을 나와 옆길로 들어서서 바위 위에 가사와 발우를 올려놓고 몸을 피했다.

혜능을 발견한 이는 장군 출신의 혜명이라는 스님이었다.

혜능의 행동을 보고 혜명은 횡재로 생각하고 바위 위에 올려놓은 가사와 발우를 집어 들려고 온갖 힘을 썼으나 이 어찌 된 일인가, 가사와 발우가 제자리에서 꼼짝도 하지 않는 것이었다.

이에 놀란 혜명은 불현듯 두려움이 몰려와서 그 순간 마음을 바꾸어 먹고 이렇게 말했다.

"행자님, 행자님! 저는 법을 구하러 온 것이지 가사와 발우를 가지러 온 것이 아닙니다."

이 소리에 혜능이 나타나 바위에 올라앉으며 말했다.

"그대는 무엇을 구하러 왔는가?"

"가사와 발우를 구하려는가, 법을 구하려는가?"

이에 혜명이 말했다.

"의발을 구하려는 것이 아니고, 다만 법을 구하려고 하니, 행자께서는 오조(홍인대사)께 받은 법을 저에게 일러 주시기 바랍니다."

이에 혜능이 말했다.

"너는 잠시 생각을 거두어라, 그리고 선도 악도 모두 생각하지 말라.

不思善不思惡(불사선 불사악), 선도 아니고 악도 아닌 이러한 때에 그대(혜명)의 부모가 낳기 전의 본래면복(本來面目)이 온 곳을 돌이켜 봐라."

혜명은 이 말이 떨어지자마자 홀연히 本來面目(본래면목)을 크게 깨달아, 절하며 말하기를 "사람이 물을 마셔보고 차고 뜨거운지 아는 것과 같습니다. 제가 五祖(오조) 문하에서 30년을 공부했으나 오늘에야 비로소 알았습니다."라고 했다.

비록 장군 출신이지만 오조 홍인선사 밑에서 수행을 닦은 터라 앞뒤가 막힌 인사는 아니었던 모양이다.

당초 혜명은 가사와 발우를 탈취할 목적으로 달려왔으나 바위 위에 놓여 있는 가사와 발우가 들리지 않자 두려운 마음이 생겼으며 '이 물건은 내 것이 아니구나!' 하는 마음이 일어나서 법을 들으려는 마음으로 변했다.

이때 혜능이 말한 불사선 불사악(不思善不思惡)은 의발을 뺏으려 했던 마음을 악이라 생각지 말고, 법을 들으려 한 마음도 선이라고도 생각하지 말고, 방금 악과 선 사이에 오락가락한 마음을 떠나서 혜명의 본심이 뭐냐는 것을 물은 것이다.

곧바로 혜명의 본심을 찌른 직지인심(直指人心)의 법문이 되었다.

혜능스님의 정확하고 비수 같은 이 말이 후대 조사들 문답의 본보기가 되기도 했다. 그리하여 혜명은 넙죽 절하며, 스스로 혜능의 제자가 되었으며 진정한 불문에 입문할 수 있었던 것이다.

육조 혜능스님이 "그렇다." 하셨으니, 이제야 비로소 조사께서 서쪽에서 오시어 마음을 바로 가리키어 성품을 보아 부처를 이루게 함이 言說(언설)에 있지 않음을 알았다.

그리고 이름도 혜명에서 도명(道明)이라 고치고 혜능의 제자로서 대중 교화에 힘썼다고 전한다.

"얻어도 놀란 듯, 잃어도 놀란 듯, 사랑을 받거나 욕을 먹어도 놀란 듯하는 어려움의 근원은 몸(體, 체)이 있기 때문이며 몸이 없다는 것에 이르면 염려와 근심이 사라질 것이다."라고 말하였는데,

세상 모든 일은 내가 존재한다는 욕심에서 시작하며 나로 끝난다.

나(我, 아)라고 하는 내가 없다는 것에 이른다면, 즉 無我(무아), 無心(무심)에 이르러 허허로움에 닿으면 무슨 근심과 염려가 있겠는가?

몸에 실린 마음이 공통(빈 항아리)이며 세상은 빈 항아리가 천하를 圖謀(도모)하고 있다는 말이다.

視之不見名曰夷(시지불견명왈이) 보아도 볼 수 없는 것을 이라 하고

聽之不聞名曰希(청지불문명왈희) 들어도 들을 수 없는 것을 희라 하며

搏之不得名曰微((박지불득명왈미)잡아도 얻을 수 없는 것을 미라 한다.

此三者(차삼자) 이 세 가지(이, 희, 미)는

不可致詰(불가치힐) 묻고 따질 수가 없는 것이기에

故混而爲一(고혼이위일) 통틀어 하나라 하였다.

其上不皦(기상불교) 그것은 위라 하여 더 밝지 않고

其下不昧(기하불매) 아래라 하여 더 어둡지 않다.

繩繩不可名(승승불가명) 끈처럼 끝없이 이어져 무어라 이름조차 붙일 수도 없으며

復歸於無物(복귀어무물) 결국 되돌아가면 한 물건도 없다.

是謂無狀之狀(시위무상지상) 이를 모양 없는 형상이라 하고

無物之象(무물지상) 실체 없는 모양이라 할 수가 있으니

是謂惚恍(시위홀황) 그저 황홀이라 일컫는다.

迎之不見其首(영지불견기수) 따르는 마음으로 살펴봐도 그 머리를 볼 수 없고

隨之不見其後(수지불견기후) 따라가 봐도 그 꼬리도 볼 수가 없다.

執古之道(집고지도) 옛 도의 이치를 지니고

以御今之有(이어금지유) 오늘의 일을 살펴 다스리면

能知古始(능지고시)	능히 태고의 시초를 알 수 있으니
是謂道紀(시위도기)	이를 일러 도의 실마리라 한다.

14장 삼세의 마음이 어디에 있는가? 입(口).

보아도 볼 수 없고, 들어도 들을 수가 없으며, 쥐고 있어도 얻을 수 없는 것을 夷(이)라 하고 希(희)라 하며 微(미)라 하였는데 뭐라 이름 지어 부르는 것이 중요한 것이 아니라 도의 空桶(공통)을 말하고 있다.

옛 성현들의 말씀은 문자의 해석이 중요한 것이 아니라 전체적인 맥락에서 무슨 말씀을 하시는지를 되짚어야 하며 천하대도를 달통하신 노담선인의 말씀은 더더욱 속 깊은 뜻을 헤아려야 할 것이다.

도를 求(구)함에 글이나 문자를 풀어 알아가려는 것은 도에 이르는 이정표나 안내문에 의지하는 것이 되고, 방편을 내어 도에 이르려는 것은 밥을 먹고 싶은 사람이 생쌀에 의지하는 것과도 같다.

우리의 일상이 항상 대도를 품고 살아가고 있지만, 도에 관심이 없어서인지 모르는 것인지, 아니면 살아가기에 도를 몰라도 불편함이 없어서인지는 몰라도 늘 접하고 대하며 살고 있으면서도 모르는 것이 도이다.

도라 하면 무언가 기이하고 신기하거나 요술과 같은 것이거나 공중부양을 한다던가, 축지법을 써서 공중을 날아다닌다는 것들을 생각해 봄직도 한데 대도는 그러한 術(술)에 있는 것이 아니다.

대도는 만법이 不二(불이)함을 알아 차별과 평등이 하나이고 實相無相(실상무상)을 알아 眞空(진공)과 妙有(묘유)가 하나임을 알아차림에 있다.

당나라 시절의 周金剛(주금강)이라 불리는 덕산스님의 얘기이다.

덕산스님은 금강경에 해박한 지식을 지녔기에 주위에서 성씨가 周(주) 씨라 '주금강'이라 불리셨다.

어느 날 덕산스님은 남방(중국의 남쪽)에서는 6조 혜능스님의 영향으로 禪佛敎(선불교)가

발달하여 불립문자 교외별전 직지인심, 견성성불이라는 말을 듣게 된다.

卽心(즉심)이 부처이며 문자와도 상관없이 성불한다는 말을 전해 들었는데 당시에 덕산스님은 경전에 해박한 지식은 지녔으나 見性得道(견성득도)하지 못한 처지라 卽心成佛(즉심성불)이 도저히 납득이 되지 않아서, "이런 무식한 이들이 있나? 어떻게 글 없이 견성한다고 떠드는가? 내가 직접 가서 金剛經(금강경)을 제대로 가르쳐 주어야겠구나!" 하며 자신이 쓴 금강경의 해설집(당시에는 죽간)을 챙겨 짊어지고 남쪽으로 향했다.

여러 날을 고생해 가며 천 리가 넘는 길을 걸어 남쪽 지방(예주)에 도달한 어느 날, 점심때가 되어 시장기를 느끼던 차에 떡 파는 집이 눈에 들어와 떡집으로 들어서면서 떡집 주인인 노파에게 "떡 좀 주시오." 하며 자리에 앉았다.

노파는 스님의 떡 주문은 아랑곳하지도 않고 덕산스님에게 엉뚱스러운 질문을 던졌다(덕산스님의 소문이 이미 널리 퍼져있는 상황이었음)

"스님의 바랑 속에 웬 물건이 들어있어서 무거워 보이는데 대체 무엇이 들어있습니까?" 하고 물으니 덕산 스님은,

"금강경에 내가 직접 주석을 단 금강경소입니다."라고 했다.

그러자 노파는 "아! 그래요? 스님이 금강경에 대해서 그렇게 잘 아신다면 내가 하나만 묻겠습니다. 만약에 내 질문에 답을 주시면 떡을 공짜로 드리고 대답을 못 하시면 떡을 팔지 않겠습니다." 했다.

그러자 덕산스님은 "예, 좋습니다. 금강경에 관해서는 무엇이든지 물어보십시오." 하며 의기양양해 보였다.

그러자 노파는 "금강경에 과거심도 얻을 수 없고 현재의 마음도 얻을 수 없고 미래의 마음도 얻을 수 없다는 구절이 나오는데 스님께서는 지금, 어느 마음에 點心(점심)을 하려 하십니까?" 하고 물었다.

순간, "어느 마음에 점심?"이라는 노파의 뜻밖의 말에 걸려 스님은 앞이 캄캄해지고 아무 생각도 할 수가 없었고 멍해져서 대답은 멀리 도망쳐버린 꼴이 되었다.

덕산스님은 속으로는 너무 놀라 아무런 말도 하지 못하였으나, 이내 정신을 추슬러 가다듬고 떡 파는 노파가 이처럼 금강경의 내용을 물어 올 때에는 분명히 가까운 곳 어딘가에 도력

이 높은 스님이 계실 것이라는 생각이 들었다. 그러자 스님은 창피함을 무릅 쓰고 노파에게 물었다.

"혹시 이 근처에 절이 있습니까?"

그러자 노파가 "이 길로 곧장 올라가면 용담사라는 절이 있습니다."라고 손으로 방향을 일러주었다.

금강경을 풀이하는 것에 대해서는 천하에 둘째가라면 서러워하던 덕산 이건만 노파의 질문에 답을 못하여 한방 얻어맞은 꼴로 점심(떡)도 못 먹고 떡집을 나와 노파가 일러준 대로 용담사를 찾아갔다.

용담사에 이르러 용담선사를 만나면서도 덕산스님은 "龍(용)이 산다는 연못에 용이 보이지 않는군요." 하며 호기를 보였다.

그러자 용담선사는 "용담에 잘 오셨소!" 하며 덕산을 맞이했다.

그렇게 용담사에서 생활을 하게 된 덕산스님은 선사와 마주하면 자신이 알고 있는 금강경을 풀어 설명하기에 바빴으나, 선사는 일언반구의 대꾸도 하지 않았다.

그러던 어느 날 밤, 그날도 용담선사와 덕산스님이 저녁 공양을 하고 담소를 나누다가 밤이 깊어 덕산스님이 기거하는 처소로 안내하려고 선사가 등불을 밝혀 잡고 밖으로 나와 덕산스님의 처소에 이르러 덕산스님이 방문을 열고 막 들어가려는 순간! 용담선사가 입으로 바람을 내어 등불을 훅! 꺼버렸다.

길을 밝히고 천지를 밝히던 등불이 꺼지자 천지를 분간할 수가 없는 먹통이 되는 순간! 덕산스님은 홀연히 무언가를 알아차리며 깨달음을 얻게 되었다.

그리고 덕산스님은 무릎을 꿇고 용담선사에게 큰 절을 올렸다.

절을 받은 선사는 "그래, 어둠 속에서 무엇을 보시고서 이렇게 큰절을 하시오?" 하고 물으니, 덕산스님은 "잡다한 교리이론을 아무리 알았다 하여 써(言) 놓아도 허공에다 깃털 하나 던지는 것과 같고, 장식(모양)으로 아무리 과시해 봤자 밑 빠진 항아리에 물 한 방울 떨어뜨리는 것과도 같습니다."라고 대답하였다.

다음날 새벽 동이 트기도 전에 덕산스님은 이전에 자신이 지어 지니고 왔던 책들과 자신이 쓴 금강경소를 절 마당에 쌓아놓고 불살라 버렸다고 전한다.

금강경에 대하여 지식(해석)이 얼마나 해박했으면 주위에서 周金剛(주금강)이라 불리었으며 스스로도 얼마나 자신이 넘쳤으면 손수 쓴 금강경소를 짊어지고 천 리 먼 길을 걷는 수고를 마다하지 않았겠는가?

그러나 떡 파는 노파의 일격에 천하의 주금강이라 자처하던 덕산스님도 벙어리가 되어 답을 하지도 못하는 처지가 되었고 초라한 자신의 신세를 모를 리 없었겠지만 스스로 용기 내어 노파에게 겸손히 도인을 찾아가는 길을 물어 주린 배를 움켜쥐고 용담사를 찾아간 것은 덕산스님에게도 때가 도래하여 눈을 뜰 때가 되었기에 스스로의 인연 處(처)를 찾아가게 되었던 것이다.

그리고 자신이 손수 쓴 금강경소를 태우며 "잡다한 교리이론을 알았다고 하여 써 놓아도 허공에다 털 오라기 하나를 던지는 것과 같고, 장식(모양)을 과시해 봤자 밑 빠진 항아리에 물 한 방울 떨어뜨리는 것과 같다."는 말을 하였는데, 그것은 오온이 비어있어서 우리의 의식에서 판단하고 내세우는 모든 것들이 공하다는 말을 하기에 이른다.

불성을 보고 자성부처를 친견하는 견성의 자리는 말길도 글 길도 끊어진 자리에서 친견하는 것을 덕산스님의 예에서도 볼 수가 있다.

문자나 이론으로는 도를 볼 수 없고, 들을 수도 없고, 잡을 수도 없는 것이 도이며, 도를 구하여 담을 수 있는 방법은 만법이 空桶(공통)임을 알아차리는 것에 있다.

이제라도 만법이 공함을 알고 천하대도를 친히 품고자 한다면 말길과 글 길이 끊어진 자리에 들어야 하며 일상이 대도를 품고 함께 살고 있다는 것을 확실히 인지해야 천재일우에 인연 처를 만나게 될 것이다.

즈음에 세상에는 학벌 좋음을 내세우거나, 말 잘하는 것을 내세우거나, 화려한 경력이나 이력을 내세워 모양 속에 도를 내세우는 무리를 심심찮게 보고 만나는 세상이 되었다.

화려함으로 치장하고 장황한 언변으로 전하는 도가 과연 생생불식한 진정한 道(도)인지 시공을 떠나 이 시대에 수행하시는 이들은 덕산스님의 경우를 깊이 새겨봐야 할 대목이라 여겨진다.

15장

古之善爲士者(고지선위사자)　　　예로부터 도를 깨달은 사람은

微妙玄通(미묘현통)　　　그 통함이 지극히 오묘해서

深不可識(심불가식)　　　그 깊이를 가늠할 수가 없다.

夫唯不可識(부유불가식)　　　그 알음알이의 경지를 알 수는 없지만

故强爲之容(고강위지용)　　　드러난 모습으로 대강 형용하여 보자면

豫焉若冬涉川(예언약동섭천)　　　겨울에 강을 건너듯 신중하고

猶兮若畏四隣(유혜약외사린)　　　사방의 이웃을 대하듯 조심스럽고

儼兮其若容(엄혜기약용)　　　얼굴에는 엄숙함이 묻어있고

渙兮若氷之將釋(환혜약빙지장석)　　　얼음이 녹는 것처럼 술술 녹아내리고

敦兮其若樸(돈혜기약박)　　　소박함은 통나무와도 같고

曠兮其若谷(광혜기약곡)　　　마음은 밝게 비어있어 계곡처럼 확 트이고

混兮其若濁(혼혜기약탁)　　　모든 것들을 포용함은 흐린 물과도 같다.

孰能濁以靜之徐淸(숙능탁이정지서청)　　　누가 능히 탁한 물을 고요하고 맑아지게 하겠는가.

孰能安以久動之徐生(숙능안이구동지서생)　　　누가 능히 편안함을 움직여 생동하게 할 수 있을까.

保此道者(보차도자)　　　도를 지닌 선비는

不欲盈(불욕영)　　　가득 채우려는 욕심을 내지 않는다.

夫唯不盈(부유불영)　　　채우려 하지 않으므로

故能蔽不新成(고능폐불신성)　　　옛것을 폐하고도 새로운 것을 이루려 하지도 않는다.

15장 백척간두에 서서 왼발이 먼저냐? 오른발이 먼저냐?

사람이 살아가는 일상의 모든 행위는 도를 품고 있다.

도를 담고 살아가기 때문에 이리 보면 단순하기도 하고 저리 보면 복잡하게도 보이지만, 이리 보든 저리 보든 奧妙(오묘)한 구석이 있어 알 수가 없는 것이 도의 특성이기도 하다.

천지자연의 도는 하는 일 없이 할 일 다 하는 無爲(무위)를 품고 있어 묘하기 그지없으며 眞空妙有(진공묘유), 진실로 공하기에 묘함을 품고 있다는 말과도 같다.

百尺竿頭(백척간두) 進一步(진일보)라는 말이 있다.

도를 담고 품으려면 백 척의 높은 곳에서 뛰어내릴 수 있는 생각과 마음의 용기가 있어야 한다는 말이다.

도는 누구나 알고 있어도 도를 품어 도를 득하기는 매우 어렵다.

그래서 백 척의 높은 곳에서 뛰어내릴 수 있는 마음의 각오와 용기가 절대 필요하다는 말이다.

무조건 높은 곳에서 뛰어내리면 도를 얻을 수가 있다는 말은 아닐 것인데 왜? '백척간두 진일보'라 했는지 의심을 품고 그 품은 뜻을 헤아려 봐야 할 것이다.

백척간두에 서려면 먼저 생사에 대한 조바심이나, 염려나, 머뭇거림이 없어야 장대 끝에 오를 수가 있고, 설사 오른다 하여도 염려나 의심을 완전히 제거하지 않았다면 한 발짝도 내디딜 수 없는 것이다.

그것은 스스로 정리해야 할 마음에 내가 있다는 (有我, 유아)의 마음과 自存(자존)이 남아있기 때문이며 진일보하려면 내가 있다는 것이나 없다는 無我(무아)조차도 버려야 진일보할 수가 있기 때문이다.

정상의 꼭대기에서 진일보함이란 세상의 모든 것(有, 유)들을 버리고 生死(생사)조차도 버려야 하며, 내가 없다는 마음(無我, 무아)이어야 하며, 생사를 버린 마음(無心, 무심)이어야 하며, 그런 마음의 자세와 용기를 갖추어야 진일보할 수가 있다는 말이다.

정상의 꼭대기에는 사방 어디라도 한 발짝만 내딛어도 떨어져 죽음을 맞이할 것인데 어느 누가 감히 발을 들어 내디딜 수 있겠는가?

세상에 위 없이 귀한 것이 있다면 자신의 목숨보다 더 귀한 것이 어디 있겠는가? 그러나 그러한 생사심으로는 진일보할 수가 없는 것이다.

도를 얻으려면 죽음도 불사하는 초연한 마음과 자세가 필요하며 도는 살아있어서 生生不息(생생불식)하다는 것을 알아야 진일보할 수가 있다.

산속 마을에 사는 꼬마 숙녀와의 얘기이다.

날씨가 매우 추운 겨울날, 방이 식어 아침에 일어나 방에 군불을 때고 있는데 부엌의 뒷문이 살며시 열리며 이웃에 사는 꼬마 숙녀가 해맑은 웃음을 머금고 말을 걸어온다.

"스님, 조금 전에 우리 집 장구(강아지 이름)가 이곳으로 들어가는 것을 보았는데 장구는 어디 있어요?"

"응! 장구가 뒷문으로 들어와서 잠시 놀다가 앞문으로 나갔다."

그렇게 대답을 하니 꼬마 숙녀는 불 때는 아궁이 앞에 쪼그려 앉더니 "그런데요, 장구가 뒷문으로 들어오는 것을 스님이 보셨어요?" 한다.

"응! 봤지."

"그럼 스님이 보셨다니까 말인데요, 우리 집 장구가 뒷문으로 들어올 때 왼발이 먼저 들어왔어요? 오른발이 먼저 들어왔어요?"

"뭐? 아니, 그것을 어떻게 아니?"

"스님이 보셨다니까 물어 본 건데요, 그것을 왜 모르세요?"

"허허, 장구가 들어오는 것을 분명히 보긴 봤는데 문턱을 넘어올 때 왼발이 먼저 들어왔는지, 오른발이 먼저 들어왔는지 알 수가 없구나."

대답이 시원치가 않았는지 꼬마 숙녀는 고개를 갸우뚱하며 이내 집으로 돌아간 후에도 나는 스스로에게 질문을 던지고 있었다.

'왼발이 먼저냐?'

'오른발이 먼저냐?'

백척간두 진일보에 왼발이 먼저냐? 오른발이 먼저냐?

허! 허!

致虛極(치허극)	비움이 극에 이르면
守靜篤(수정독)	고요함을 두텁게 지킬 수 있다.
萬物竝作(만물병작)	모든 만물이 함께 생겨나지만
吾以觀復(오이관복)	나는 그들이 돌아가는 것을 본다.
夫物芸芸(부물예예)	사물들이 무성하게 피어나지만
各復歸其根(각복귀기근)	결국 모두는 자신의 뿌리로 돌아간다.
歸根曰靜(귀근왈정)	뿌리로 돌아가는 것을 고요라 하며
是謂復命(시위복명)	이를 일러 천명을 따른다는 것이다.
復命曰常(복명왈상)	천명을 따르는 것을 항상 함이라 하며 항상
知常曰明(지상왈명)	천명과 함께하는 것을 아는 것을 밝다 말한다.
不知常(불지상)	항상 함을 알지 못하면
妄作凶(망작흉)	망령되이 흉을 짓게 되고
知常容(지상용)	항상 함을 알게 되면 너그러워지고
容乃公(용내공)	너그러워지면 공평해진다.
公乃王(공내왕)	공평해지면 그것이 왕도가 되며
王乃天(왕내천)	왕도는 곧 하늘의 법칙이다.
天乃道(천내도)	하늘의 법칙은 곧 도가 되고

16장 때때의 계절에 제대로 익어야 제맛을 낸다.

천지 만물은 자연의 4계절을 맞이하여 때때에 자라고 익어야 할 일을 마치면 본래의 자리로 되돌아간다.

사람도 자연에 순응하여 때에 나서 자라고 성장하며 스스로를 익혀간다.

사람의 수명을 80으로 가정하여 4계절에 대입하면

태어나서 20세까지는 인생의 봄이라 하고,

21~40까지를 인생의 여름이라 하며,

41세~60세까지를 가을이 되고,

나이가 60세를 넘기면 겨울이라 할 것이다.

인생도 때의 계절을 맞이하면,

때를 알아 스스로 자신의 농사를 잘 지어야 하는데,

春(춘), 봄에 씨를 뿌리고 싹을 키우는 자연의 일을 알아 사람으로서 온당하게 살아가는 온갖 것들을 배우고 익혀 다가오는 여름과 가을을 대비해야 한다.

夏(하), 여름에는 꽃을 피우고 열매가 맺히는 계절임을 알아 자신과 배우자와 자식과의 관계가 성립되는 때라 여름의 나이에 들면 봄에 익힌 것들을 이용하여 여름에 일을 열심히 하여 오는 가을과 겨울에 어렵지 않은 생을 준비해야 하는 때이다.

秋(추), 가을은 여름을 혹독한 가뭄과 더위를 이겨내고 맺힌 알곡을 추수하는 시기인데 사람은 가정을 가지런히 하고 주위의 이웃들과 친지들을 둘러보며 자신이 할 수 있는 만큼의 일을 하는 계절이며 겨울을 따뜻하게 보낼 것들을 준비하는 계절이다.

冬(동), 겨울이 되면 땅이 얼어붙어서 노지에서는 농사를 지을 수가 없는 凍土(동토)가 되는 계절이라 지난 계절(봄, 여름, 가을)에 지은 농사에 의지해서 살아가야 하며 종자(씨)를 갈무리하는 시기이다.

누구라도 때때의 계절에 열심히 할 일을 다 하여 익혔다면 아무리 추운 겨울이 닥쳐도 따뜻하게 지낼 수가 있을 것이나 때의 계절에 자신의 농사를 제대로 가꾸지 않거나 돌보지 않았다면 겨울의 혹독한 추위를 견디기가 힘이 들고 어려운 것은 자명한 일이 될 것이다.

때의 계절을 알고 하늘의 순리를 알아 순응하는 것은 天命(천명)을 따르는 것이고, 계절을 무시하거나 가볍게 여겨 스스로의 농사를 망쳤다면 하늘을 거역하는 행위이며, 자연의 항상성을 망각한 행위를 한 것이다.

아버지 어머니의 자식이 子孫(자손)을 얻게 되면 자손을 얻은 자식은 부모가 되어 아버지 어머니가 되며, 자손을 얻게 된 부모는 할머니 할아버지가 된다.

여기서 아버지 어머니가 자손을 얻게 되면 부모의 호칭 앞에 '할'자가 붙어 할머니 할아버지가 되는데 '할'자의 품은 뜻을 살펴보면.

'할'자는 크다, 흰하다, 밝다, 익었다는 말이다. 파자하면 '큰 大(대)'자와 '세월 歲(세)'자로 이루어진 회의문자이다. 즉, '할'이란 많은 세월을 겪으면서 천지자연의 이치에 밝고 흰하며 때를 제대로 알아 행하며, 때에 제대로 익어 사람의 도리를 알고 하늘의 명(天命, 천명)을 알아 행하기에 크고 밝다는 뜻을 품은 字(자)이다.

서양에서도 아버지를 Father(파더), 어머니를 Mother(마더)라 부르고 있는데 그들도 子孫(자손)들에게는 Grand Father(그랜드 파더), Grand Mother(그랜드 마더)라 불리고 있는데 Grand(그랜드)라는 단어를 살펴보면 웅장하다, 위엄 있다, 크다 등의 뜻이 담겨있다고 한다.

사람의 입은 때때에 제대로 익어서 내는 말씀과 말씨가 있으며 덜 익은 말투나 말장난 같은 말들이 있으며, 먹는 것만을 아는 짐승들의 주둥이가 되어 때마다 덜 익은 말들을 쏟아 내는 경우도 있을 것이니 그로 인해서 세상은 점점 어지러워지고 혼탁해지는 것이다.

익은 것은 자연스럽게 뿌리로 돌아간다.

때에 무성한 숲을 이룬 것도, 때에 풍성한 열매를 달고 있던 나무도 때가 되면 스스로 자연에 내어주고 조용히 자신의 본향으로 돌아가 고요함을 지키는 것은 자연의 도이며 순리를 따르는 것이다.

세상은 어느 것 하나라도 귀하지 않은 것이 없으며, 때에 익은 물건은 두고두고 써도 다함이 없으며, 묵으면 묵은 대로 익은 맛을 낼 것이다.

천지의 자연은 때를 알아 제자리로 돌아간다 함은 봄에 싹을 틔워 줄기를 자라게 하고, 줄기의 가지들은 때에 꽃이 맺혀 익어 떨어지면 그 자리에 열매가 달려 열기를 머금으며 익어갈 것이고, 가을을 맞아 열매가 익으면 저절로 떨어질 것이다.

가을이 익어가면 잎은 물기가 마르며 낙엽이 되어 땅에 떨어지나, 가지나 줄기의 물기는 뿌리로 돌아가 모이게 되는데, 이는 천명을 따르는 恒常性(항상성)이라 한다.

항상성에 밝음은 天命(천명)을 아는 것이고, 천지 만물은 항상 그렇게 천명을 이어오고 있으며, 이것을 아는 것을 밝은 지혜를 품었다고 한다.

천지자연의 때를 알아 때때에 익으면 언제 어디서나 익은 맛을 낼 수가 있을 것이나 자연의 때를 알지 못하여 때에 제대로 익지 못하여 덜 익었다면 무슨 맛대가리가 있겠는가?

세상에는 나라가 있고 나라 속에 나라가 있으며, 그 나라 속에 나라가 또 있다는 것을 알아 때때에 제대로 익어야 제맛을 지니게 되고 제맛을 낼 수가 있는 것이다.

외눈박이의 세상에서는 두 눈으로 살아가기 어렵고 미친 세상을 만나면 스스로 미친 척하거나 미친 짓을 해야 살아남을 수가 있으며, 어린이를 만나면 스스로 어린이의 눈높이를 맞춰 대화를 해야 그 어린이들의 세상과 同化(동화)될 것이며, 그러면 편한 세상을 살아갈 수가 있을 것이다.

왜, 그래야만 하는가?

만나는 세상, 만나는 사람들 모두가 나의 스승이며, 동반자이며, 그것으로 항상 함이 없는 것을 알아차리게 되기 때문이다.

우리는 항상 대상과 차별을 두지 말고 같은 눈높이를 지녀야 대상을 바로 보게 되고 바로 보는 것으로 삼세(과거, 현재, 미래)에 業(업)이 담겨있음을 알아, 그것으로 업을 녹여 차안에서 피안에 이르게 하는 것을 알아야 할 것이다.

太上不知有之(태상부지유지)　　최상의 다스림은 사람들이 그 존재조차 모르는 것이고

其次親而譽之(기차친이예지)　　그다음은 사람들이 가까이하고 칭송하는 것이고

其次畏之(기차외지)　　　　　　그다음은 사람들이 두려워하는 것이고

其次侮之(기차모지)　　　　　　그다음은 사람들이 멸시하는 것이다.

信不足焉(신부족언)　　　　　　(다스리는 군주가) 믿음이 부족하면

有不信焉(유불신언)　　　　　　말을 신뢰하지 않는다.

悠兮其貴言(유혜기귀언)　　　　귀한 말(도)은 참으로 아득하구나.

功成事遂(공성사수)　　　　　　공을 이루고 일이 잘되어도

百姓皆謂我自然(백성개위아자연)　백성들 모두가 저절로 자신이 성취했다고 생각한다.

17장 무위를 품은 도는 형상이 없다.

治世(치세)의 道(도)를 행하고자 하는 이들이 마땅히 지니고 행해야 할 덕목을 적은 글이다.

최상의 다스림은 욕심이 없는 무위의 도로 다스리는 것이며

그다음의 다스림은 禮(예)를 내세워 다스림을 행하는 것이며

그다음은 信義(신의)를 내세워 다스림을 행하는 것이다.

다스리는 자가 나(我)를 내세워 다스리게 되면 가까이 다가가서 비위를 맞추며 칭찬하게 되고, 다스리는 자가 욕심을 내세우면 주위의 백성들은 두려워 떠날 것이고, 돌아서서 경멸하면서도 그의 비위를 맞추며 아첨을 일삼는 이들이 주위를 감싸게 될 것이며, 나를 내세우는 만큼 그것으로 파멸을 맞게 될 것이다.

　나라를 다스리려면 나라를 이루고 있는 글자의 뜻과 형성을 알면 공부에 도움이 될 것이라 여겨 살펴보면,

'國(국)'자의 형성을 파자해보면 '口(구)', '或(혹)'자로 이루어졌으며

풀이하면, 혹시나 하는 백성들의 입(먹거리)을 충족시켜주는 일이 나라를 다스리는 근본이 되며, 백성들의 입에서 나오는 소리(民意, 민의)를 때때에 잘 알아듣고 살피는 것이 나라를 잘 다스리는 근본이 된다는 말이다.

자연을 품은 무위의 다스림은 나를 내세움이 없고 대상도 내세우지 않는 것이라 누구도 알지 못하고 설사 알려 하지도 않는다.

만물이 변하고 변하며 새롭게 변화되어 가는 것을 항상성이라 하는데 우리는 눈으로 보며 살고 있지만, 본래부터 씨가 없고 대상조차도 모르는 것이라 그렇게 되어 감을 당연한 것으로 여기고 항상 하는 것으로 알고 있다.

항상 함이란 많은 시간과 공간을 품고 있으며 그렇게 되어가는 것을 자연의 이치라 하며 만물의 恒常性(항상성)이라고 한다.

올바른 다스림은 나를 알고 대상을 알아 처신하는 것을 말하며 자연을 알아 도덕을 품고 어짊을 행하는 것이다.

사람이 살고 있는 어느 곳이라도 그 땅에 살고 있는 그들만이 품고 이어내려는 蘖(얼)과 넋(혼백)이 있고, 그들만의 문화와 전통이 있고, 正體性(정체성)을 품은 정신이 있다.

믿음과 불신은 대상을 대하는 행위에서 (동시에) 싹이 튼다.

지도자가 올바른 말과 행동을 이어가면 믿지 말라고 하여도 믿을 것이나, 말과 행동이 다르고 대상을 믿지 못하는 행동을 할 때에는 아무리 믿음을 강요해도 백성들은 따르지 않을 것이다.

그래서 道(도)가 귀한 것이며, 나와 대상을 품고 빈 항아리(空桶(공통))를 품은 德者(덕자)가 귀하고 仁者(인자)가 귀한 것이며, 귀한 만큼 그렇게 대접해야 할 것이다.

大道廢有仁義(대도폐유인의)   대도가 없어지면 어짊과 바름을 찾게 되고

慧智出有大僞(혜지출유대위)   지혜로움과 슬기로움을 말하면 큰 거짓이 생겨난다.

六親不和有孝慈(육친불화유효자)   가족이 화목하지 못하면 효도와 너그러움을 얘기하고

國家昏亂有忠臣(국가혼란유충신)   나라가 혼란스러워지면 충신이 생겨난다.

18장 천지 만물은 도를 품고 이어 내린다.

대도가 廢(폐)하여 없어진다 함은 도를 알아 덕을 행하는 이들을 만나기 어려워진다는 말이며, 덕을 알아 베푸는 이들이 보기 힘들어지면 어진 사람을 찾게 된다는 말이다.

대도가 사라진다 함은 사람들이 무위의 자연을 거스르거나 무시하고 사사로이 욕심을 드러내기 때문에 도를 가볍게 여기거나 홀대한다는 말이며, 대도는 폐한다고 하여 없어지거나 새로운 무엇이 생겨나는 것이 아니며, 일상에 늘 항상 우리와 함께하고 있다는 것을 망각한 처사이다.

자신을 낳아 세상에 태어나 빛을 보며 살아가게 하신 부모를 마땅히 공경스럽게 모시며 살아가는 것이 당연한 일이거늘 부모공경과 효도를 망각하고 자신만을 위하며 살아가는 것은 도덕을 지키며 살아가야 하는 세상에서 '위를 모르는 짓거리'이며, '싸가지(藥, 얼) 없는 짓거리'이며 사람으로서 마땅히 해야 할 본분을 저버린 행위이다.

'위를 모른다 함'은 상하좌우를 지키며 평등을 품고 살아가는 세상을 망각하고 안하무인으로 자신만을 위한 망상과 아집으로 살아가려는 태도와 행위를 말하며, '싸가지 없는 짓거리란' 자신의 싹인 자손들 보기에 부끄러운 행위, 즉 자손을 욕 먹이는 행위를 말한다.

세상을 살아가면서 '나만 아니면 돼'라는 생각을 가져 봄직도 하나, 세상의 이치는 나만 홀로 살아갈 수가 없는 묘한 구조이며 항상 나와 대상이 함께 살아가는 세상이라는 것을 잊어서도 안 될 것이다.

나 홀로 살아가는 세상이라는 착각과 망상을 지니게 되면 온갖 대상들과 나와의 관계는 대립과 투쟁과 공격의 대상으로 변하게 되며, 그렇게 되면 스스로 힘들고 고된 세상을 맞이하게 되어있다.

나라가 어지러워지면 忠臣(충신)을 구하려 할 것이고 가정이 화목하지 못하면 너그럽게 효도하는 자식에 대한 얘기를 나누게 될 것이다.

허나, 누구를 충직한 신하라 할 것이며

누구를 효를 행하는 자라 할 것인가?

세상에는 學(학)을 익히고 배워 지식을 지닌 이들이 많은데 그 학식과 지식을 입으로만 행하는 이들이 있어서 세상이 점점 어지럽고 혼탁해지고 있으며, 입으로 전하는 말만으로는 세상의 어지러움을 온전히 해소할 수가 없으며, 말로 인한 부작용으로 세상은 더욱 혼탁해지는 것이다.

나라가 어지럽고 가정이 화목하지 못하면 충신이나 효자를 바라는 것은 자연의 도를 품고 무위에 덕을 베푸는 충신을 기다리고 효자를 바란다는 것이며, 천지의 도를 알아 행하는 이를 기다린다는 것이다.

일월에 광명이 천하에 도를 행하고 천하는 호흡으로 순사시를 엮어나감이 천하 만민을 위한 대도임을 먼저 알아야 하지 않겠나!

그러니 덜 익은 주둥이*로는 천하를 평정할 수가 없을 것이고 천하대도에는 더더욱 다가갈 수가 없는 것이다.

* 주둥이란 먹기 위해 살아가는 짐승들의 입

絕聖棄智(절성기지)　　　뛰어난 재주를 버리고 지혜를 버리면

民利百倍(민리백배)　　　백성들의 이로움은 백배가 될 것이며

絕仁棄義(절인기의)　　　어짊을 끊고 의를 버리면

民復孝慈(민복효자)　　　백성들은 효성과 자애로움을 회복할 것이다.

絕巧棄利(절교기리)　　　속임수를 끊고 이익을 버리면

盜賊無有(도적무유)　　　도둑은 저절로 사라질 것이다.

此三者以爲文不足(차삼자이위문불족)　이 세 가지는 글로써 그 속뜻을 표현하기 어려운데,

故令有所屬(고령유소속)　　그러므로 한 마디 덧붙이자면

見素抱樸(견소포박)　　　바탕을 드러내고 소박하게 살고

少私寡欲(소사과욕)　　　사사로운 욕심을 줄이는 것이다.

19장 유와 무, 어느 한쪽에 빠지면 도가 아니다.

도를 품은 평등의 세계는 뛰어난 재주를 지닌 자나 뛰어난 지혜를 지닌 자들만을 위하지 않는다 하였으며, 재주가 있든 없든 지혜가 있든 없든 어느 한쪽 有(유)이든 無(무)이든 무유가 함께하는 空桶(공통)을 지니고 살아간다는 말이며, 무위자연의 도와 덕을 품고 그것으로 세상이 이어내리고 있다는 말이다.

도를 품고 행하는 것을 덕이라 하는데 의로움이다, 재주다, 지혜다, 어른을 공경하는 효행이다 하는 것들은 실상 도를 품으면 덕을 베푸는 것이기에 따로 仁義禮智(인의예지)를 내세울 필요도 없을 것이다.

도를 알아 행함에는 지혜가 뛰어나거나, 재주가 많거나, 의로운 것이나, 자애로운 것에도 기대거나 기울지 않는 평등을 품고 있어서 차별에 모든 것을 포용하여 차별과 평등이 다르지 않음을 알아 행하는 것이다.

세상은 평등과 차별이 함께 (동시에) 공존한다.

平等(평등)은 구별이 없는 일체를 말하며, 차별은 높은 것과 낮은 것, 많고 적은 것, 길고 짧은 것, 있는 有(유)와 없는 無(무)를 구분 짓는 것들을 말한다.

사람들은 無爲(무위)의 세상을 살면서도 그것을 알지 못하고 有爲(유위)의 형상을 쫓아가기에 바쁜 세상이 되어 품고 있는 무위를 잊어버린 채 살아가고 있는 실정이다.

그래서 經(경)에,

一切有爲法(일체유위법) 如夢幻泡影(여몽환포영)

如露亦如電(여로역여전) 應作如是觀(응작여시관)

일체 모양이 있는 것들은 꿈같고, 도깨비 같고, 물거품 같고, 그림자 같고, 이슬과도 같고 또한 번갯

불과도 같으니 마땅히 (마음으로) 들여다보아라.

본다는 것에는 사물을 대하여 볼 때에는 視(시)라 하고 형상이 없는 것을 마음으로 들여다 보며 생각할 때에는 觀(관)한다고 한다.

형상이나 모형으로 보여지는 모든 것들은 허망하다 하였는데

왜, 허망하다고 하는지? 마음의 空桶(공통)으로 살펴보라 하였다.

모양은 變(변)하고 변하며, 化(화)해지며, 찰나! 지간에 변하는 것이 있는가 하면 긴 시간과 세월을 요하는 것들도 있으나, 모양이 변한다는 만고의 진리는 변함이 없다.

도는 자연을 닮아 진실되어 꾸밈이 없어 투박하고 소박하며, 私心(사심)이나 욕심을 내지 않는 그것으로 德(덕)을 삼고 있다.

남이 어려움에 처한 것을 보고 자신에게 위험이 닥칠 것을 알면서도 어려움을 도와준 의인에게 참으로 훌륭한 일을 하였다고 말하면 대다수의 많은 의인의 대답은 "누구라도 그런 상황에서는 그렇게 했을 거"라는 말을 쉽게 하는 것을 보게 되는데, 어디 그것이 쉬운 일인가!

자신에게 닥칠 어려움을 버리고 상대의 어려움을 보고 행동하는 것은 사람은 누구나 도와 덕을 품고 살아가는 것을 상기시키는 말이라 하겠다.

20장

絕學無憂(절학무우)　　　　배움의 욕심을 버리면 근심이 사라질 것이다.

唯之與阿(유지여아)　　　　'예'라는 대답과 '응'이라는 대답의 말은

相去幾何(상거기하)　　　　그 차이가 얼마나 되겠는가?

善之與惡(선지여악)　　　　선하다는 것과 악하다는 것의

相去若何(상거약하)　　　　차이가 얼마나 다를까?

人之所畏(인지소외)　　　　사람들이 두려워하는 것을

不可不畏(불가불외)　　　　나라고 두렵지 않을 리가 없겠지만

荒兮其未央哉(황혜기미앙재)　참으로 허황되기 그지없구나.

衆人熙熙(중인희희)　　　　사람들은 기뻐하고 웃으면서

如享太牢(여향태뢰)　　　　마치 소나 양의 맛있는 고기를 먹으며

如春登臺(여춘등대)　　　　봄날 정자에 올라 즐기는 듯하건만

我獨泊兮其未兆(아독박혜기미조)　나 홀로 멍청하여 짐작조차도 못하고

如嬰兒之未孩(여영아지미해)　아직 웃을 줄도 모르는 갓난아이와 같구나.

儽儽兮若無所歸(래 래혜약무소귀)　고달픔에 지쳐 돌아갈 곳조차 잊었는데

衆人皆有餘(중인개유여)　　다른 이들은 모두 여유로워 보이건만

而我獨若遺(이아독약유)　　나만 홀로 버려진 것 같구나.

我愚人之心也哉(아우인지심야재)　나는 어리석은 사람의 마음처럼

沌沌兮(돈돈혜)　　　　　　어둡고 흐리멍덩하구나.

俗人昭昭(속인소소)　　　　세상 사람들은 모두 밝은데

我獨昏昏(아독혼혼)	나 홀로 어둡고 답답하구나,
俗人察察(속인찰찰)	세상 사람들 모두 사리에 밝아 잘 살피는데
我獨悶悶(아독민민)	나 홀로 어둡고 답답하다.
澹兮其若海(담혜기약해)	(자연의) 바다는 담담하고 넓고 넓으며
飂兮若無止(료혜약무지)	불어대는 바람 소리는 그칠 줄 모르네.
衆人皆有以(중인개유이)	사람들 모두는 쓰임이 있건만
而我獨頑似鄙(이아독완사비)	나 홀로 완고하고 비루하여 쓸모가 없어 보이네.
我獨異於人(아독이어인)	나 홀로 뭇 사람들과 다른 것이 있다면
而貴食母(이귀식모)	만물을 먹이는 어머니(도)를 귀히 여기는 것이다.

20장 주먹을 쥐어도 空(공), 펴도 空(공)이다.

세상을 살아가는 사람들은 누구랄 것도 없이 나름의 크고 작은 衣食住(의식주)에 대한 걱정과 욕심을 지니고 살아간다.

의식주에 대한 것은 누구나 지니고 사는 共同(공동)의 욕심이기에 주위의 사람들에게 욕을 먹거나 지탄의 대상으로 여기지 않고 너그러운 것은 누구라도 살기 위하여 해결해야 하는 선결문제라 남들에게 해를 입히거나 위해를 가하지 않는 경우에는 서로에게 다소의 너그러움이 따른다.

세상 만물은 비어있는 空桶(공통)에서 생겨난 것이기에 때 없이 일어나고 소멸하는 욕심이 (마음속을) 들락거리게 되는데 스스로 알아차려 욕심을 내려놓으면 편할 것이다. 그런데 크든 작든 욕심이 마음에 자리를 잡으면 그때부터는 '이럴까? 저럴까?' 하며 근심과 걱정이 앞서고 몸에는 火氣(화기)가 생하여 치솟고 화기가 돌면 氣血(기혈)의 순환이 순조롭지 못하여 정신의 주체인 신명이 어두워지며 건강을 해치게 된다.

사람 건강의 가장 敵(적)이 되는 것은 화기가 치밀어 올라 鬱火(울화)가 쌓이는 것을 가장 경계해야 한다.

　사람의 생을 빈손으로 왔다가 빈손으로 돌아 간다 하여 '空手來(공수래) 空手去(공수거)'라
하였다.

　빈손으로 와서 빈손으로 돌아가는데 왜 손(手, 수)을 넣어 사람이 生(생)하여 태어나고 死
(사)하여 되돌아갈 때에 빈손으로 간다고 했을까?

　손 대신 발을 넣으면 '空足來(공족래) 空足去(공족거)'라 할 수 있을 것이며, 그것은 손은 行
爲(행위)의 根幹(근간)이나 발의 움직임이 없으면 손이 홀로 일을 할 수가 없다는 이치를 알
아야 한다는 말을 하려 함이다.

　어린아이가 세상에 올 때는 주먹을 쥐고 태어나는데 세상을 살다가 돌아갈 때는 다들 손을
펴고 돌아간다. 그것은 세상에 올 때는 두 손에 무언가를 가득 움켜쥐고 살려는 뜻을 담고 왔
으나, 세상을 살아보니 돌아갈 때쯤에는 세상살이가 허망하고 부질없고 물거품 같다는 것을
알게 되어 올 때와는 다르게 두 손을 펴고 가는 것이라는 생각을 가져 봄 직하다.

　어느 노인이 털어놓은 얘기이다.

　노인은 가난한 집안에서 태어나 가난을 면하려고 열심히 일을 하여 일을 잘한다는 소리를
들으며 살았으나, 너무도 가난하여 배워야 할 시기에 남들처럼 배우지 못하여 까막눈으로 살
았단다.

　나이 들어 장가도 가고 자식을 낳아 기르며 열심히 살았으나 노인의 가슴 한쪽에는 배우지
못한 것이 恨(한)이 되었단다.

　나이가 50을 넘어 60줄에 들어서니 자식들 출가시키고 생활에도 여유가 생기며 노인은 글
을 배울 수 있는 처지가 되어 늘그막에 글을 배우며 평생의 한을 풀게 되었단다.

　글을 배우게 되어 그동안 모르고 살았을 때보다 느끼는 기쁨도 있었지만, 글을 알면 알수록
노인은 그냥 모르고 살아도 되는 것을 괜스레 알게 되었다는 생각이 들게 되었는데, 그것은
헛된 욕심과 걱정이 쌓여가는 것을 알게 되어 70을 넘어 80의 나이에 이르니 아무것도 모르
는 까막눈으로 살던 때가 더 사람다웠다는 말을 하였다.

노인은 무위자연을 품고 살며 멍청한 듯하고 질박하고 모자란 듯 옹색하고 담담하여 내세움이 없이 살아가는 것이 사람이 편하게 살아가는 도리라는 것을 어렴풋이나마 알고 그런 말을 한 것이 아닌가 싶다.

도는 일상이며 도를 품고 살면 만사가 편하다.

무엇을 하려 욕심을 내지도 않고 무엇을 취하려 법석을 떨지도 않으며, 순풍에 돛을 맡겨 순항하는 배와도 같다.

젊은 시절에 열심히 일하여 넉넉한 재물을 얻은 사람이 나이가 들어서도 재물을 모으기에 급급한 것을 쉽게 보는 세상이 되었는데, 그것은 그 사람이 재물이 없어서가 아니라 자신이 살아오면서 하던 짓거리이기에 나이가 들어서도 나이를 잊고 재물을 모으려는 것인데 재물을 벌어 쌓아 놓으면 뭘 하나?

그의 가족들은 그가 벌어오는 것에 익숙해져서 벌어오면 소비하기에 바쁜 날들을 보내왔으니 누구를 탓할 수도 없는 일이 아닌가.

이제라도 재물을 모으려 하지 말고 자신의 재물을 쓰고 가길 바라본다.

왜냐하면 돈을 벌지 않은 이들에게 재물을 남겨주면 독이 되기 때문이며 벌어들이는 것을 모르니 아무리 많은 재물을 남겨주었다 하더라도 가치를 몰라 자식들은 버리고 흩치기 때문이다.

재물은 어리숙하고 멍청한 듯 보이고 담담함을 지녀야 지킬 수가 있는 것이며 도에 들고 남도 이와 같다.

孔德之容(공덕지용)　　　　　매우 큰 인자함의 모습은

惟道是從(유도시종)　　　　　오직 도를 따르는 데서 나온다.

道之爲物(도지위물)　　　　　물질도 도의 모습이기에

惟恍惟惚(유황유홀)　　　　　그저 어렴풋하여 알 수 없구나.

惚兮恍兮(홀혜황혜)　　　　　어렴풋하여 알 수 없지만

其中有象(기중유상)　　　　　그 안에 모습이 있고

恍兮惚兮(황혜홀혜)　　　　　황홀하기 그지없지만

其中有物(기중유물)　　　　　그 안에 물체가 있네.

窈兮冥兮(요혜명혜)　　　　　그윽하고 어둡지만

其中有精(기중유정)　　　　　그 안에 정기가 있고,

其精甚眞(기정심진)　　　　　그 정기는 지극히 참된 것이어서

其中有信(기중유신)　　　　　그 안에는 믿음이 있다.

自古及今(자고급금)　　　　　예로부터 지금까지

其名不去(기명불거)　　　　　그 이름이 사라지지 않으니

以閱衆甫(이열중보)　　　　　이로써 만물의 근원을 알 수가 있다.

吾何以知衆甫之狀哉(오하이지중보지상재)　내가 무엇으로 만물의 근원이 그러함을 알 수

　　　　　　　　　　　　　　있겠는가?

以此(이차)　　　　　　　　　바로 이 때문이다.

21장 도를 알려면 먼저 대상이 (있음을) 알아야 한다.

본래 大道(대도)는 빈(空) 것이라 공한 자리에는 상을 세우기 어렵고 물속에 비친 달이나 귓가를 스치는 바람과도 같은 것이며, 늘어나고 줄어들지도 않는 것이며, 모양은 있으나 알 수가 없고, 보고 있어도 알 수가 없는 것이며, 무와 유, 유와 무가 동시에 하나가 되어있는 자리이다.

그래서 큰 것은 볼 수가 없고 큰 소리는 들을 수도 없으며, 큰 것은 만진다 하여도 알 수가 없으며, 더더욱 취하기는 어려운 것이며, 머물되 머물지 않는 것을 도라 하며, 큰(大) 것이기에 금강경에 이르기를,

若以色見我(약이색견아) 以音聲求我(이음성구아)
是人行邪道(시인행사도) 不能見如來(불능견여래)
"만약에 모양(형상)으로 나를 보려거나 음성으로 나를 찾는다면
그런 사람은 삿된 도를 행함이기에 여래를 볼 수가 없을 것이다."

모양으로도 도를 구할 수가 없고, 음성으로 도를 찾거나 구하지 말고, 그런 것들에서 도를 구할 수가 있다는 말을 하는 이들은 거짓을 말하는 것이며, 如來(여래, 무심)를 볼 수가 없다 하였다.

대도는 窈兮冥兮(요혜명혜), 그윽하고 어둡지만 其中有精(기중유정), 그 안에 정기가 있고 其精甚眞(기정심진), 그 정기는 지극히 참된 것이어서 其中有信(기중유신), 그 안에는 믿음이 있다.

위의 문장은 1장의 말미에 玄之又玄(현지우현) 衆妙之門(중묘지문), 즉 "도는 측량할 수가 없어 그윽하고, 거물거물하여 모든 묘함이 들고나는 문이라고" 한 말과 일맥한 문장이다.

우리에게 一指頭禪(일지두선)으로 알려져 있는 구지스님의 이야기에서 정기를 품은 도를 구하려는 자세가 어떠해야 하는가를 살펴보자.

구지스님이 주지로 있는 절에 한날은 비구니가 들어오더니 주장자를 흔들며 예의도 갖추지 않고 스님을 놓고 주위를 빙빙 돌면서 구지스님에게 물었다.

"스님, 무엇이 본래면목인지 한 말씀 일러주시오, 한마디라도 말씀을 주시면 예를 갖추어 인사를 드리겠소. 그러나 답이 없으면 그냥 내려가겠소."

그렇게 하면서 말을 걸어왔지만 일지스님이 아무 말도 못 하고 우물쭈물하자, 비구니스님은 다시 물었다.

"스님, 본래면목을 아십니까? 아시면 말씀 해보세요?"

그렇게 세 번을 반복해도 구지스님은 한마디도 대답할 수가 없었다(뭘 알아야 대답을 하지!).

아무 대답이 없자 비구니는 그대로 떠나려 한다.

떠나려는 비구니스님을 보고 구지스님이 말을 하였다.

"날이 어두워지고 있으니 하룻밤 묵어가시지요."

그러자 비구니가 다시 구지스님을 향하여 말문을 열어 말한다.

"한마디 일러보시오. 무엇이 본래면목인지? 한마디 대답을 주시면 묵어가겠소."

그러나 본심 본마음을 보지 못하여 아는 바가 없는 구지스님이 대답할 기미가 없자 비구니스님은 그대로 절을 내려갔다.

비구니스님이 떠난 다음 구지스님은 스스로 탄식하며 말했다.

"내 비록 절집을 지키는 대장부의 행색(모양)을 하고는 있으나 부처를 모시고 배우는 제자로서 부끄럽기 짝이 없구나! '나, 이제라도 선지식을 찾아 공부에 전념하여 뜻(본래의 자리)을 이루어야겠구나!' 하며 새롭게 마음을 먹고 제방 선원에 선지식을 찾아 암자를 떠나려 하였다.

그런데 그날 밤 꿈에 산신이 나타나서 말한다.

"이 산을 떠나지 마시오. 머지않아 대보살이 오셔서 그대를 위하여 법을 설해주실 것이오."

꿈이었으나 예사롭지 않음을 느끼며 산신의 말을 믿고 떠나려던 여장을 풀고 절을 떠나지 않고 기다리던 중 어느 날 천룡(天龍)선사가 구지스님의 절을 찾아왔다.

구지스님은 예를 갖추고 전날 있었던 일을 이야기하고 부디 나에게 도(본래면목)를 가르쳐 달라고 정중히 청했다.

구지스님의 말을 듣고 난 천룡선사는 오늘은 이미 날이 저물었으니 내일 법문을 설해주겠노라며 잠자리에 들었는데 구지스님은 잠자리에는 들었으나 잠을 이루질 못하였다.

'도를 통한 도인이라면 말씀이 달변이고 장황할 것이며, 일반적인 중생들은 알아듣기가 어려울 것인데 어떻게 해야 도를 통하는 말을 알아들을 수가 있을까?' 하는 고민을 하며 내일 법문을 설하실 때에는 정신을 빠짝 차리고 말씀하시는 것을 열심히 받아 적어야겠다는 생각을 하며 어렵게 잠을 청했다.

이튿날 아침 공양을 마치고 구지스님은 천룡선사에게 도를 통하는 법문을 청했다.

구지스님의 청함에도 천룡(天龍)선사가 한동안 아무런 말씀이 없자, 구지스님은 어젯밤에 생각을 되뇌며 이런저런 생각을 하고 있었는데 천룡선사가 느닷없이 손가락 하나를 세워 보였다.

순간! 구지스님은 활연히 깨달았다.

그 후 구지선사는 수행자들이 도(道)를 물으러 찾아오면 오직 한 손가락을 들어 보였을 뿐, 다른 가르침은 없었다.

구지선사가 입적에 즈음하여 "내가 천룡선사로부터 일지두선을 터득한 뒤로 일생동안 써도 다 쓰지 못했다."라는 말을 남기고 입적했다고 전한다.

누구나 道(도)를 득하여 본래면목을 얻고자 원하지만, 도가 따로 존재하는 것이 아니며 일상에 늘 도와 함께 살고 있으면서도 그것이 도인지를 모르고 일상을 뛰어넘는 신기루와 같은 것들을 도라 하여 허망한 것에서 도를 찾고 있는지도 모른다.

道(도)를 求(구)하려는 자세는 진솔하고, 솔직하고, 정직해야 한다.

남을 의식하거나, 모양을 내거나, 과장되거나, 거짓된 행동을 하거나, 자신을 속이거나 자신에게 끌려가서는 도를 이룰 수가 없다.

##그것은 본심 본마음의 자리가 도를 품은 자리인데 스스로를 속이면 본심 본마음인 도를 속이는 것이기 때문입니다.

구지스님이 비구니가 느닷없이 찾아와서 그래도 절의 주지스님인데 예도 갖추지 않고 빙빙 돌면서 "알면 대답하라."고 하며 (어찌 보면) 놀리기까지 하였습니다. 그런데도 구지스님은 자신이 모르는 것을 탓하고 부끄러이 여기며 어떻게 하든지 도를 이루어야겠다는 결심을 낸 것은 凡人(범인)으로서는 쉽지 않은 결단이었습니다.

천룡선사가 찾아 왔을 때에도, 스스로를 내려놓고 진솔하게 법을 구하는 태도를 보아도 범인이라면 쉽지 않은 일입니다.

도를 설함에 장황한 말이나 달변을 吐(토)할 것이라 생각했으나 갑자기 번쩍! 치켜든 손가락 하나에 만법이 들어있음을 단박 알아버렸는데 그 자리에 말길이나 글 길이 있었나요?

석가세존이 단에 올라 연꽃을 번쩍 들었을 때 많은 군중 속에서 가섭존자만이 홀로 빙그레 웃으며 화답을 했으니 법의 전함이나 받음에는 實相無相(실상무상)을 주고받은 것이며, 동시에 하나임을 자각하는 것을 알아차려야 할 것이다.

禪(선)은 불립문자 교외별전이라 하였으며 '제법실상무상'이 微妙(미묘)한 법문이지만, 글을 알아도 뜻을 모르면 아는 것이 아니기에 도를 得(득)할 수도 품을 수도 없다.

사람은 누구나 부처(佛)이며

누구나 道人(도인)이며

누구나 최고의 神(신)입니다.

스스로의 신령스러운 신명이 신이며 부처이기에 안에서 찾고 안(我, 아)을 보듬고 구해야 하건만 밖에서 구하고 찾으려 하면 千年(천년), 萬年(만년)이 차고 지나도 중생놀음을 벗어나지 못할 것입니다.

보고 있어도. 듣고 있어도, 만지고 있어도 알 수가 없는 것이 도라 하였는데 도를 안다는 망상으로 접하려 한다면 삶은 달걀에서 병아리를 보려는 허망한 생각에 지나지 않는 것입니다.

도는 나와 대상, 대상과 내가 하나임을 알아 깨닫는 것에 있습니다.

曲則全(곡즉전) 휘어지면 온전할 수 있고

枉則直(왕즉직) 굽으면 곧아질 수 있고

窪則盈(와즉영) 움푹 파이면 채워지게 되고

幣則新(폐즉신) 낡으면 새로워지고

少則得(소즉득) 적으면 얻게 되고

多則惑(다즉혹) 많으면 미혹을 당하게 된다.

是以聖人抱一爲天下式(시이성인포일위천하식) 그러므로 성인은 하나인 도를 품어 천하의

원칙으로 삼는다.

不自見故明(불자견고명) 도는 스스로를 드러내지 않기에 밝고

不自是故彰(불자시고창) 스스로 옳다 하지 않으므로 드러나고

不自伐故有功(불자벌고유공) 자랑하지 않으므로 그 공을 인정받고

不自矜故長(불자긍고장) 스스로 뽐내지 않기에 오래간다.

夫唯不爭(부유불쟁) 다투지 않기에

故天下莫能與之爭(고천하막능여지쟁) 천하가 그에 맞서지 못한다.

古之所謂曲則全者(고지소위곡즉전자) 옛말에 휘면 온전할 수 있다고 한 말씀이

豈虛言哉(개허언재) 어찌 빈말이겠는가?

誠全而歸之(성전이귀지) 진실로 온전하게 돌아갈 것이다.

22장 도를 품으려면 변화를 품고 때에 행위를 품어야 한다.

무위에 도는 천지 만물을 만들어내도 하는 일 없이 할 일 다 하며 천지자연의 모든 변화를 받아들이고 엮어내어 차별에서 평등을, 평등에서 차별을 만들어가며 세상을 이어가고 있다.

천지 만물의 행위는 때의 일이다.

굽히고 휘어야 할 때에는 굽어지고 휘어지면 온전할 것이고, 팬 곳에는 채워질 것이고, 낡은 헌것은 때가 되면 새로운 것으로 채워질 것이다.

휘어진다 함은 대상을 만나 나를 버리고 변화에 응한다는 뜻이고, 파인다는 말은 대상과 상대에 대하여 나를 낮추는 행위를 말하며, 많고 적음에 의심을 품지 않으며, 크고 작은 사심조차 버린다는 말이다.

세찬 비바람이 휘몰아칠 때 앞으로 나아가려면 자세를 낮추고 몸을 굽혀 지나가야 함을 누구라도 모르지 않을 것이나, 몸을 세우고 꼿꼿이 세우고 지나가려 한다면 나를 모르고 상대를 모르는 처사라 불어닥치는 바람에 온전하지 못할 것이다.

세상 모든 일은 내가 있어 我(아)로 인해 시작되는데 다툼이나 싸움도 내가 대상을 모르거나 무시하는 데에서 시작이 된다.

자신을 자랑하고자 들어내고 내세우는 곳에는 필히 반사작용이 따르게 되어 있어서 시기 질투와 미움과 대립이 생기게 되며, 자신이 과시하고 드러낸 만큼이 부작용이 되어 자신에게 되돌아와 괴롭고 피곤한 일들이 생긴다.

사람의 神明(신명)은 무엇을 한들 항상 밝은 것이라 '사람을 만물의 영장'이라 하였으며, 사람보다 귀한 존재가 없으므로 사람이 최고의 靈(영)이며 최고의 神(신)이다.

신명의 밝음은 무위나 유위, 그 어느 것에도 치우치지 않아 밝고 신령스러운 것인데 어느 한쪽에 빠지면 신명은 스스로 어두워진다.

천하 만물을 품은 자연은 무수한 변화를 말없이 받아들여 만물을 꽃피우는데, 그것은 때를 알아 때에 굽히고 파이는 변화를 담고 살기에 천하를 온전히 보존할 수가 있는 것이다.

그래서 큰 것은 말이 없고 나서지 않으며 자랑하지 않기에 온전히 보존할 수가 있는 것이다.

希言自然(희언자연)　　　　꾸밈이 없는 말은 자연스럽다. 그러므로

故飄風不終朝(고표풍불종조)　회오리바람은 아침을 마칠 수가 없고

驟雨不終日(취우불종일)　　　갑작스러운 소낙비도 종일 내리지 않는다.

孰爲此者(숙위차자)　　　　　누가 이런 일을 주관하는가?

天地(천지)　　　　　　　　　천지가 하는 일이다.

天地尙不能久(천지상불능구)　천지라도 이런 일은 오래 할 수가 없는데

而況於人乎(이황어인호)　　　하물며 사람이겠는가?

故從事於道者(고종사어도자)　그러므로 일을 도모하는 사람은 도를 따르며

道者同於道(도자동어도)　　　도를 따라 구하는 자는 도와 같아지고

德者同於德(덕자동어덕)　　　덕을 쫓아 행동하는 자는 덕과 동화되며

失者同於失(실자동어실)　　　잘못을 따르는 사람은 잘못에 길들여진다.

同於道者(동어도자)　　　　　도와 함께하는 사람은

道亦樂得之(도역락득지)　　　도를 역시 즐겁게 받아들이고

同於德者(동어덕자)　　　　　덕과 함께하는 이는

德亦樂得之(덕역락득지)　　　덕을 역시 기쁘게 받아들이고

同於失者(동어실자)　　　　　잘못과 함께하는 이도

失亦樂得之(실역락득지)　　　잘못 역시 기쁘게 받아들인다.

信不足焉有不信焉(신불족언유불신언)　신의가 모자라면 불신이 따른다.

23장 도는 의심이나 걱정을 떨쳤기에 편안하고 평온하다.

道通(도통)하거나 득도하여 頓悟見性(돈오견성)했다 함은 없던 무엇을 새롭게 알아 깨달은 것이 아니며 우주 만법의 본래의 자리, 즉 대우주의 根(근)과 本(본)을 알아 홀연히 자성부처 (佛性)를 친견하여 깨달음을 얻었다는 것입니다.

도를 얻어 眞人(진인)이 되면 세상사에 대해서 궁금함이나 의심을 내려놓게 되며, 무엇을 알려 하지 않아도 알게 되고, 하나를 알면 열을 얻어 통하는 지혜가 생긴다.

궁금함이나 의심이 없어져 무엇을 알려 하는 집착도 없어지고 안다 모른다고 하는 識(식)이 없어지니 눈으로 보아도 귀로 들어도 코로 냄새를 맡아도 혀로 맛을 보아도 몸으로 접촉하여 의식의 생각이 일어나도 본래의 근을 알고 본을 알아 空(공)함을 품고 있기에 어떠한 마음의 고통에서도 벗어나 있다.

그렇다고 해서 공한 것만을 품고 있어서 사물이 존재하는 세상, 즉 색을 부정하는 것도 아니다.

한 생각이 일어나고 한 생각이 滅(멸)하는 것을 生死(생사)라고 하는데 들고나는 生死(생사)가 항상 대상과 함께하며 깨어있으나, 잠을 자거나 몽중에서도 함께하고 있는 것도 알아야 한다.

도를 이루려는 수행자들은 많으나 도(견성)에 이르지 못하는 것은 스스로의 장애(의심)를 극복하지 못하기 때문이다.

본래에 疑心(의심)과 信心(신심)은 한자리에서 함께 생하는데 의심인 話頭(화두)가 확고하고 철저하면 얻어지는 신심도 그렇게 확고할 것이나, 의심이 흔들리거나 흐려지거나 확고하지 못하면 신심도 그렇게 확고하지 못하여 생멸하는 대상에 따라 이리 흔들리고 저리 흔들리게 되어 의심을 걷어내지 못할 것이다.

의심이 철저하고 확고해야 함은 의심의 자리에서 신심의 싹이 돋아 꽃을 피우고 꽃에 열매가 맺혀 익어 떨어져야 의심을 던져버리게 되는데, 그곳은 그 무엇과도 견줄 수 없는 奇緣(기연)의 자리를 얻게 되는 것이다.

도를 얻으려는 마음을 내어 열심히 수련하려 하지만 스스로 도를 담을 수가 없는 그릇인 경우도 있고, 어느 경계에 들어서면 견성득도에 대하여 확실한 信心(신심)이 흔들려서 어떻게 해야 이룰 수 있는 것인지 헤매는 경우와 스스로 의심을 제거하지 못하여 알음알이(識)에 안주하는 수행자들을 심심찮게 보기도 한다.

도는 누구라도 득할 수가 있으나 도를 득하고 취하려는 이들은 먼저 자신을 돌아보고 스스로 정리해야 할 것들이 있다.

1. 자신의 처지와 인연을 정리하여야 한다.
   스스로 살아온 지난날들에 대한 반성과 참회가 있어야 하며, 스스로를 속이지 않아야 하며, 자신에게 속아 끌려가지 않아야 함을 마음 깊이 새기고 삼독(貪嗔痴)을 여읜 마음과 行(행)을 품어야 할 것이다.

2. 마음에 의심이나 염려를 제거하여 일체의 망념과 불평, 불만을 제거하고 인간사의 모든 일이 하늘과 닿아있어서 我空(아공)과 法空(법공)임을 알아 생사가 공함을 알고 수행에 임해야 한다(매우 요긴한 말씀).

3. 스스로 의심과 의혹을 짊어져야 한다.
   의심이나 의혹 없이 수행만으로 도를 취하려 한다면 모래로 밥을 지어 먹으려 함과 다를 바가 없으며 도에 이를 수도 득할 수도 없다.
   크든 작든 의심을 바짝 물고 늘어져야 하며 '아!' 하든, '어!' 하든, 의심이 터져나가는 곳에서 도의 싹을 보게 되며 자성을 친견하기 때문에 절대 의심을 놓아서는 안 될 것이다.
   수행에 話頭(화두)가 드는 것은 의심을 들고 수행하기 위함이며 화두에 의심이 터져나가는 자리는 나와 대상이 함께하는 자리라는 것을 알아 본래의 바닥이 하나임을 알아차리는 자리이다.

4. 도인의 출현은 하늘과 뜻(天命, 천명)이 닿아있어 자신의 공부를 점검하고 지도해 줄 도인이 이미 자신을 기다리고 있음을 알아, 스스로 발품을 팔아 자신의 스승을 찾아 나서야 하며, 분명한 것은 자신의 인연과 멀지 않은 곳에서 기다리는 도인을 만날 수 있다는

것을 유념해야 한다.

스스로 自淨(자정)하고 自淸(자청)하면 만법이 공(眞空, 진공)함과 함께하고 스스로의 행이 妙有(묘유)임을 알아차리게 될 것이다.

도는 차별의 세계에서 평등의 세계를 알아차려 평등과 차별이 함께 하는 세상을 얻고자 하는 것이며, 철길(法)에 궤도를 타고 앞만 보며 달리는 기차(차별)와 앞뒤 꼭지(대가리)에 구분이 없어도 앞으로 뒤로 달리기에 불편함이 없는 전차(평등)의 세상이 함께(기차와 전차. 차별과 평등) 공존함을 알아차리는 것이다.

안다는 망상이나 있다는 망상에 빠져 적당함을 찾는 것은 자신을 속이는 것(거짓말과 거짓행동)이고, 결국에는 자신에게 속아 끌려가는 것이며, 점차로는 모두를 속이는 것이며, 종내에는 자신이 얻은 것이 없으니 스스로에게도 부끄러운 일이 될 것이며, 대도를 구하려는 마음은 점차 안개처럼 멀어지고 사라질 것이며, 초라한 자신을 만나게 될 것이다.

모르면서 아는 '척!'하며 위세를 떠는 것은 자신을 속이는 것이며, 나아가 상대를 망가트리는 것이라 적당히 '척!'하는 자리에는 부처나 大道(대도)를 친견할 수가 없다.

佛性(불성)을 지닌 부처라 함은 사람만이 온 우주의 절대적인 神(신)이라는 말이며, 인간 세상이 사회를 이루며, 모든 조화와 변화가 사람과 사람에 의해서 바뀌고 변화하며, 인간들이 인간의 역사와 문화를 엮으며 이어왔지, 다른 무엇의 절대적인 신이 따로 있어 그 신에 의해서 세상이 바뀌고 변화한 것이 아니라는 것이며, 따로 존재하는 신은 없는 것이다.

사람이 神(신)이다.

사람과 사람이 있는 곳에 神通(신통)함이 있고, 사람과 사람의 만남이 있는 곳에 변화가 있으며, 방통함이 있고, 사람만이 神通旁通(신통방통)의 변화와 조화를 부리며 세상을 이어가고 있다.

道(도)를 형상이나 다른 곳(音聲)에서 찾는 것은 어리석은 짓이며, 초월한 자리를 모르는 처사이며, 만법이 하나임을 모르는 행위라 대도를 친견할 수가 없을 것이다.

企者不立(기자불립)	까치발로 서면 오래 서 있을 수 없고
跨者不行(과자불행)	보폭을 너무 크게 하면 제대로 걸을 수 없다.
自見者不明(자견자불명)	스스로를 드러내려는 자는 밝지 않고
自是者不彰(자시자불창)	스스로를 옳다 하는 자는 빛나지 않는다.
自伐者無功(자벌자무공)	스스로 자랑하는 자는 공로를 인정받지 못하고
自矜者不長(자긍자불장)	스스로 자만하는 자는 으뜸이 될 수가 없다.
其在道也(기재도야)	이러한 것들을 도로 말하면
曰餘食贅行(왈여식췌행)	남들이 먹다 남은 밥이나 쓸모없는 행동으로
物或惡之(물혹악지)	모든 만물이 싫어하는 것이다
故有道者不處(고유도자불처)	고로 도를 깨우친 이는 그것에 머물지 않는다.

24장 천지의 도는 자연스럽게 생멸을 이어간다.

도의 행위는 어느 때(時, 시), 어느 곳(處, 처)에서도 자연스럽다.

도는 스스로 드러내지 않고 자랑하지도 않으며, 자만하거나 옳고 그름에 시비도 없으며, 어느 한쪽을 연연해 하지도 않는다.

도를 득하려는 것은 스스로의 自性(자성)을 얻으려는 것이며, 一切唯心(일체유심)에 造化(조화)가 무엇인가를 얻으려는 것에 있다.

우리의 마음은 일정한 住處(주처)가 없는 무주공산이며, 공한 것을 알아가는 단계가 마음을 알아가는 수행의 과정이라 할 것이다.

마음공부란 마음이란 놈이 어떤 놈이며 마음의 구조가 어떻게 생겼으며, 어떠한 작용을 하는 것인가를 확실히 알기 위한 것이 수행 공부이다.

一切唯心(일체유심)의 마음이 一切唯空(일체유공)임을 알려는 과정이 수행이며, 唯心(유심)이 唯空(유공)임을 확인하려는 것에 있다.

##마음의 생멸작용은 꼭! 한곳에서만 들고나며, 잠시도 정지하거나 머물지 않으며, 꼭! 생하면 멸하고 멸하면 생하는 특성을 지니고 있습니다.

마음에서 일어나는 생각은 생, 생만을 하거나 멸, 멸할 수가 없는 구조인 것을 필히 확인해야 하는 것입니다.

1이라는 생각이 일어나고 2를 생각하는 순간에 1은 자동 소멸되며, 3이 머리에 떠오르는 순간에 2도 자동 소멸됩니다.

1을 붙잡고 있어야지 하는 생각과 함께 2가 생성되고 3이 자리하며, 생각하려는 의지와 상관없이 생멸은 생각과 함께 스스로 이어갑니다.

순간이라도 1과 2를 동시에 담을 수가 없고 2와 3을 동시에 담을 수가 없으며, 이어 3과 4를 동시에 담을 수가 없고 1.1 또는 2.2만을 생각할 수도 없는 특수한 구조입니다.

생각은 찰나지간에 생멸을 이어가며 900生滅(생멸)이라 하였다.

##꼭! 마음의 빈 항아리는 동시에 들고 나지만 入入(입입)하거나 出出(출출)하지 않음을 인지하여야 하며, 이것을 알아차리는 것이 수행의 필수 지름길이고 이것을 알아 품어야 眞空(진공)이 妙有(묘유)함을 알아 깨치는 지름길입니다. 스스로 꼭! 확인해야 한다.

마음 찾는 공부를 시작하였으나 識(식)의 공부에 매달리면 스스로의 의심을 제거하지 못한 행위이며, 너무 쉬워서 쉽게 인지하지 못하는 것이며, 보이는 상에 얽매여 스스로를 비우지 못한 결과이다.

識(식)에 매달리면 다소의 상식은 담겠지만 식을 담는 만큼 도(見性, 견성)와는 멀어지며, 스스로의 성품(자성)이 法性(법성)임을 보려는 견성은 識(식)에 밀려 (의지하므로) 자연스럽게 밀려나 견성 득도와는 멀리 떨어져 먼 나라의 얘깃거리가 될 것이다.

도를 청함에는 나라를 다스리는 왕이 백성을 구하려는 일념으로 지혜를 구하기 위하여 동자승에게 무릎을 꿇고 머리를 조아리는 마음과 자세이어야 하고, 火宅(화택)에서 빠져나오려는 渴急(갈급)한 마음과 자세이어야 할 것이며, 어두운 길에서 밝음을 찾아 나서는 담대한 마음과 행동이 따라야 한다.

발품을 팔아 눈 밝은 선지식을 찾아서 청하여야 하며, '下心(하심)하고 下心(하심)하여 선지식이 귀찮다.' 고하며 내몰 정도로 求(구)하고 구하다 보면 구하는 자리에서 홀연히 황소가 길을 찾고(?) 장님이 눈을 뜨고 세상을 보며 살포시 미소 지을 날을 맞이하게 될 것이다. 그 자리에는 필히 한 곡조 태평가(게송)의 가락이 천지를 덮을 것이다.

'늦었다, 안 된다.'는 미혹을 떨치고 卽心(즉심)에 卽行(즉행)이 도를 만나는 단초라는 것을 유념해야 한다.

도를 찾아가는 수행을 인간한계의 극복이라는 마라톤에 비유하면, 수많은 이들이 도전하여 출발선에서 완주를 목표로 마음을 다지며 출발하지만, 10km를 지나면서부터 중도탈락자가 나오며, 20km를 지나고 30km를 지날 때 대다수의 많은 이들이 탈락하는 것을 볼 수가 있다. 42,195km를 완주하는 이들은 극소수의 인원이라는 것을 익히 알고들 있을 것이다.

수행자가 수행함에 10km의 수행을 하고 20km, 30km의 수행을 했다고 하거나, 여러 차례 도전하였다는 것을 내세우거나 자랑한다면 그것은 실다운 수행자라 할 수가 없으며, 경력이나 法臘(법랍)을 내세운다면 실로 어리석고 부질없고 부끄러운 일이 아닐 수 없으며, 실다운 수행자라 할 수도 없다.

세상에는 마라톤을 완주한 이들이 많이 있을 것이나 그 많은 이들을 도에 비유하면 득도한 수행자라 할 수는 없다.

마라톤은 신체(몸) 단련의 성숙도로 행하는 스포츠이고, 도를 찾아가는 수행은 정신과 마음의 조화를 알고자 수련하는 것이 다르기 때문이다.

지구의 인류가 70억~80억 명이라 하는데 이 중에 도를 구하려고 수행하는 이들이 수를 셀 수가 없을 만큼 많을 텐데, 이들 중 實相無相(실상무상)의 도를 득한 이들이 과연 얼마나 될까? 글쎄!

그래서 도는 귀한 것이다.

有物混成(유물혼성)	혼돈되고 뒤엉켜 있는 것이 있으니
先天地生(선천지생)	천지보다 먼저 있었고
寂兮寥兮(적혜요혜)	적막하고 쓸쓸하구나!
周行而不殆(주행이불태)	두루 미치지만 위태롭지 않아
可以爲天下母(가이위천하모)	가히 천하의 어미로 삼을 만하구나.
吾不知其名(오불지기명)	나는 그 이름을 알 길 없어
字之曰道(자지왈도)	그저 도라고 부르며
强爲之名曰大(강위지명왈대)	구태여 명명한다면 '크다.' 하겠다.
大曰逝(대왈서)	크기 때문에 가지 않는 것이 없고
逝曰遠(서왈원)	서서히 뻗어 나가면 멀어지고
遠曰反(원왈반)	멀리 갔다가도 되돌아 온다.
故道大(고도대)	그러므로 도는 크다.
天大(천대)	하늘도 크고
地大(지대)	땅도 크고
王亦大(왕역대)	왕 또한 크다.
域中有四大(역중유사대)	세상에는 네 가지 큰 것이 있는데
而王居其一焉(이왕거기일언)	사람도 그 가운데 하나이다.
人法地(인법지)	사람은 땅은 법칙을 따르고

地法天(지법천)	땅은 하늘의 법칙을 따르며
天法道(천법도)	하늘은 도의 법칙을 따르고
道法自然(도법자연)	도는 자연을 법칙으로 삼는다.

25장 자연의 씨는 무극이며 무극의 씨는 眞空(진공)이다.

우주 만물이 생겨나기도 前(전)에 함이 없는 無極(무극)의 혼돈이 있었다.

混沌(혼돈)의 무심에서 한 물건이 생겨나 兩儀(양의)로 갈래를 지으며 음양, 즉 無(무)와 有(유)를 담고 우주 만물이 생성되기에 이른다.

무극의 혼돈이 품은 無心(무심)이 眞空(진공)이며, 우주 만물이 생겨나는 것은 妙有(묘유)라 할 것이다.

우주 만물이 생겨나며 하늘이 열리고 땅이 굳어지며, 천지는 하는 일 없이 할 일 다 하는 무위의 자연이 자리를 차지하면서 사람들이 생겨나 땅에 터를 잡고 자연과 더불어 이어 이어 내리며 살고 있다.

천지자연은 만물을 키우고 익히는데 사람도 천지자연을 품고 태어나 天命(천명)을 품고 살아가기 때문에 자연에 순응하고 때때에 익어 나이 들어 자손을 보게 되면 할을 품게 되고 Grand(그랜드)를 품고 살아가는 것일 텐데, 과연 세상에서 큰 것이 무엇이고 크게 익은 것이 무엇인가? 그것은 생명의 이어 내림일 것이다.

사람의 血(혈) 속에는 전생의 영이 삼신의 힘으로 輪廻(윤회)하다가 父母前生(부모전생)에 영과 나의 靈(영) 사이에 깊은 인연이 맺어지면 삼신의 도움을 받아 母(모)의 胎中(태중)에 착상하여 한 생명을 얻게 된다.

착상된 생명은 모친의 호흡 속을 왕래하며 흡수되는 五色素(오색소, 흑청적황백)의 영향으로 생명의 질이 결정되고 조성된다.

土氣(토기)의 黃色素(황색소)로 조성되는 생명은 前生(전생)에 고행을 이어오며 作福(작복)한 자이거나 忍辱(인욕)으로 덕을 쌓은 자이기에 今生(금생)에 大富豪(대부호)의 생을 누리게 될 것이다.

木氣(목기)의 綠色素(녹색소)로 조성된 생명은 前生(전생)에 지혜 聰明(총명)하여 學業(학업)으로 대성한 자이기에 今生(금생)에 대학자나 철학자 또는 先知者(선지자)의 생을 누리게 된다.

水氣(수기)인 黑色素(흑색소)로 조성된 생명은 전생에 修心(수심), 修道(수도)하여 智慧聰明(지혜총명)한 자였기에 今生(금생)의 大禪師(대선사)나 大覺者(대각자)로 이름을 드높이는 생을 살게 된다.

火氣(화기)인 赤色素(적색소)로 조성된 생명은 前生(전생)의 재주가 뛰어나고 神術(신술)에 능한 재주를 지녔던 자이기에 今生(금생)에도 神通靈通(신통영통)한 재주를 지닌 자의 생을 살게 된다.

金氣(금기)인 白色素(백색소)로 조성된 생명은 前生(전생)의 大義(대의)와 大道(대도)를 알아 실천한 자이기에 今生(금생)에도 英雄豪傑(영웅호걸)의 생을 살아가게 되어있다.

훌륭한 자손을 얻는 조건은 전생에 수도한 영과 조상이 쌓은 음덕과 천지자연의 地氣(지기)를 받아 태어나는 것이기에 '人傑(인걸)은 地靈(지령)이라는' 옛말이 있는 것이다.

사람이 할을 품게 되고 Grand(그랜드)를 품고 살아간다는 것을 천명과 천지자연의 이치와 도리를 품고 살아간다는 말이며, 그의 근본(뿌리)으로 되돌아가는 자연의 순환법칙을 품고 있어서 때마다 계절마다 스스로를 익혀 때마다 맛을 내며 살아간다는 말이다.

아쉽다! 때를 알아차려 때때에 익어야 하는데.

봄에 새싹이 돋고, 산천이 푸른빛으로 변하며, 산에서 나는 나물을 뜯어 먹으면 나름 봄이 익어가는 것을 알 것이고,

여름에 꽃이 피고 산천이 우거지며 제철에 나는 과일과 채소를 먹으며 소나기가 쏟아지는 계절이 여름이라는 것을 알면 나름 여름을 알고 여름이 익어가는 것을 알 것이고,

가을이면 나무가 할 일을 다 하여 울긋불긋한 옷을 입고 낙엽이 되어 땅에 뒹굴고 들판의 농부들은 농사지은 곡식을 거두어들이는 것을 보게 되면 가을이 제대로 익어가는 것을 알 것

이며, 찬 바람이 불고 눈보라 치며 천지가 새 옷을 입듯 하얀 눈으로 덮이고 때를 만난 冬將軍(동장군)의 추위를 이겨내려는 움직임들을 보며 겨울이 도래함을 알고 매서운 바람과 눈보라의 추위가 닥칠 것을 아는 그것으로 겨울이 익어가는 것을 아는 처사가 되겠다.

때와 계절을 알아 때때에 제대로 익으면 제맛을 낼 텐데, 왜? 세상은 이토록 위태롭고 혼탁한가?

그것은 결론부터 말하자면 때에 덜 익은 이들이 익은척하기 때문이며, 때에 덜 익은 아버지 어머니가 세월을 죽이며 덜 익은 할아버지 할머니가 되고, 덜 익은 할머니 할아버지가 어설픈 어른 노릇을 하기 때문이다.

덜 익었다는 것은 항상성을 모르는 처사이고 나만을 알고 대상을 외면하는 행위(욕심)에서 나온다.

우리네들이 사용하는 호칭에서 큰 인물, 큰 ㅇㅇ이라는 호칭을 사용하고 있는데, 과연 그들의 무엇이 커서 그런 호칭으로 불리고 있는가?

크다는 것의 의미는 훤하다, 익었다, 이치에 밝다는 뜻을 지니고 있음을 알 수가 있는데, 과연 그런 호칭으로 불리는 이들이 과연 훤하고 때의 계절을 알아 제대로 익었으며 천지의 이치를 두루 통달하여 밝은 행동으로 만인의 귀감이 되는 사람인지 잘 살펴봐야 하지 않을까?

천지의 자연은 그렇게 되어감을 알아 때때에 지어가는 것을 우리네들은 항상 변함이 없기에 자연의 항상성을 알아 그 변함없는 것을 품고 살아가기에 항상 함이 없다는 것을 알며, 그것이 천명을 품고 있다는 것도 알고는 있을 것이다.

대상을 외면하고 덜 익은 자가 자신을 내세우게 되면 때에 할 일을 안 하여 때에 얻을 수 있는 것을 저버리는 행위가 되는 것이다.

道德(도덕)은 어짊을 품고 살아가는데 행하기 어려운 것은 어짊(仁, 인), 또한 누구나 알고는 있으나 행하기는 어렵기 때문이다.

사람들은 항상성을 외면하고 '나!'만을 위하려는 생각과 욕심에 주위의 대상을 외면하고 겉으로만 天理(천리)를 논하고 天命(천명)을 얘기한다면 누가 그 말을 들으려 하겠는가?

도를 품고 덕을 행하며 살기 힘든 만큼이나 도는 얻기 어렵고 귀한 것이 된다.

重爲輕根(중위경근)	무거움은 가벼움의 근본이고
靜爲躁君(정위조군)	안정된 것은 움직이는 것의 왕이다. 그래서
是以聖人終日行(시이성인종일행)	성인은 종일 수레를 타고 다닐지라도
不離輜重(불리치중)	무거운 수레를 떠나지 않는다.
雖有榮觀(수유영관)	아무리 화려한 경관이 있을지라도
燕處超然(연처초연)	편히 머물며 초연함을 잃지 않는다.
奈何萬乘之主(내하만승지주)	만승지국의 주인으로서
而以身輕天下(이이신경천하)	어찌 천하를 가볍게 여길 수 있겠는가.
輕則失本(경즉실본)	가볍게 여기면 근본을 잃게 되고
躁則失君(조즉실군)	조급히 운신하면 군주의 자리를 잃게 된다.

26장 초연한 도는 형상에 拘礙(구애)받지 않는다.

천하 대도를 輕重(경중)으로 논할 수는 없지만 가볍게 행동하는 것과 무거움을 지니고 행동하는 것에는 차이가 있다.

때때의 시류에 따라서 생각 없이 흘러가는 것처럼 가볍게 행동하는 것과 때를 알고 자신의 처지를 되돌아보며 신중히 행동하는 것은 다르다.

도를 득하려 수행을 이어오는 세월을 수행자들은 法臘(법랍)이라 한다.

수행자들의 개개인에 天賦的(천부적)인 재능이나 소질이 다르기 때문에 도를 수행하여 득하는 기간이 짧을 수도 있고 길 수도 있을 것이며, 아무리 도를 득하려고 해도 도를 득할 수가 없는 경우도 있을 것이고, 方便(방편)으로 수행에 임하는 척하는 경우도 있을 것이고, 수행을 핑계 삼아 자신의 배만 불리는 宗商輩(종상배)의 무리도 있을 것이다.

세상을 살아가는 사람들은 때론 '적당히'라는 말을 사용하며 살고 있는데 대도를 득하려 함에는 '적당'이란 말이나 단어는 필요치 않다.

의상대사의 법성경의 한 구절이다.

法性圓融無二相(법성원융무이상)　諸法不動本來寂(제법부동본래적)
無名無相絶一切(무명무상절일체)　證智所知非餘境(증지소지비여경)
"법의 성품은 (본래) 둥긂과 화하여 두 모양이 없고
모든 법은 움직이지 않아 본래 고요하다.
이름 없고 모양 없어 일체와 끊겨있어서
깨달은 지혜로만 알 수 있어 넉넉한 지경이 아니다."

법의 성품이 원융하다, 둥글다는 것은 무와 유, 색과 공이 함께 들고 나는 형상, 즉 一圓相(일원상)을 말하는 것이며, 일체 법은 움직이지 않아 본래 고요하다는 것은 생멸과 적멸이 하나가 된 진실로 공한 자리(眞空, 진공)를 말하고 있으며, 그 자리는 이름도 없고 모양도 없어 일체의 모든 것과 절연한 자리이며, 오로지 깨달은 지혜로만 들 수 있는 자리라 (누구에게나 문은 열려 있으나) 도를 득한 지혜를 얻은 이들이 많지 않아 사정은 그리 넉넉하지가 않다는 말이다.

천년 전 신라 시대에도 도인의 살림살이나 도를 득한 도인이 넉넉하지 않았음을 알 수가 있고, 즈음의 세상에도 도에 관한 한 살림살이가 넉넉하지가 않으며, 도를 득한 도인을 만난다는 것은 예전보다 더더욱 넉넉하지 않은 세상이 되었다.
과학이 발전하며 물질문명이 발달한 즈음엔 純度(순도) 100의 도를 득한 도인을 만난다는 것은 꿈같은 일이 되었다(非餘境, 비여경). 그것은 지식과 정보가 홍수처럼 넘쳐나는 세상이 되어 세상의 가치판단을 모양(재력, 지식, 경력, 세력)에 우선하는 세태의 반영일 것이다.

純金(순금)은 99.9%의 순도이면 순금으로 취급받는데, 그것은 금의 특성이 물러서 0.01%의 다른 물질이 들어가 혼합되어야 단단해지고 보관이 용이하기 때문이나, 천하의 大道(대도)는 그렇지 않다.

천하 대도의 자리, 眞空妙有(진공묘유)의 자리는 0.0001%라도 다른 이물질이 섞이면 도라 인정하지도 않고 (인정)할 수도 없다. 그것은 진실로 공함에는 그 어느 무엇도 섞여서는 안 되는 순수무잡한 자리이기 때문이다.

識者(식자)들이 홍수를 이루고 있는 즈음에 眞道人(진도인)을 만난다는 것은 욕심 아닌 욕심이 되었으며 꿈같은 세상이 되었으나, 설령 진도인을 만난다 해도 알아보는 이가 없는 세상이 되었다.

삼세의 모든 부처님이 무심을 거머쥐고 무아를 잡아 대도의 지혜가 空心(공심)임을 알아 저 피안을 넘어가셨으며, 과거라 하여 지났다는 생각도, 현재라 하여 지금이라는 생각도, 미래라 하여 앞으로 올 것이라는 생각도 모두 한자리에서 나(生)는 마음이요, 생각임을 알아 삼세의 모든 부처가 항상 지금 나의 행위와 함께함을 알아야 한다.

무심과 무아 속에 삼세의 구분이 무엇이며, 어떤 것(구분)이 따로 있나 깊이 살펴 숙고해야 할 것이며, 나의 손발과 입에 삼세의 부처가 들고 난다는 것을 알아야 할 것이다.

생멸의 인연과 무심을 잡아 나도 비어있고 법도 비어있음을 알아차리고, 시공을 초월한 자리를 알아차리면 즉시 부처를 만나게 될 것이다.

그래서 '진정한 빈자리는 내가 나를 모르는 자리를 알아 깨닫는 것이라 卽今無我禪(즉금무아선).'이라 하였다.

도는 담길 그릇이 아니면 아무리 담으려 해도 담을 수가 없다.

스스로 自淸(자청)하고 自請(자청)해야 한다.

도를 득하려 부처님의 탁자밥을 축내고 많은 세월을 죽이고서도 도를 득하지 못하였다면 응당 부끄러워해야 할 일인데 즈음에는 "내가 법랍이 얼만데!" 하며 으스대는 인사들이 판을 치는 세상이 되었다.

10년~20년도 아닌, 30년~40년이 지나도록 자성부처를 친견하지 못하였다면 스스로 자신이 법을 담을 수 없는 그릇임을 알아차리고 부끄럽고 창피함을 알아 후학들을 위하여 스스로 물러나야 할 것이다. 그런데 그런 인사들이 보이지 않으니 어찌 부처를 위한 종단이라 할 수 있고, 그런 인사들이 자리를 차지하고 있으니 부처의 밝은 지혜를 담은 도인을 기대할 수가 있겠는가?

도는 때때의 계절에 제대로 익어야 득할 수가 있는 것이며 성별이나, 나이나, 有無識(유무식)도 신분의 고하를 막론하고 도를 득함에 장애가 되지 않는다.

사십 대 중반의 나이에 출가한 어느 수행자의 얘기이다.

스스로 출가를 결심하기까지 많은 우여곡절을 거치며 이곳저곳의 山門(산문)을 두드려 보았으나 어느 산문에서도 받아주는 곳이 없었다.

이유는 나이가 많다는 것과 몸에 흠이 있다는 것과 오행학을 공부했다는 것과 지닌 재물이 없다는 것이었다.

그래도 수행자는 굴하지 않고 발품을 팔아 환속하신 노스님을 만나 산문에 들어 수행과 공부를 할 수가 있었으며, 수행자는 자신이 품은 의심(알고 보니 화두였음)을 깨치기 위하여 밤을 낮 삼아 수행에 정진하였으며, 때때에 수승한 스승을 만나 실다운 수행을 이어 올 수가 있었다.

凡所有相(범소유상) 皆是虛妄(개시허망), '무릇 눈에 보이는 모든 형상은 허망한 것이다.'라는 금강경의 말씀을 金科玉條(금과옥조)로 생각하며 수행을 이어 오고 있다는 말을 하였다.

만인을 위하는 불법이 어느 개인이나 단체의 소유물이 아닌데 무슨 조건을 내세운다는 것이 온당한 일이라 하겠나?

2조 혜가도 한 팔을 잃었고, 3조 승찬은 나환자였으며, 6조 혜능은 일자무식이 아니었던가. 여보게, 불성의 진여자성의 자리는 무엇에도 얽매임이 없는 빈자리라는 것을 알아야 하지 않겠는가!

善行無轍迹(선행무철적)　　　자연이 도를 행하면 흔적이 남지 않고

善言無瑕謫(선언무하적)　　　자연스러운 말에는 흠이 없다.

善數不用籌策(선수불용주책)　　자연을 헤아리는 이는 꾀를 쓰지 않으며

善閉無關楗而不可開(선폐무관건이불가개)　자연스레 닫으면 빗장을 걸지 않아도 열 수 없고

善結無繩約而不可解(선결무승약이불가해)　자연이 묶으면 졸라매지 않아도 풀 수가 없다.

是以聖人常善求人(시이성인상선구인)　그러므로 성인은 언제나 사람을 잘 구제하고

故無棄人(고무기인)　　　버리는 사람이 없으며

常善救物(상선구물)　　　물건을 잘 구제하기에

故無棄物(고무기물)　　　버리는 물건이 없다.

是謂襲明(시위습명)　　　이를 일러 밝음을 잇는다고 한다.

故善人者(고선인자)　　　그러므로 도를 행하는 자는

不善人之師(불선인지사)　그렇지 못한 사람의 스승이요,

不善人者(불선인자)　　　도를 행하지 못하는 사람은

善人之資(선인지자)　　　도를 행하는 사람을 참고로 한다.

不貴其師(불귀기사)　　　스승을 귀히 여기지 못하는 사람이나

不愛其資(불애기자)　　　자연의 도를 사랑하지 못하는 사람은

雖智大迷(수지대미)　　　비록 아는 바는 있으나 우매한 바가 있다.

是謂要妙(시위요묘)　　　이것을 要妙(요묘)라 한다.

27장 도를 밝히려면 마음에 무위를 품어야 한다.

도를 알고 얻고자 하나 실상의 도를 알지 못하는 것이 현실의 문제다.

도는 신비하거나 도인이 되면 신통할 거라는 생각도 가져 봄 직하나 실상 도를 통하여 도인이 되어도 이전에 자연인일 때와 달라지는 것은 없다. 그래서 悟了同未悟(오료동미오)라 하였다.

세상의 모든 이들이 神(신)이며, 부처이며, 도인이다.

처음 만나는 사람이라도 서로 대화를 나누면 통하고 그것으로 오래 이어가며 벗이 되는 것을 볼 수가 있는데, 벗이 되어 서로 자주 만나 세월이 흘러가면 知己(지기)가 될 것이다.

가끔, 도에 관심이 있어 궁금해하는 사람을 만나 도를 일러주면 그냥 일러주는 말을 믿고 받아들이면 될 것인데 도를 일러주면 자신이 보고 듣고 기억하고 있는 상식을 접목해 "별것이 아니다."라는 대답과 "누구나 알고 있는 것"이라는 대답을 듣게 된다. 그렇게 되면 일초직입에 들고나는 도의 특성과는 천리만리 먼 나라에서의 얘기가 되어 다음에 대화로 이어나갈 수가 없는 경우를 심심찮게 만나기도 한다.

도를 전함에는 묻는 자의 근기에 따라서 대답도 제각각이 달리하게 되는데 제대로 대화를 이어간다면 3번의 질문과 3번의 대답이 오고 가는 것이 통례라 할 것이다.

도는 알음알이의 문자나 이론으로는 만날 수도 없고 취할 수 없다.

이에 대하여 달마조사의 게송을 보면,

究竟無生性(구경무생성)	淸淨是涅槃(청정시열반)
凡夫莫測聖(범부막측성)	未倒測應難(미도측응난)
有學及無學(유학급무학)	佛智轉深玄(불지전심현)
了解無心理(요해무심리)	莫着識心源(막착식심원)

위 없는 성품은 더 이상 생(멸)함이 없고, 깨끗하고 선명한 그대로가 열반이다.

범부는 그 성스러움을 헤아릴 수도 없고, 헤아려도 응당 이르지 못하며, 배움이 있거나 없거나 (미치지 못함은) 부처의 지혜는 움직임이 깊고 현묘하며, 그윽하기 때문이다.

'마음이 없다는 이치'를 풀어 (번뇌를) 마치려 하나 알음알이 (문자)로는 마음의 근원에 붙을 수가 없다네.

세상에는 알음알이의 문자나 이론을 배우고 익혀 모르는 것이 없을 만큼 똑똑한 이들이 많으나 똑똑한 그들이 도를 품으려 한다면 글을 모르고 배움이 없는 이들보다도 얻기가 더 어려운데, 그것은 글(문자)로서는 도를 득할 수가 없는 도의 특성 때문이다.

도를 득하여 품고 사는 이를 만난다는 것은 백 년에 한 번 숨을 쉬려 물 위로 오르는 거북이가 잠시라도 쉴 수 있는 나무를 만나는 인연(맹구우목)만큼이나 어려운 것이며, 도인을 만나려는 일념과 생사를 가르는 정신으로 열심히 발품을 팔면 멀지 않은 곳에서 자신을 지도해줄 스승을 만나는 기연을 맞이하게 될 것이다.

세상을 살아가는 모든 사람에게 가장 먼저 해결해야 하는 문제는 衣食住(의식주)이고 먹고 사는 문제가 해결되어야 그 뒤의 일들을 처리할 수가 있을 것인데, 어디 쉬운가? 먹고 사는 문제가!

의식주가 해결되면 더 잘 먹고 잘살 수가 있는 방법을 모색할 것이고, 더 나아가면 건강을 챙기며 행복한 삶을 이어가길 원할 것이다.

사람은 본래부터 정신과 육체, 즉 정신과 물질이라는 쌍두마차에 실려 동시에 끌려가는데 어느 것도 소홀히 해서는 안 될 것이다.

그러면 행복이란 정신과 육체가 함께 즐겁고 행복해야 하는 것이다.

물질만으로는 온전한 행복을 얻었다 할 수가 없을 것이기에 정신의 건강도 함께 추구해야 한다는 것이다.

정신의 건강은 남을 해하려 하지 말아야 하고, 사람답게 살려는 노력이 있어야 하며, 도를 알고 덕을 알아 행하고자 하는 데 있다 할 것이다.

배움이 많아도 도를 모르면 글을 모르는 무식한 사람보다 못한 사람이 되는 것이며, 글을 몰라도 도를 알아 행하면 그 행위로 주위를 맑고 밝게 만들며, 주위는 항상 그윽할 것이다.

要妙(요묘)란 이를 이른 말이다.

知其雄(지기웅)	수컷의 힘을 알고
守其雌(수기자)	암컷처럼 지킨다면
爲天下谿(위천하계)	천하의 골짜기가 될 것이다.
爲天下谿(위천하계)	천하의 골짜기가 되면
常德不離(상덕불리)	덕이 언제나 떠나지 않아
復歸於嬰兒(복귀어영아)	다시 갓난아기로 돌아간다.
知其白(지기백)	흰 것을 알면서
守其黑(수기흑)	검은 것을 지킨다면
爲天下式(위천하식)	천하의 본보기(바탕)가 된다.
爲天下式(위천하식)	천하의 본보기가 되면
常德不忒(상덕불특)	덕이 어긋나지 않으므로
復歸於無極(복귀어무극)	다시 함이 없음으로 돌아가게 된다.
知其榮(지기영)	영광스러움을 알면서
守其辱(수기욕)	욕됨을 지킨다면
爲天下谷(위천하곡)	천하의 골짜기가 될 것이다.
爲天下谷(위천하곡)	천하의 골짜기가 되면
常德乃足(상덕내족)	항상 덕이 풍족하게 되어
復歸於樸(복귀어박)	다시 질박한 통나무로 돌아가게 된다.
樸散則爲器(박산즉위기)	통나무를 쪼개면 그릇이 된다.

聖人用之(성인용지)	성인은 그런 이치를 터득하여
則爲官長(즉위관장)	다스림의 우두머리가 된다.
故大制不割(고대제불할)	그러기에 큰 다스림은 쪼개지지 않는다.

28장 천지자연의 무위를 품으면 몸도 마음도 편안하다.

천지는 氣(기)의 덩어리이다.

천지는 음양이며, 明暗(명암)은 雙雙(쌍쌍)이다.

세상은 양기를 품은 수놈과 음기를 담고 사는 암놈이 있어서 그 암수의 기운이 합하여 후손들을 낳아 기르며, 그것으로 세상을 이어가고 있다.

천지는 음양의 기운이 오행을 낳아 때론 슴(합)을 이루고, 때론 克(극)하고, 때론 畏(외)하며, 그 기운으로 세상을 이어가고 있다.

사람의 건강도 음양과 오행을 알아 균형을 유지하면 건강할 것이나 그렇지 않으면 기혈이 막혀 건강을 잃게 된다.

사람의 건강은 잘 먹고, 잘 자고, 잘 배설하면 되는데 가장 중심은 비장과 위장을 담당하는 土(토)에 있다.

나무(木, 목)가 잘 자라려면 흙이 있어야 하고,

불(火, 화)이 타고나면 재(흙)가 되며,

金(금)이 화려한 보석으로 태어나려면 흙으로 갈고 닦아야 빛이 나고,

水(수)가 旺(왕)하여도 흙으로 덮어 매몰시키면 되는 일이다.

이처럼 흙(土, 토)이 목화금수를 다스리기 때문에 인체의 건강도 비장과 위장의 역할이 중추를 담당하고 있다.

몸의 기혈을 돌게 하므로 건강을 지키는 오장육부의 기능은 음적인 암컷의 기운이라 하면, 몸의 신명을 밝히고 지켜내는 정신은 양의 기능을 담당하고 있어서 수컷의 기운이라 할 것이다.

사람의 기운은 食(식)과 氣(기)가 원천이 되는데 오행을 맞춘 오미의 식으로는 病苦(병고),

虛弱(허약), 부死者(조사자)가 허다한 실정이다.

　정신건강을 지키는 신명은 생의 근본이요, 정기는 만물의 본체이기에 호흡으로 들이고 내는 정기를 양성 수련하면 건강을 유구히 지켜낼 수가 있다.

　수컷이 암컷을, 흰 놈과 검은 놈이 영광과 욕됨이 함께함을 알면 몸의 건강을 지켜내고 신명의 밝음으로 병고의 고통을 떨쳐낼 것이다.

將欲取天下而爲之(장욕취천하이위지) 천하를 얻고자 뭔가 (작위)한다면

吾見其不得已(오견기불득이) 내가 보건대 필경 성공하지 못할 것이다.

天下神器(천하신기) 천하는 신묘한 그릇이라

不可爲也(불가위야) 사람이 뭔가 作爲(작위)할 수가 없기 때문이다.

爲者敗之(위자패지) 그렇게 작위하려는 자는 실패할 것이고

執者失之(집자실지) 잡고자 하는 이는 잃을 것이다.

故物或行或隨(고물혹행혹수) 그러므로 사물은 혹은 앞서가고 혹 뒤 따라가며

或歔或吹(혹허혹취) 혹은 가늘게 숨쉬기도 하고 혹은 크게 내뿜는다.

或强或羸(혹강혹리) 혹은 강하고 혹은 여린 것도 있고

或挫或隳(혹좌혹휴) 혹은 꺾이고 혹은 떨어지는 것도 있다.

是以聖人(시이성인) 따라서 성인은, 지나치게 극심한 것이나

去甚去奢去泰(거심거사거태) 사치스러운 것이나 과분한 것을 피한다.

29장 무엇을 얻고자 하면 얽매이지 말고 버려라.

무엇을 얻고자 함은 물질(有相, 유상)에 얽매인 욕심이 발동하여 유의 대상을 거머쥐려는 행위인데, 욕심으로 얻어질까 싶다.

걷던 자에게 말이 생기면 그것으로 고마워해야 할 것인데, 말을 몰고 다니면 말잡이를 원하게 되는 것이 사람의 마음이며 인지상정인 것이다.

사람의 마음은 일정히 정해진 住處(주처)가 없어 착한 마음이든 악한 마음이든, 크든 작든 욕심을 내게 되어있는데, 그것은 삶의 방편이며 근간으로 내세우기 때문인 것이다.

　마조스님과 회양선사의 얘기이다.

　마조(道一)스님이 참선하는 법당에서 매일 좌선을 하고 있었다.

　회양선사는 그가 法器(법기)임을 알아보고 곁에 가서 말을 걸었다.

　"스님은 좌선을 해서 무엇을 얻으려하시오?"

　"부처가 되려고 합니다."

　마조가 대답을 하자 회양선사는 아무 말도 없이 밖으로 나가 벽돌 하나를 주워들고 와서 절 마당 가에 있는 바위 위에다 벽돌을 갈기 시작하였다.

　마조스님이 회양선사의 엉뚱한 행동을 궁금히 여겨 물었다.

　"스님, 지금 무얼 하시는 겁니까?"

　"보면 모르오. 거울을 만들려 하오."

　그러자 마조스님이 다시 물었다.

　"아니 스님, 벽돌을 간다고 어찌 벽돌이 거울이 되겠습니까?"

　그러자 회양선사가 말했다.

　"그럼 앉아서 좌선을 한다고 어찌 부처를 이루겠는가?"

　순간 마조가 깨달았다.

　"그럼, 어찌해야 하겠습니까?"

　"사람이 수레를 몰고 가는데, 수레가 나아가지 않으면 바퀴를 때려야 하겠소? 소를 때려야 하겠소?"

　마조가 대답이 없으니 회양선사가 다시 말을 이어나갔다.

　"그대는 좌선을 배우는가? 앉은뱅이 부처를 배우는가?

　만일 좌선을 배운다면 좌선은 앉은 데 있지 않고

　만일 앉은 부처를 배운다면 부처는 일정한 형상이 아니다.

　머무를 곳이 없는 법에 대하여 취하고 버리려는 생각을 내지 말라.

　그대가 만일 앉은 부처가 된다면 그것은 부처를 죽이는 일이요,

앉은 일에만 집착한다면 그 이치를 통달하지 못할 것이다."

마조가 회양선사의 가르침을 받고 기뻐하면서 절하고 다시 물었다.
"어떻게 마음을 써야 무상삼매(無相三昧)에 부합되겠습니까?"
"그대가 심지법문(心地法門)을 듣는 것은 종자를 뿌리는 것과 같고,
내가 법요(法要)를 연설하는 것은 하늘에서 비를 뿌리는 것과 같으니,
(도가) 그대와의 인연이 닿았으므로 그대는 도를 보게 될 것이다."
"도는 빛이나 형상이 아니거늘 어떻게 볼 수가 있습니까?"
"심지법을 보는 눈이라야 도를 보나니, 무상삼매도 그렇다."
"이룸과 무너짐이 있습니까?"
마조가 물었다.
이에 회양선사는 "만일에 이룸이나 무너짐, 모임이나 흩어짐 따위로서 도를 보면 도를 바로
본 것이 아니다."라고 말하였다.
그리고 머지않은 날에 마조는 도의 혜안을 얻게 되었다.

卽心是佛(즉심시불), '마음이 (곧)부처다.'라는 말인데 어찌 마음만으로 부처를 알았다 하여
온전한 부처라 할 수가 있겠는가.
마음만 부처이고 身(신)이 부처를 따르지 못하거나 行(행)이 부처의 행을 따르지 못한다면
마음의 부처는 실상을 보지 못한 것이며 진정한 부처라 할 수가 없을 것이다.
즉심이 부처를 보면 卽身(즉신)도 부처를 담고 품어야 할 것이며 卽行(즉행)에도 부처를 품
어 부처의 행이 담겨있어야 할 것이다.
心(심), 身(신), 行(행)이 부처를 함께 이뤄야 온전히 공을 취한 부처라 할 것이며, 깨달아
부처를 이루려면 마음이 공하고, 몸이 공하며, 행이 공함을 알아야 부처를 친견하고 如來(여
래)를 볼 수가 있을 것이다.

세상은 온갖 변화를 품고 있어서 누구나 변화에 응하며 살아가지만 도는 편견이나 작위로
는 접할 수도 취할 수도 없으며, 극심한 고통도 사치스러움도 도를 이룸에는 도움이 되지 않

는다.

무엇을 얻고자 작위하는 것은 실상의 도를 저버린 행위이고 만법이 하나임을 모르는 처사이므로 아무것도 얻을 수가 없다.

道(도)는 卽今(즉금)의 卽心(즉심)이고 卽身(즉신)이며 바로 卽行(즉행)의 자리, 즉 空身(공신)이며 空神(공신)의 자리이며 幻化(환화)의 공신이 法身(법신)임을 알아 깨치는 자리에 들어야 실다운 부처를 품었다 할 수가 있는 것이다.

근세에 들어 과학의 발전이 눈부신데 과학자들이 현상의 물질이 순간 사라지고 드러나는, 너무도 초자연적인 현상을 발견하여 세상을 놀라게 하였는데 그것을 양자물리학이라 한다.

순간에 존재하다가도 순식간에 사라지는 현상은 사람이 빈 항아리에 들고나는 마음의 작용과도 같은 것이며, 찰나에 들고나는 空桶(공통)에 들고나며 생멸을 이어가는 현상과도 같은 것이다.

과학의 발전이 마음의 빈 항아리에 들고나는 순간을 활용하려는 것이기에 空(공)을 이용한 과학의 발전을 기대해 본다.

30장

以道佐人主者(이도좌인주자)	도를 지니고 군주를 보좌하는 자는
不以兵强天下(불이병강천하)	무력으로 천하를 강하게 만들지 않는다.
其事好還(기사호환)	무력을 쓰면 반드시 그 대가를 치르기 때문이다.
師之所處(사지소처)	군사가 머문 자리에는
荊棘生焉(형극생언)	가시넝쿨이 무성하고
大軍之後(대군지후)	큰 전쟁을 치른 뒤에는
必有凶年(필유흉년)	반드시 흉년이 뒤따르게 된다.
善有果而已(선유과이이)	전쟁을 잘하는 사람은 목적만 이룬 다음
	그만둘 줄 알고
不敢以取强(불감이취강)	감히 세상에 군림하려 들지 않는다.
果而勿矜(과이물긍)	목적을 이뤘어도 자랑하지 않고
果而勿伐(과이물벌)	목적을 이뤘으되 뽐내지 않고
果而勿驕(과이물교)	목적을 이뤘어도 교만하지 않는다.
果而不得已(과이불득이)	목적을 이루어도 부득이 그리되었다고 하고
果而勿强(과이물강)	목적을 이룬 후에 힘으로 군림하려 하지 않는다.
物壯則老(물장즉로)	사물은 장성할수록 곧 늙어 쇠하게 되니
是謂不道(시위불도)	이는 도가 아닌 까닭이며

不道무己(불도조이)   도가 아닌 것은 오래 가지 못한다.

30장 兵病治 病音治(병병치 병음치), 천지정음

세상은 신들의 싸움터이며 전쟁터이다.

세상을 살아가는 이들은 자신의 이익과 편함을 취하기 위하여 온갖 술수를 부리고, 때론 남에게 위해를 가하거나 거짓으로 속이고 노략질을 하며, 자신이나 자신이 속한 집단만의 이익을 취하려는 싸움으로 지고 샌다.

아침에 일어나서 밤에 잠자리에 들 때까지 일상의 잡다한 크고 작은 일들을 처리하고 정리하며 대하는 대상들과 전쟁을 치르며 살고 있다.

그러면 의식을 지니고 행동하는 낮 동안에만 전쟁을 치르고 밤에 잠자리에 들어 잠이 들면 그것(대상과의 전쟁)이 멈추게 되는 것인가? 아니다!

우리들의 의식구조는 깨어있어도 대상과 함께하고 잠을 잘 때에도 대상과 떨어지지 않고 함께하기에 寤寐一如(오매일여)라 하였다.

'깨어있거나 잠을 잘 때에도 한결같이 대상과 함께한다.'는 말이다.

싸움으로 승자와 패자가 결정이 나는데 전쟁이란 이겨도 손실이 따르고 져도 손실이 따른다.

우리의 일상이 대도와 함께 어우러져 살고 있지만, 도에 들려면 필히 의식과의 전쟁을 치르게 되어있다. 얼마나의 사람들이 도를 득하려는 수행의 전쟁터에서 목숨을 내놓고 전쟁을 치르지만, 도를 득하여 승리하는 이들을 만나보기 어려운 것도 즈음의 실정이라 할 것이다.

세상은 변하는 놈이 本(본)이라 때때에 변하게 되어있는데 사람들의 생각보다도 세상은 너무도 빨리 변하고 있어서 '10년이면 강산도 변한다.'는 옛말이 '3년이면 강산이 변한다.'는 말이 돌고 또한 사람들의 의식이나 생활도 그렇게 빨리 변해가는 것을 보고 사는 세상이 되었다.

우리네들이 살아가는 현재의 세상은 先天(선천)세계가 지나고 1世紀(세기), 4320년의 과도기도 지니고 후천대운의 시기에 들었다.

12만 9천6백 년을 1개벽이라 하고, 선천(6만 4천8백 년)을 陽遁(양둔)이라 하고, 후천은 陰遁(음둔)이라 한다.

선천은 중국 堯(요)나라 건국 사십 년 전(癸亥, 계해)에 終(종)하고 선후천 과도기에 들었으며, 후천은 甲子(갑자)에서 시작하여 午會(오회)라 하며, 서기 1923년 癸亥(계해)년을 지나며 후천대운에 들게 된다.

선후천의 過渡期(과도기)에는 남과 이웃을 살상하는 무기와 살기로 무장하고 있어서 처처에서 많은 전쟁이 있었으나 후천 세계가 도래하면 神德不殺(신덕불살) 시대가 되어 천하 만방의 사람들이 함께 행동하고 함께 어울리는 시대가 된다.

후천 세상에는 병장기인 살상 무기를 버리고 神德不殺(신덕불살)을 품고 살아가기 때문에 후천대운에서 陽氣(양기)가 일어나 움직이는 때가 도래할 것이며 세계평화의 싹이 터 자라게 될 것이다.

미래세에는 仙儒佛(선유불) 삼도가 회합하여 一道(일도)를 이루게 되며 天印大道(천인대도)의 시대가 열리게 된다.

서로 같은 소리(同聲, 동성)를 내고 서로 相應(상응)하며 하나로 돌아가서 一丸世界(일환세계)가 된다.

그래서 兵病治 病音治(병병치 병음치)의 시대가 도래한다 하였다.

무력을 동원하여 이웃의 살상을 벌이면 병으로 다스리고, 병은 소리(천지정음)로 다스린다 하였다.

후천 세계가 도래한 즈음에는 神德(신덕) 不殺(불살)의 시대가 되어 천하 만방의 사람들이 함께 행동하고 함께 어깨를 겨누는 시대가 된다.

一運氣(일운기)는 360년이다.

이 운기에 지구촌은 많은 변화가 있을 것이다.

兵(병)을 앞세워 강한 자가 약한 자를 침략하거나, 모략으로 괴롭히거나, 자신의 힘을 내세우는 이들과 나라들이 많아지는 시기이기도 하다.

兵(병)은 病(병)으로 다스린다 하였으니 兵(병)으로 세상을 다스리고 지배하려 든다면 病(병)이 창궐할 것인데 예전에 사스나 코로나19를 능가하는 병이 지구촌을 덮을 것이며 지구 곳곳에 지각변동이 있을 것이다.

병의 치사율이 높아 지구인의 3분의 1이 병마를 피하지 못할 것이며 살아남은 이들도 지각변동에 제대로 대응하지 못하여 많은 인명 살상이 따르는 시기이다.

지구촌에는 많은 변화가 있을 것인데 동양 3국의 변화를 살펴보면 한반도 동쪽은 침몰하고, 서쪽은 융기되어 솟아날 것이며 중국의 동쪽 해안도 가라앉아 침몰하게 되어 한반도는 2배의 땅이 서해에서 형성될 것이다.

한반도의 통일은 이운기가 지나기 전에 중국이 붕괴되어 옛 고조선의 땅에 강력한 고조선의 맥을 이은 나라가 생겨나 한반도를 흡수 통일할 것이며 옛 고조선의 명맥을 이어나가는 강성한 나라를 이룰 것이다.

병은 병으로 다스린다 하였으니 病(병)은 무엇으로 다스릴 것인가?

病(병)은 만인의 공통 언어인 소리에 母音(모음)으로 이루어진 天地正音(천지정음)이며 세계인 모두를 구원하고 다스리는 글이니 그것은

"옴 아우어이훔, 우이아어훔, 우이아어훔, 훔."이다.

참고 : 一開闢(일개벽)은 12만 9천6백 년이다.

先天(선천) 陽遁(양둔)은 64800년을 말하고, 후천 음둔도 64800년이다.

一世紀(일세기)는 4320년이다. 一運氣(일운기)는 360년이다.

一代紀(일대기)는 30년 360월이다. 一年(일년)은 360일이다.

二十四節(이십사절)이 七十二局(칠십이국)이며

陽(양) 36局(국)과 陰(음) 36局(국)이다.

夫佳兵者(부가병자)　　　　　대체로 좋은 무기라는 것은

不祥之器(불상지기)　　　　　상서롭지 못한 물건이라

物或惡之(물혹오지)　　　　　만물은 이것을 모두 혐오한다.

故有道者不處(고유도자불처)　그러므로 도를 품은 이는 이런 것에 머물지 않는다.

君子居則貴左(군자거즉귀좌)　군자는 평상시에는 왼쪽을 위로 여기지만

用兵則貴右(용병즉귀우)　　　용병 시에는 오른쪽을 위로 한다.

兵者不祥之器(병자불상지기)　무기는 상서롭지 못한 물건이기에

非君子之器(비군자지기)　　　군자가 쓸 도구가 못 된다.

不得已而用之(불득이이용지)　어쩔 수 없이 써야 할 때에는

恬淡爲上(염담위상)　　　　　담담한 마음을 먼저 지니고

勝而不美(승이불미)　　　　　이겨도 이를 좋아하지 아니한다.

而美之者(이미지자)　　　　　이를 좋아한다는 것은

是樂殺人(시락살인)　　　　　살인을 즐기는 것이 되기 때문이다.

夫樂殺人者(부락살인자)　　　　　　　무릇 살인을 즐기는 사람이 어떻게 천하의

則不可得志於天下矣(즉불가득지어천하의)　뜻을 얻을 수 있겠는가?

吉事尚左(길사상좌)　　　　　따라서 길사는 왼쪽을 높은 곳으로 하고,

凶事尚右(흉사상우)　　　　　흉사는 오른쪽을 높이 친다.

偏將軍居左(편장군거좌)	지위가 낮은 장군은 왼쪽에 자리를 잡고
上將軍居右(상장군거우)	지위가 높은 장군은 오른쪽에 자리를 잡는다.
言以喪禮處之(언이상례처지)	이것은 전쟁을 상례로 대한다는 것이다.
殺人之衆(살인지중)	많은 사람을 죽였기 때문에 슬퍼하고
以哀悲泣之(이애비읍지)	비통해하며 눈물을 흘리고 읍해야 한다.
戰勝以喪禮處之(전승이상례처지)	전쟁에서 이겼더라도 상중의 예로 대처해야 한다.

31장 홍익인간의 얼을 품은 민족

천지 만물은 道(도)를 품고 생하였기에 세상 모든 일과 함께한다.

上下(상하), 前後(전후), 左右(좌우) 어디라도 천지는 도와 함께하며 실상 도와 떨어지려 해도 도와는 떨어질 수도 없다.

사람이 삶을 영위하며 보다 나은 내일을 살기 위하여 노력하고, 애쓰며 살아가는 바닥의 저변에는 사람이기에 사람답게 살아가려는 정체성을 품고 살아가기 때문이기도 하다.

사람이 사람답게 살아가려는 정신은 도를 품은 정신을 말하며, 道義的(도의적) 정신과 정체성을 지닌 것을 말한다.

道意(도의)는 형상을 지닌 모양만을 의지하거나 쫓아가는 것이 아니고, 형상이 없는 虛(허)나 無(무)에도 치우치지 않으며, 무와 유를 떠나지도 않고, 무와 유에 물들지도 않으며, 빈 것에서 생하고 멸하는 이치를 알아 어디에서도 당당하고, 어디에도 치우침이 없는 것이다.

사람이 無爲(무위)의 도를 떠나 有爲的(유위적)으로 살아가는데 보고, 듣고, 말하고, 접촉하는 모든 것들에 나(我, 아)라는 씨를 심는 것이며, 무엇을 하든 '나!'만을 내세우게 되어 대상을 무시하고, 오로지 자신만을 위하는 我慢(아만)적인 행동을 하게 된다.

個人(개인)이나, 團體(단체)나, 나라(國, 국)도 자신만을 내세운다면 대상을 무시하는 처사가 되어 상대와는 불편한 차별의 관계가 될 것이다.

세상 모든 존재물은 자신의 자존의식을 저변에 품고 살아간다.

잘났기 때문에 존재하는 것이며, 自我(자아)의 自存(자존)이 自尊(자존)으로 옮겨가는 작은 의식이 타인과 함께 살아가는 것을 세상을 망각하게 하여 스스로를 망치는 일들이 비일비재하지 않은가?

잘나고 뛰어난 것을 잘못이라 말하는 것이 아니고, 잘난 놈과 함께 못난 놈들도 함께 살아가고 있다는 것을 알아서 행동하라는 것이다.

세상은 변하며 변하는 것이 사람들에게 유익하고, 살아가기에 불편함을 덜어주는 쪽으로 변해가는 것을 원하고, 活人(활인)의 세상을 만들어가는 것에 방점이 있다 할 것이다.

인류가 벌인 1차 세계대전과 2차 세계대전에 전쟁을 치르며 얼마나 많은 이들이 산화되었는가는 필설로 말할 필요가 없을 것이다.

미국이 히로시마에 원자 폭탄을 투하하여 일본이 손들게 했던 것은 활인 전쟁의 본보기라 할 것이다.

일본의 욕심을 접게 만들어 더 큰 전쟁과 고통을 막아 아시아의 크고 작은 나라들을 전쟁의 고통에서 해방시킨 행위는 活人戰爭(활인전쟁)이라 할 것이며, 그것을 계기로 미국이 세계의 경찰국가가 되는 것을 인정하고 많은 나라가 미국을 따르는 결과를 가져왔다.

미국이 道義(도의)를 알고 전쟁을 승리로 이끈 것은 아니더라도 자신을 지키고 전쟁에 내몰린 약소국가들의 많은 인명 살상을 막은 것은 분명 活人(활인)의 행위이며, 그들 나라에게는 덕을 베풀었기에 미국은 나라가 부강해지고 세계의 警察國家(경찰국가)가 된 것이다.

그러면 미국이 언제까지 경찰국가로 유지될 것인가?

그것은 미국이 경찰국가로서 자신이 보호해야 할 나라에게 어떤 행위를 하느냐에 달려있지만 지난 세기의 전쟁을 종식시킨 덕으로 대략 100년에서 120년의 세월이 될 것이다.

서로 무력을 앞세워서 벌이는 전쟁은 벌이지 않을수록 좋을 것이며, 누구도 사람이 다치거나 죽어 나가는 것을 원하거나 좋아하지는 않을 것이다.

미국이 道義(도의)를 알아 행하면 더 잘살고 경찰국가의 지위도 더 오래 누릴 수가 있을 텐데, 즈음의 행태를 보면 밝지 못함이 보인다.

자신의 이익만을 추구하려고 말이나 행동을 서슴없이 바꾸고, 어렵고 힘들게 살아가는 약소국을 위협하거나 분열을 조장하고 자신의 이익만을 위하는 행태를 볼 수가 있는데, 그것은 대국으로서, 세계의 경찰국가로서는 하지 않아야 할 짓거리를 서슴없이 행하는 것을 보면 미국은 스스로 세계의 경찰국가이기를 포기하려는 것이 아닌가 하는 의구심과 더불어 정체성이나 도덕성의 의심을 품게 한다.

그러면 미국 다음으로 세계를 이끌어나가는 나라는 어느 나라일까?

결론부터 말하자면 道意(도의)를 품은 나라가 될 것이다.

지구상에는 많은 나라가 존재하지만, 그중에 잘사는 나라들을 골라보면 미국, 영국, 프랑스, 이탈리아, 독일, 캐나다, 일본 등이 있으며 네덜란드나 벨기에와 같이 덩치가 작지만 잘사는 나라도 있고, 덩치가 큰 러시아와 중국도 있다.

앞에 잘사는 나라들의 역사나 그들 민족이 지닌 정체성을 보면 다른 대상의 국가들을 위한 도의적인 정체성을 지닌 나라가 있나? 살펴보면 찾아보기 어려운 것을 알게 되는데 그것으로 세계를 리드하는 지도자의 역량에는 미치지 못함을 알 수가 있다.

자신의 덩치를 밑천으로 이웃한 약소국(우크라이나)을 집어삼키려 전쟁을 벌인 러시아를 보며 러시아 민족과 그 나라 지도자의 역량을 가늠할 수가 있겠고 57개의 소수민족을 점령하고서도 작은 대만을 침공하려는 중국 지도자의 헛된 망상을 보고 듣는 세상이 되었다.

분명 다음 세대에 미국이 지닌 경찰국가의 지위를 넘겨받을 만한 나라가 지구촌에 존재할 것이기에 국민의 단합된 정신으로 무장한 나라를 찾아보면 이스라엘과 대한민국이 있다는 것을 알 수가 있다.

이스라엘은 2천 년 세월을 나라 잃고 떠돌이 생활로 이룬 나라이기에 종교적 신앙심으로 국민의 단합된 정신과 애국애족의 정신이 살아있는 나라지만, 그들의 도의적 정체성은 희박하다 할 것이다.

자신에게 피해를 주거나 침공할 것이라는 생각에 무자비하게 공격을 가하고 다른 이웃들의 눈치도 아랑곳하지 않는 것을 보면 이스라엘은 그들의 종교적 신앙심으로 뭉친 나라 사랑은 있으나 세계가 함께 공존하고 공존해야 하는 이웃들을 품는 것에는 한계가 있다는 것을 알 수가 있다.

倍達族(배달족)의 대한민국은 9천 년의 유구한 역사를 지닌 나라지만 때때에 화의족(중국)에게 나라의 영토를 야금야금 뜯겨 이제는 꼴랑 한반도의 반쪽에 의지해서 살고 있지만, 환웅천왕과 단군 聖祖(성조)의 弘益人間(홍익인간) 정신을 누구도 잃지 않고 살아가고 있다.

수없이 많은 외국의 침략에도 굴하지 않았고 영토를 늘리려 욕심내어 단 한 번도 이웃을 침범하지도 않은 나라가 대한민국이 아니던가.

필자는 이 땅에서 태어나 살며 역사를 배우고 알아가면서 倍達族(배달족)의 자긍심을 무한히 품고 살아간다는 것을 스스로 알 수가 있었다.

소련의 부추김과 중국의 도움으로 북한이 저지른 6 · 25 남침 전쟁을 치르며 얼마나 많은 人命(인명)과 재산과 강산이 산화되고, 멸실되고, 유린당하여 잿더미가 되었던가.

그러나 배달족(대한민국)은 황폐화된 국토를 새롭게 일구고 가꾸어 남의 나라의 원조에 의지해서 살던 대한민국이 스스로의 노력으로 반세기 만에 남의 나라들에게 원조를 해주는 세계 唯一(유일)의 나라로 바뀌었다.

작금에도 세계를 누비며 힘들고 어려운 나라들에게 도움과 희망을 주며 다 함께 잘사는 방법을 전하고 있음을 볼 수가 있다.

세상의 다스림이란 무력이나 전쟁이 아닌 나와 대상이 함께함을 알아 힘없고 약한 대상이라도 귀히 여기고 높이는 마음으로 대하는 것에서 시작하는 것에 있다. 도의 다스림은 蘖(얼)을 품고, 스스로를 낮추고, 겸손하며, 함부로 나서지 않고 남 위에 군림하지도 않으며, 차별과 평등이 하나임을 알아 덕(弘益, 홍익)을 행함에 있다.

세계의 경찰국가가 되는 것에 대한민국은 바라지 않을 것이나 분명한 것은 홍익인간의 정신을 품고 살기에 세계의 모범 국가로서 세계인의 귀감이 되는 나라로 천하 만방에 우뚝 설 것임은 분명해 보인다.

나만 그런가?

道常無名(도상무명)	도란 항구적으로 이름을 붙일 수 없다.
樸雖小(박수소)	박(樸, 道)이 비록 작아 보여도
天下莫能臣也(천하막능신야)	천하의 그 무엇도 아래에 둘 수가 없다.
侯王若能守之(후왕약능수지)	만약에 군주가 도를 지킬 수만 있다면
萬物將自賓(만물장자빈)	만물은 장차 저절로 찾아와 번창할 것이며
天地相合(천지상합)	천지의 기운이 서로 화합하여
以降甘露(이강감로)	감로를 내릴 것이며
民莫之令而自均(민막지령이자균)	백성들은 명령하지 않아도 스스로 제 길을 찾아간다.
始制有名(시제유명)	만들기 시작하면 그에 맞는 이름이 생길 것이며
名亦旣有(명역기유)	이름을 이미 얻은 후에는
夫亦將知止(부역장지지)	멈출 줄 알아야 하고
知止可以不殆(지지가이불태)	멈출 줄 알면 위태롭지 않다.
譬道之在天下(비도지재천하)	도를 천하에 비유하자면
猶川谷之於江海(유천곡지어강해)	계곡의 물이 강이나 바다로 흘러드는 것과 같다.

32장 도의 변화는 활용이다.

세상을 살아가는 모든 이들은 자신의 의사에 따라서 자유롭게 살고 그렇게 살기를 원하는데, 그것은 사람들이 도를 행하는 도체이기 때문이다.

도는 자연을 닮아 모양도 명성도 내세움도 없고, 이름조차도 없으며, 무엇을 내세우거나 주장하지도 않으며, 꾸밈이나 가식도 없다.

어떤 약속(信仰, 신앙)이나 규범(法, 법)이 자유스럽지 못한 환경을 만들어 사람들의 행동에 제약을 주거나 제재를 가하는 경우도 있을 것이나, 그것은 바람직하지 못한 신앙이며 사람을 속이는 짓거리라 할 것이다.

사람들이 살아가는 자연은 사계절의 행위가 뚜렷하며 기이하거나, 허황되거나, 허망하지 않고 사람들을 속이지도 않아 사람들은 자연의 변화를 믿고 따르기에 자연의 행위를 眞理(진리)라 한다.

도를 품고 있는 자연의 진리를 떠나서는 아무리 도를 말하려 해도 할 수가 없고, 품을 수도 없으며, 싹을 내릴 수도 없다.

물은 도를 닮아 물을 도에 비유하기도 한다.

물 위에 떠 있는 배는 자유스럽게 어디라도 오고 갈 것이나 큰 배가 수심이 얕은 물을 거슬러 올라갈 수가 없고, 작은 배로는 수심이 깊고 넓은 대양을 건너기 어려울 것이다.

물은 道體(도체)라 형상에 구애받지 않아 어디에라도 스미고 담기며, 천지간에 어디라도 닿지 않는 곳이 없어 天一生水(천일생수)라 하였다.

배가 깊고 넓은 곳이든, 얕고 좁은 곳 어디라도 가려 한다면 때에 큰 것을 작게 만들고 작은 것을 크게 만들어 자유자재로 물에 드나들 수 있게 하는데, 이것을 일러 活用(활용)이라 한다.

사람이 도체라고 말하는 것도 사람이 변화와 活用(활용)의 지혜를 담고 살아간다는 것을 말하며, 사람의 생각 속에 담고 있는 지혜는 때에 샘물이 퐁! 퐁! 솟는 것과도 같이 정해진 바 없이 생겨나고 소멸하며 때를 이어 내리고 있다.

도는 큰 것만을 고집하지도 않고, 그렇다고 작은 것에도 치우치지도 않으며, 크고 작은 것에 구애받지도 않는 것이 도이다.

대중에게 명성을 얻거나 높은 자리에 오른 이들을 접해 보면 자신의 이름과 지위에 대한 긍지와 자부심을 늘어놓으며, 은연중에 "내가 누군데!" 하는 경우를 쉽게 접하게 된다. 과연 자신의 긍지와 자부심만큼이나 그 자리에서 만인들을 위하여 부끄럽지 않은 행위를 하며 만인을 위하여 활용의 지혜를 담고 때에 일을 잘하고 있는가? 되돌아봐야 할 것이다.

사람들이 모이면 모임이 만들어지고, 모임이 생기면 자리가 만들어진다.

모임이나 자리(지위)가 본래부터 있었던가?

때가 되면 본래의 자리인 빈 항아리로 돌아가게 될 것이다.

사람의 일상이 도를 품고 살아가기에 잠시 잠깐도 도와 떨어질 수가 없으며 그것을 알아 인지하느냐 인지하지 못하느냐에 따라 도를 담을 수가 있는 그릇인지 아닌지를 판가름할 수가 있다.

그러나 도를 몰라도 세상을 살아가기에 불편함이 없으니 다수의 사람들은 도(佛性, 불성) 자체를 생각조차 하지 않는 것이 현실의 일이다.

세상에 물이 없으면 생명체들이 살아갈 수가 없을 것이며 모든 생명체가 공기가 없다면 살아갈 수가 없을 것인데 물이나 공기를 생명의 원천이라고는 하나, 누가 그것들을 제대로 인지하며 살고 있을까?

누구나 품고 사는 道(도)도 이와 같이 보고 지니고 살면서도 보지 못하고 흐르되 흐르지 않고, 머물되 머물지 않는 실상무상의 도를 알지 못하고 사는 실정이라 할 것이다.

그러니 들고나도 모르는 빈 항아리를 차고 사는 것을 알기나 할까 싶다.

知人者智(지인자지)	남을 아는 자를 똑똑하다 할지 모르지만
自知者明(자지자명)	자신을 아는 자가 밝은 것이다.
勝人者有力(승인자유력)	남을 이기는 자를 힘세다고 할 지 모르지만
自勝者强(자승자강)	자신을 이기는 자가 강한 것이다.
知足者富(지족자부)	만족함을 아는 사람은 이미 부자이고,
强行者有志(강행자유지)	힘써 행하는 자는 뜻이 있는 자이다.
不失其所者久(불실기소자구)	제자리를 잃지 않는 자는 오래 가고
死而不亡者壽(사이불망자수)	죽어도 도를 잃지 않는 자는 장수할 것이다.

33장 안다는 것과 활용은 다르다.

세상이 올 때에 검은 놈과 흰 놈이 함께 왔으며, 밝음과 어두움도 함께 왔고, 우주 만물이 생겨난 모든 것들의 본래 자리는 無極(무극)이고, 太極(태극)이며, 眞空(진공)이고, 眞無(진무)이다.

만물이 함이 없이 들고 나고 나고 들어도 그 자리는 무극이요, 眞空(진공)이며, 본래의 자리가 空(공)하고, 無(무)하고, 虛(허)한 것이기에 대우주의 순환 운동은 만고의 시간이 흐르고 흘러도 玄玄妙妙(현현묘묘)하여 걸림이 없고, 始終(시종)이 하나(一)이며, 만물이 하나 속에서 들고나며, 변하고 변하지만, 本(본)인 하나는 변하지 않는 것이기에 用變不動本(용변부동본)이라 하였다.

천지 만물 중에 사람을 만물의 영장이라 하는데 그것은 사람에게만 스스로 밝고 신령스러운 神明(신명)이 있기에 만물의 으뜸이라 하였다.

그리고 사람이 神(신)이라 하는 것도 사람이 신명을 품고 살며 때와 조화를 이루어 스스로 밝음을 찾아 지혜롭게 살아가기 때문이다.

사람을 神(신)이라 함에 주저하거나 망설이는 경우도 있을 것이다.

스스로 알지 못하고 미혹에 가려 스스로의 신명을 알지 못하는 경우라 할 것이며, 신이라 하면 全知全能(전지전능)하여 천지의 조화를 일으키거나 사람이 할 수 없는 기이한 기적을 행하는 것으로 알고 있으며, 그러한 것들에 얽매인 생각으로 생을 살아가기 때문인 것이다.

천지의 으뜸 神(신)은 사람이다.

사람들이 삶을 위하여 가꾸고 다듬으며, 필요에 의해서 무엇을 만들기도 하고, 부수기도 하면서 항상 변화에 적응하며 새로운 세상을 이끌어나가며, 역사를 이어 내리고, 문화를 싹틔우며, 이 땅에 적응하며 살아가고 있다.

신을 만들어 내는 것도 사람의 일이며, 신을 버리는 것도 사람의 일이다.

신에게 이름을 지어 주는 것(有, 유)이나 이름을 지우는 것(無, 무)도 때에 사람의 필요에 의해서 이루어지는 행위인 것이다.

그래서 세상은 有爲(유위)법과 無爲(무위)법이 공존함을 알아야 한다.

사람의 신명은 스스로 밝고 신령스러운 지혜를 품고 있는 것은 나도 없고(無我, 무아) 내가 없으니 나의 마음까지도 없다는 것(無心, 무심)을 품어 알아차린 자리에서 나오는 지혜이며 用不用(용불용)이라 할 것이다.

用不用(용불용)이란? 아는 자는 사용할 것이고, 모르는 자는 사용하지 못한다는 말이다.

천지만법에 本(본)인 하나는 나와 함께 同時(동시)에 생하고 멸한다.

천지간에 내가 있으므로 他(타)인 대상이 존재하는 것이므로 나를 알고자 함에 슬기로움이 있고, 자신을 다스릴 줄 아는 자에게는 항상 지혜가 샘솟듯 생겨나는 것이다.

그래서 자신을 알아가고자 함에 밝음이 있고 스스로를 다스려 이기는 자가 강하다 하였으며, 알아차린 뜻을 애써 행하는 자는 도와 함께하기에 장수를 누린다 하였다.

34장

大道氾兮(대도범혜)	대도는 범람하는 물처럼 퍼져 있어서
其可左右(기가좌우)	왼쪽이나 오른쪽 어디에나 있다.
萬物恃之而生而不辭(만물시지이생이불사)	만물이 도에 의지해도 사양하지 않고
功成不名有(공성불명유)	일을 이루고도 도가 있음을 드러내지 않으며
衣養萬物而不爲主(의양만물이불위주)	입히고 먹이지만 주인 노릇도 하지도 않는다.
常無欲(상무욕)	항상 욕심이 없어
可名於小(가명어소)	작다 할 수도 있겠으나
萬物歸焉(만물귀언)	모든 만물이 도로 돌아가지만
而不爲主(이불위주)	주인 노릇을 하지 않으니
可名爲大(가명위대)	가히 큰 것이라 이름할 것이다.
以其終不自爲大(이기종불자위대)	그렇게 끝까지 스스로 큰체하지 않기에
故能成其大(고능성기대)	능히 큰 것을 이룰 수 있는 것이다.

34장 만년설이나 서리도 같은 도이지만 용은 다르다.

대도가 범람하는 물처럼 퍼져 있다 함은 우리의 모든 일상이 도와 함께 생활하며 도를 품고 살아간다는 말이다.

左右(좌우)에만이 아니라 도는 사방팔방에 널려있으며 上下(상하) 위아래 구분 없이 도와 同時(동시)에 함께 살고 있다.

몸에 걸친 옷처럼 자연스럽고 때론 작아 몸에 끼는 것과도 같고, 때론 넉넉하게 커 보여도 도는 사람에게 전혀 불편하지 않은 옷과도 같다.

도는 일상의 음식과도 같은 것이라 먹고 마시는 데 불편함이 없으며, 짜고 매워도, 싱거워도, 쓰고 달아도 일상에 먹고 마시는 물과 같아 목 넘김에 전혀 불편함이 없다.

봄과 여름은 神德(신덕)의 때라 사람의 수고가 필요한 때라 밭을 갈아 씨를 뿌리고 가꾸는 시기이며, 가을과 겨울은 天德(천덕)의 시기라 하늘의 덕으로 결실을 맺어 사람들이 거두어 취하는 시기이다.

천덕의 시기에 가뭄이 들거나, 강풍이 불거나, 날씨에 이상이 있으면 곡식은 제대로 열매를 맺을 수가 없게 되고, 잘 된 농사라도 태풍이 일어나 쓸어 가면 기대한 만큼의 수확을 얻을 수가 없게 된다.

사람이 살아감에 스스로의 신명이 밝은 것을 알아 하늘에 부끄럽지 않은 말과 행동을 지니고 살아야 할 것이다.

물을 道體(도체)라 하면 물이 언 것도 도라 할 것인데, 雪山(설산)에 쌓여있는 만년설의 눈이나 얼음덩어리도 도라 할 것이며, 늦가을 들판에 살짝 내렸다가 금세 없어지는 서리도 분명 도라 할 것이다.

그러면 천만년의 세월을 죽이며 생성된 만년설이나 늦가을에 살짝 얼었다 녹는 서리에게 같은 대접을 한다는 것은 뭔가 이상하다 느낄 것이나, 만년설이나 서리는 둘 다 같은 도의 체이다.

그러나 옛글에는 君子(군자)가 得道(득도)하면 固躬延壽(고궁연수)하나, 소인이 도를 득하면 反爲輕命(반위경명)이라 하셨다.

그래서 苟非其人(구비기인)이면 道不許行(도불허행)하라. 즉, 진실로 도를 바라는 이가 아니면 도를 일러주지 말라 하셨다.

도를 득함에 대, 소를 가른다는 것은 별로 의미가 없을 수도 있겠으나 때론 담길 그릇이 아닌 그릇에 음식이 담기는 것처럼 道器(도기)에 담을 수 없는 물건이나 음식이 담길 때가 있을 것이다.

그래서 군자가 득도하면 단단한 몸으로 壽(수)를 더 이어가고, 소인이 득도하면 목숨을 가볍게 거두어 간다 하였다.

세상의 7할이 물로 이루어져 있는데 대륙보다도 광대한 양과 힘을 지니고 있기에 그것을 다스리는 용궁의 세계가 있을 법도 하다.

강과 바다를 이용함에 뱃길을 열거나 고기잡이를 하는데 고기 잡는 어부들은 龍王(용왕)님이 주시는 만큼 많고 적음에 감사하며 살고 있다.

그리고 산속 절들의 용마루 끝에는 청용과 황용의 머리가 걸려 있는 것을 보게 되는데 '아니, 바다나 강이 아닌 산속 수행자들의 도량에 왜 용머리를 올려놨을까?' 하는 의구심을 가져봄직도 하다.

龍(용)은 본 사람이 없어 상상 속의 동물인데 막상 우리네들의 주위에는 많은 곳의 지명이 용과 관련되어 있는 것을 쉽게 알 수가 있는데, 그러한 지명들은 과연 어떤 연유에서 지어졌을까?

결론부터 말하자면 사람이 사는 곳 어디에나 용이 살고 있으며 사람이 용이다. 사람이 용이라 하여 아무나 용이 되는 것은 아니며 천하에 이름을 드높이거나 힘쓰는 곳에 용이 존재한다.

그래서 나라의 왕을 용이라 칭하고, 왕의 자리를 龍床(용상)이라 하며, 왕의 옷을 龍袍(용포)라 하였으며, 왕자를 龍種(용종)이라 하지 않았던가.

용에도 음용과 양용이 있어 백주 대낮의 용과, 밤의 용이 따로따로 제힘을 쓰고 있으며 보이지 않는 곳에서 제각각의 힘을 쓰고 있다.

항상 물과 함께 살아가기에 사람이 살아가는 세상이 용궁이며 龍(용)의 실체는 사람이다. 하나 힘쓰는 곳에 용이 있다 하여 용 못된 이무기들도 판치는 세상이 되어 용과 미꾸라지(이무기)가 함께 어울리는 세상이 되었으니 누가 진짜 용궁의 주인인지 제대로 알아야 할 것이다. 사람이 용이라 하면 道(도)와는 무슨 관계가 있을까? 용이 도를 품고 있나?

執大象天下往(집대상천하왕)	도를 잡으면 천하를 움직인다.
往而不害(왕이불해)	서로 왕래해도 해롭지 않고,
安平太(안평태)	안락하고 평화롭고 태평스럽다.
樂與餌(락여이)	듣기 좋은 소리나 맛있는 음식은
過客止(과객지)	지나는 사람의 발길을 멈추게 하지만
道之出口(도지출구)	도를 입으로 말하여 주어도
淡乎其無味(담호기무미)	도무지 담담하여 아무 맛이 없다.
視之不足見(시지불족견)	도는 보려 해도 볼 수가 없고
聽之不足聞(청지불족문)	들어도 들리지 않는 것이며
用之不足旣(용지불족기)	(일상) 써도 다함이 없다.

35장 흐르되 흐르지 않고 머물되 머물지 않는 마음을 보라.

도를 말로써 설명할 수가 없으며 설사 말로 설명한다 하여도 말을 듣고서도 알 수가 없는 것이며, 어떻게 답해야 하는지 말로써 도를 알아차린다는 것은 雪山(설산)에서 꽃을 찾는 것보다도 더 어렵다 할 것이다.

왜냐하면 그것은 대부분의 사람들은 스스로가 온 쪽인 줄 알고 살아가기 때문이며, 스스로 반쪽이라는 것을 생각조차 안 하고 살기 때문이다.

사람의 일상이 반쪽이라 함은 보고 듣고 말하고 접촉하며 한 생각이 일어나는데 끊임 없이 일어나고 멸하는 생각에는 대상이 있으며, 아무 생각을 안 하려고 해도 생각과 대상은 멈출 수가 없는 것이다.

나와 대상이 항상 함께 있으므로 자유롭게 생각하고 활동할 수가 있는 것인데 나와 대상이 서로가 반반이기에 반쪽이라는 것이다.

도를 알아감이란 두 손이 마주쳐 부딪혀야 소리가 나는 것을 아는 것이며, 깨어있어도, 잠을 잘 때도, 꿈속에서도 부딪치는 생멸을 알아가는 것이기에 寤寐一如(오매일여)라 하였다.

깨어있으나 잠을 잘 때에도 항상 대상과 함께하고 있다.

사람 중에는 태어나면서부터 머리가 좋아 하나를 가르치면 열을 알고, 배우고 익히지 않은 것조차도 남들보다 쉽게 풀어내는 영특한 머리를 지닌 이들이 있는데, 이를 天才(천재)라고도 하고 태어날 때부터 뛰어났다고 하여 生知(생지)라 한다.

태어나면서 머리가 뛰어나지는 않지만 배움을 즐기고, 배움에 열중하여 많은 학문을 쌓아 주위에서 똑똑하다는 이들이 있으니 이들을 일러 學知(학지)라 한다.

우수한 머리를 지녔으나 가르치려 해도 자신이 좋아하지 않은 것은 거들떠보지도 않고, 하려 들지도 않고, 어떤 일에 대하여 처리함에도 자신이 배우고 익힌 것만을 고집하고 타협이 없어 외통수라는 말을 듣는 답답한 인재가 있으니 이들을 일러 苦知(고지)라 한다.

많은 이들은 고생을 사서 하는 苦知(고지)는 원치 않을 것이고 똑똑한 學知(학지)나 머리가 천재인 生知(생지)를 원할 것이다.

천부적인 머리를 지니고 태어나 학문을 배우고 익혀 자신이 배운 것들을 자신에게도 유익하고 사회적 공분을 위해서 묵묵히 일하는 훌륭한 이들도 세상엔 많이 있다.

그러나 우수한 두뇌로 욕심내어 못된 짓을 하다가 스스로의 덫(욕심)에 걸려 자신을 망가뜨리고 주위에 불이익을 주어 손가락질을 받는 이들을 많이 보게 되는 세상이 되었다.

생지나 학지나 자신들이 잘났다는 선입견을 지니고 살면서 은근히 남들을 무시하며 잘난 머리를 믿고 의지하며, 분별력이 떨어져서 잘못된 일에 엮이게 된다는 말이다.

머리는 우수하나 회전이 늦어 굼뜨고, 둔한 고지는 주위를 돌보지 않고 상식 밖의 일은 하지 않으며, 자신의 의지를 꺾지 않아 남에게 상처를 주거나 피해 주는 일을 하지 않는다.

그래서 생지나 학지보다는 고지가 도에 더 가깝고 도를 얻고 품는 것이 용이하다 하겠다.

세상은 맛과 멋의 변화에 익숙해져 있으며 사람들 모두는 제멋에 산다.

누구나 제멋에 산다 함에는 익숙해져 있으나 제맛에 산다 함에는 의아해할 것인데, 실상 사람들은 제맛. 자신의 취향대로 음식물을 취하는 것을 알 수가 있다. 그러니 제맛을 취하며 살아가는 것이라 말하는 것이다.

음식물에는 陸海空(육해공)의 食(식)이 있는데 각자가 호불호를 달리하기에 육식을 좋아하는 경우나, 海食(해식)의 물고기를 좋아하거나, 空食(공식)에 속하는 음식을 좋아하는 등 모든 사람의 嗜好(기호)가 다르다.

맛을 찾아 즐기는 적당한 식사는 건강에 큰 문제가 되지 않겠지만 맛에 취해서 좋아하는 음식만을 즐긴다면, 그것은 건강을 해치는 일이 된다.

사람이 취하는 음식에 따라서 행동이나 성격이 달라지고 성장과 행동이 달라지고 변하는 것을 볼 수가 있는 것은 음식물에 취함이 스스로의 생각과 행동이 달라진다는 것을 유념해야 할 것이다.

사람의 氣血(기혈) 순환은 음식물의 섭취와 닿아있어 기혈이 제대로 돌고 신명이 맑고 밝으면 정신은 상쾌할 것인데 섭취하는 음식물이 자신이 좋아하고 맛이 있다는 이유로 한쪽으로만 쏠리면 몸은 건강을 잃게 되는 경우를 왕왕 접하는 세상이 되었다.

고혈압에 의한 중풍이나 뇌혈관 질환의 원인은 腎臟(신장) 水氣(수기)가 부족하여 心臟(심장)에 火氣(화기)와 서로 연락이 불충분하여 水火相濟(수화상제)가 이루어지지 않아 기혈이 혼탁하여 척추 삼관대독맥신경이 閉塞(폐색, 막히고 닫혀)되고 두뇌에 동맥 혈관이 파열되어 오는 병으로 卒倒(졸도)하거나, 半身(반신)이나 全身(전신)이 不遂(불수)에 이른다.

불수되면 정신이 혼미하여 매사에 관심이 없어진다.

不遂ㅇ癏者(불수난환자)는 수련대법(山澤通氣法, 산택통기법)에 의하여 日久修練(일구수련)하면 太陽精氣(태양정기) 粒子(입자)를 탐복하게 되므로 병이 스스로 물러나게 된다.

| 將欲歙之(장욕흡지) | 장차 그것을 쥐려 하면 |
| 必固張之(필고장지) | 먼저 늘려줘야 한다. |

| 將欲弱之(장욕약지) | 장차 그것을 약하게 하려면 |
| 必固强之(필고강지) | 먼저 강하게 해줘야 한다. |

| 將欲廢之(장욕폐지) | 장차 그것을 망하게 하려면 |
| 必固興之(필고흥지) | 먼저 흥하게 해주어야 한다. |

將欲奪之(장욕탈지)	장차 그것을 뺏고자 하면
必固與之(필고여지)	반드시 먼저 주어야 한다.
是謂微明(시위미명)	이것을 일러 숨겨진 밝음이라고 한다.

柔弱勝剛强(유약승강강)	부드럽고 약한 것이 단단하고 강한 것을 이긴다.
魚不可脫於淵(어불가탈어연)	물고기가 연못을 벗어나면 살 수가 없고
國之利器(국지리기)	나라의 이득이나 체계도
不可以示人(불가이시인)	사람들에게 보여서는 아니 된다.

36장 길을 얻으려면 대상을 귀하게 대하라.

세상 인정은 누구라도 나에게 잘해주는 이에게는 온정을 베풀고 돈독한 사이를 이어나가는데, 나를 잘 대해주지도 않고 무시하는 이와는 원만한 관계를 이어갈 수가 없으며, 미움의 대상이 된다.

窮卽變(궁즉변) 變卽通(변즉통) 通卽久(통즉구), 즉 궁하면 변해야 하고, 변하면 통할 수가 있으며, 통하면 오랜 (관계)를 지속할 수가 있다.

어느 시골에 선비가 있었다.

한낱 시골 촌구석에 박혀 살던 선비가 뜻한 바 있어 한양의 정승 대감을 뵙고 그에게 청을 하러 갔으나, 대감 집 문을 지키는 청지기는 허름한 선비의 차림새를 보고 말도 붙일 새 없이 그를 내몰았다.

선비는 다음날도 찾아가서 대감을 뵙고자 청하였으나, 문을 지키는 청지기가 "당신 같은 사람이 한둘이 아니니 물러가시오." 하며 또 내쳤다.

선비는 내가 큰일을 대감에게 고하고 자신의 뜻을 펼치려 하였으나 대감 집의 문지기조차도 이겨낼 수 없는 자신을 한탄하다가 선비는 묘책을 강구하기에 이른다.

선비는 다음날부터 새벽에 일찍 일어나 빗자루를 들고 대감 집 앞을 쓸기 시작했다. 처음 며칠은 문지기가 드나들면서도 별 반응을 보이지 않다가 여러 날이 지나감에 어느 날은 문지기가 말을 걸어왔다.

"아니, 사대부 양반님이 어인 일로 이리도 매일매일 남의 집 문 앞을 쓸고 계십니까?"

이에 선비는 "나는 처음 만나서 얘기했듯이 대감님을 뵙고자 하는 일념에서 이렇게 하고 있소," 하고 답하였다.

이에 문지기는 "내 대감 집에서 잔뼈가 굵은 사람인데 당신같이 지독하고 질긴 사람은 처음 봤소, 내가 짬을 내서 대감님께 고할 테니 잠시 기다려 보시오," 하며 안으로 들어갔다.

청지기는 그동안 있었던 일의 자초지종을 대감에게 고하니 한참 생각하던 대감이 "들여보내라." 하였다.

대감 앞에 선비가 인도되자 대감이 묻는다.

"무슨 일로 나를 보자 하였소?"

선비가 "보시는 바와 같습니다."라고 말을 하니 대감이 의아해하였다.

이를 본 선비가 말을 잇는다.

"저는 무슨 일을 하면 끝을 보는 것을 원칙으로 삼고 일을 하고 있습니다."

대감은 조금 전에 문지기로부터 전해 들은 얘기를 상기하며 '제법 쓸 만한 인재로구나.' 하는 생각이 들어 "오늘부터 나를 도와주시오," 하며 함께 하였는데, 훗날 선비는 정승판서에 오르게 되었다고 전한다.

   어느 대상과 통하여 무언가를 얻고자 한다면 작은 것부터 변해야 하며 대상에 대하여 호불호를 알아 이익을 안겨주는 것에서부터 시작해야 한다.

   변하면 통한다는 것은 자신을 내려놓은 마음의 변화와 행동이 뒤따라야 성공에 이를 수가 있으며, 이를 숨겨진 밝음이라 한다.

道常無爲(도상무위)	도는 아무 일도 하지 않지만
而無不爲(이무불위)	하지 못하는 일이 없다.
侯王若能守之(후왕약능수지)	군주가 능히 이를 지킨다면
萬物將自化(만물장자화)	만물이 스스로 교화될 것이다.
化而欲作(화이욕작)	그 교화를 억지로 하려 한다면
吾將鎭之以無名之樸(오장진지이무명지박)	나는 이름 없는 질박한 도로 다스릴 것이다.
無名之樸(무명지박)	이름 지울 수 없는 도는
夫亦將無欲(부역장무욕)	장차 욕심을 없앨 것이며
不欲以靜(불욕이정)	욕심을 내지 않으면 고요하게 되고
天下將自定(천하장자정)	천하는 저절로 제 자리를 잡게 될 것이다.

37장 天理(천리)를 따르면 스스로 제자리를 잡아 편하다.

세상에서 사용하는 말 중에 '적당히'라는 단어가 있어 적당한 곳에 적당히 사용하고 있지만, 도의 자리에는 適當(적당)이란 단어는 필요치 않으며 용납해서도 안 될 것이다.

스스로 철저함을 지니고 百尺竿頭(백척간두)에 올라야 하며, 그곳에서 進一步(진일보)해야 하는데 남들처럼 적당히 하려거나 또는 하는 척하며 적당히 모양만 내는 수련으로는 한 발을 내디딜 수가 없을 것이다.

백척간두에 오르려는 마음을 내는 것도 쉽지 않겠지만, 마음을 냈다고 해서 누구나 백척간두에 오를 수도 없을 것이다.

스스로 수행을 하여 백척간두에 올랐다고 해도 道(도)가 이루어진 것이 아니며, 그곳에서

進一步(진일보)하여야 하는데 어찌 '적당히'라는 생각을 백척간두에서 품을 수가 있겠는가!

진일보라 함은 마땅히 生死心(생사심)을 내어 生死(생사)를 초월한 경지를 말하며, 그것은 지혜와 자비를 품은 절대의 용기만으로 一步(일보)이며, 나를 버리는 마음을 내어 無我(무아)에 일보를 품어야 한 발짝 내디딜 수가 있는 것이다.

하늘과 땅과 사람은 하나이며, 그 하나는 도이다. 즉, 하나인 도를 얻어 하늘이 방정하고, 땅도 하나인 도를 얻어 방정하며, 사람도 하나인 도를 얻어 방정한 것이다.

天地人(천지인)을 三才(삼재)라 하는데, 삼재는 하나이다.

세상 물정을 모르고 날뛰는 처사나, 어린아이들이 철없는 짓거리를 할 때에 天方地軸(천방지축)이라는 말(하늘과 땅의 구분도 모르고 제 분수를 몰라 철없이 날뛰는 행위)을 하는데 실제에 글이 품고 있는 본뜻을 삼재에 대입하여 살펴보면.

天方地軸(천방지축), 하늘이 방정한 것은 땅이 중심, 즉 땅이 온전하기 때문에 하늘이 온전하다는 말이며

地方人軸(지방인축), 땅이 방정한 것은 사람들이 땅을 온전히 가꾸고 관리하기 때문에 땅이 방정할 수가 있으며

人方天軸(인방천축), 사람이 방정한 것은 하늘의 天道(천도)를 품고 살아가기 때문이며, 하늘이 방정하기 때문에 사람은 하늘의 순리를 따르면 온전하다는 말이다.

天方地軸(천방지축)이란, 하늘은 땅을 중심으로 온전해진다는 말이며. 땅의 중심은 사람이기에 천지의 중심은 사람이라는 뜻을 담고 있으며, 사람은 천명에 순응해야 한다는 뜻을 담은 말이다.

천지 만물의 조화는 사람만이 天方地軸(천방지축)하고 신통방통하여 세상의 변화와 조화를 이루어 가며, 따로 신이 존재하여 세상을 이끌어가는 것이 아님을 알아야 할 것이며, 사람이라는 신이 천지의 모든 신을 이끌고 이어나가는 것을 알아야 한다.

地方人軸(지방인축)이란, 즉 땅이 방정한 것은 사람들의 손길로 다듬어지고 사람들에게 보금자리를 내어주므로, 땅은 스스로의 생명력을 이어가고 있다는 뜻을 담고 있다.

人方天軸(인방천축), 즉 사람이 방정한 것은 하늘에 중심을 두고 살기 때문이라 했는데 하늘의 무엇을 중심으로 품고 살아가야 하는가?

하늘을 닮은 무엇을 어떻게 품고 살아야 사람다운 삶이라 할 것인가?

누구나 가져 봄 직한 의심일 것입니다.

天地玄黃(천지현황), 하늘은 (끝을 알 수 없어) 거물거물하고 대지는 익은 듯 누렇구나.

宇宙洪荒(우주홍황), 우주는 (끝없이) 넓고 넓어 황량하고 거칠구나.

도의 바닥은 空桶(공통)인데 하늘도 공통이고, 하늘이 품고 있는 우주도 공통이며, 빈 항아리이다.

사람이 하늘에 순응함이란 하늘의 빈 항아리를 품고 살아가고 있다는 것을 알아차리는 것이며, 사람의 마음이 공통이라는 것을 알아차림에 있다.

안다는 망상이나 있다는 망상에 빠져 적당함을 찾는 것은 자신을 속이는 짓(거짓말과 거짓행동)이고, 결국에는 자신에게 속아 끌려가는 것이며, 점차로는 모두를 속이는 행위이며, 종내에는 자신이 얻어지는 것이 없으니 스스로에게도 부끄러운 일이며, 대도를 구하려는 마음은 신기루같이 멀어지고 사라질 것이다.

모르면서 '아는 척!'하며 위세를 떠는 것은 자신을 속이는 행위이며' 나아가 상대를 망가트리는 것이라 적당히 '척!'하는 자리에는 부처나 大道(대도)를 친견할 수가 없다.

사람이 佛性(불성)을 지닌 부처라 함은 사람만이 온 우주의 절대적인 神(신)이며, 최고로 靈明(영명)하고, 신령스럽고, 최고로 귀한 신인 것을 자각하고 도를 품어야 할 것이다.

깨치면 부처이고 깨치지 못하면 범부중생이다.

도덕경

하편

上德不德(상덕부덕)	지극한 덕에 이른 이는 덕을 생각지 않는다.
是以有德(시이유덕)	그래서 덕이 있다.
下德不失德(하덕불실덕)	덕이 낮은 이는 덕을 잃지 않으려 아등바등
是以無德(시이무덕)	한다. 그러기에 덕이 없다.
上德無爲而無以爲(상덕무위이무이위)	어짊이 지극한 이는 아무것이나 하지 않음으로 함이 없고
下德爲之而有以爲(하덕위지이유이위)	낮은 덕을 지닌 이는 하려고 하기 때문에 하는 것이 있다.
上仁爲之而有以爲(상인위지이유이위)	지극한 어짊에 정치는 하려고 해도 하는 일이 없고
上義爲之而有以爲(상의위지이유이위)	올바름의 정치는 하려고 하기에 하는 일이 있다.
上禮爲之而莫之應(상례위지이막지응)	높은 예절에 정치를 하려 하나, 백성들이 응하지 않아
則攘臂而扔之(즉양비이잉지)	팔을 걷어붙이고 끌어당겨 백성을 부담스럽게 한다.
故失道而後德(고실도이후덕)	그런 까닭에 도를 잃으면 덕을 내세우고
失德而後仁(실덕이후인)	덕을 잃으면 어짊을 내세우게 되고
失仁而後義(실인이후의)	어짊을 잃으면 의로움을 내세우고
失義而後禮(실의이후례)	의로움을 잃으면 예절을 내세운다.
夫禮者(부례자)	대체로 예절을 찾는 것은
忠信之薄(충신지박)	믿음과 섬김이 박약한 탓이며
而亂之首(이란지수)	어지러운 혼란의 시작이다.
前識者(전식자)	먼저 알았다고

道之華(도지화)	도를 장황이 늘어놓는 것은
而愚之始(이우지시)	어리석음의 시작이다.
是以大丈夫處其厚(시이대장부처기후)	그러므로 대장부는 후덕한 것을
不居其薄(불거기박)	취하고 얄팍한 것을 버린다.
處其實(처기실)	열매에 머무르거나
不居其華(불거기화)	화려함에도 머물지 않는다. 그러므로
故去彼取此(고거피취차)	대장부는 화려함을 버리고 질박함을 취한다.

38장 편히 살고자 하면 덕을 품고 행하라.

사람은 태어나면서 도와 덕을 품고 태어난다.

사람을 지칭하는 것에는 사람과 人間(인간)이라는 말을 함께 사용하고 있는데, 인간은 서로 상대하는 대상과의 관계를 이르는 말이다.

사람이 태어나면서부터 선한 성품을 지니고 태어났느냐?

아니면 악한 성품을 품고 태어났느냐에 따라서 性善說(성선설)을 주장하는 이들도 있고, 性惡說(성악설)을 주장하는 이들이 있다. 고래로 어느 학설이 우선하다 할 수는 없지만, 사람이 태어나는 것은 하늘을 품고 태어나기에 하늘을 닮은 행동을 하며 살아가는 것이 마땅한 것이라 하여 성선설에 힘을 실어주는 이들이 많은 실정이다.

많은 이들이 성선설을 품고 태어난 것이 옳은 이치라 여기며 주장한다고 해도 옳은 이치가 아닌 것이며, 학설만으로 성악설을 주장하는 이들이 많지 않다 하여 그 주장이 틀린 것도 아니다.

그러면 누구의 주장이 옳은 것일까?

1장에서 此兩者同出而異名(차양자동출이이명), 즉 양자(무유)는 동시에 나왔으나 단지 이름만 달리한다는 말을 상기할 필요가 있다.

性惡(성악)과 性善(성선)도 동시에 생하였으나 (단지 부르는) 이름만 달리하고 있다는 것을 알아차리면 선도 악도 함께 온 것을 알 수 있겠다.

사람이 사람답게 살아가려는 것은 자연을 품고 도와 덕을 지키며 살아가려는 것이며, 사람이 인간답게 살아가려 함은 너와 나의 관계를 원만히 이끌어나가려는 행동에 방점이 있다.

사람답지 못한 사람이라는 말을 할 때에는 자연의 도와 덕을 무시한 처사를 행했을 때나 스스로의 양심을 속이며 타인에게 피해를 안겼을 때에 하는 말이며, 모든 사회의 규범은 사람이 사람답게 살아가기 위하여 정한 최소한의 약속이며, 이것은 법으로 대변한다.

지켜야 할 법이 많아질수록 세상은 혼탁해지고 사람들은 인간적인 사람이 많아지며, 세상은 권모술수의 장으로 변하게 되며, 인간적인 관계를 우선하는 사람이 많아질수록 겉으로는 仁義禮智(인의예지)를 내세우지만, 혼란이 가중될 것이며, 순박하고 질박한 사람들이 지닌 도덕은 먼 옛날의 얘깃거리로 전락되어 도를 찾는 이도 그것을 알아주는 이도 없는 혼돈의 세상으로 변하게 될 것이다.

眞理(진리)는 변하지 않는 원칙을 말하는데 천지자연의 순환과 때의 변화는 만고의 시간이 흐르고 흘러도 그렇게 변함없이 이어오고 있으며, 천지자연을 품은 도는 그렇게 그것으로 천지의 자연을 품고 살아가는 사람들에게 이어져 내려오고 있는 원칙이라는 것을 알아야 할 것이다.

一常心是道(일상심시도)라 하였다.

일상에서 일어나고 지는 마음이 도를 품고 있다는 말이며, 도를 품은 일체의 마음이 행하는 것을 덕이라 한다.

모양과 형상이 없는 도덕을 버리면 모양을 앞세우는 인의예지를 우선시하는 세상을 맞이하게 될 것이며, 혼란과 혼탁의 세상이 도래하게 된다.

그래서 무위의 도가 질박하고 투박하고 어눌해 보여도 자연의 순수함을 품고 있기에 귀한 것이라는 말이다.

昔之得一者(석지득일자)	태초에 하나인 도를 얻은 자가 있다.
天得一以淸(천득일이청)	하늘은 하나를 얻음으로 맑아지고
地得一以寧(지득일이녕)	땅은 하나를 얻음으로 편안해지고
神得一以靈(신득일이령)	신은 하나를 얻음으로 신령스러워지고
谷得一以盈(곡득일이영)	골짜기는 하나를 얻음으로 가득 채워지고
萬物得一以生(만물득일이생)	천하 만물은 하나를 얻음으로 생겨나고
侯王得一以爲天下貞(후왕득일이위천하정)	왕과 제후는 하나를 얻음으로 천하를 세운다.
其致之(기치지)	이것은 하나인 도를 얻음이다.
天無以淸(천무이청)	하늘을 맑게 해주는 도가 없으면
將恐裂(장공렬)	장차 갈라질까 두렵고
地無以寧(지무이녕)	땅을 편안하게 해주는 도가 없으면
將恐發(장공발)	장차 폭발할까 두렵고
神無以靈(신무이령)	신을 영험하게 해주는 도가 없으면
將恐歇(장공헐)	장차 영험함이 고갈될까 두렵고
谷無以盈(곡무이영)	골짜기를 채워주는 도가 없으면
將恐竭(장공갈)	장차 마를까 두렵다.
萬物無以生(만물무이생)	만물을 나고 자라게 하는 도가 없으면
將恐滅(장공멸)	장차 사라질까 두렵고
侯王無以貴高(후왕무이귀고)	군주에게 바른 도가 없어 높은 것만 쫓으면
將恐蹶(장공궐)	장차 넘어질까 두려운 것이다.
故貴以賤爲本(고귀이천위본)	그러므로 귀한 것은 천한 것을 근본으로 삼고

高以下爲基(고이하위기)	높은 것은 낮은 것을 그 바탕으로 삼는 것이다.
是以後王自謂孤(시이후왕자위고) 寡不穀(과불곡)	이런 까닭으로 군주가 스스로 자신을 고아 같은 사람, 짝 잃은 사람, 보잘것없는 사람이라 부르는 것도
此非以賤爲本邪非乎(차비이천위본사비호)	바로 천한 것을 근본으로 삼는 것이 아니겠는가!
故致數輿無輿(고치수여무여)	까닭에 수레를 분해해서 수로 센다면 수레가 없는 것같이
不欲琭琭如玉(불욕록록여옥) 珞珞如石(락락여석)	성인은 사물을 옥과 같이 귀하게만 보지도 않고 돌처럼 천하게 보지도 않는다.

39장 무심과 무아를 품는 것이 하나이다.

하나를 얻음으로 하늘은 맑아지고,

하나를 얻음으로 땅은 평안해지며,

하나를 얻음으로 신은 신령스러워진다.

하나를 얻어 천지 만물이 제자리를 찾고 제 할 일을 하는 것을 안다면 하나인 도를 얻으면 천지의 이치를 알아차리는 것이라 귀하고도 귀한 것이라 누구라도 하나인 道(도)를 얻고자 할 것이다.

그러나 천하대도를 득한 이가 어디 있을까?

천지의 도는 有名(유명) 無名(무명)이 생하기도 전에 생겨났으며 무극의 혼돈이 생기기도 전에 생하였으며, 천지 만물이 생하기도 전에 생겨났으며, 부모 未生前(미생전)에 생겨났기에 태극의 근이 되고 음양의 본이 되며, 태극을 품고 태허하며, 태공에서 始(시)하였다.

음양이 생겨남을 性(성)이라 하고 음양이 화하여 합을 이루면 靈(영)이라 한다.

理(이)는 始生(시생)을 말하고, 氣(기)는 변화의 始生(시생)을 말한다.

그래서 理氣(이기)는 妙(묘)의 시작이며, 즉 무유의 시생이다.

허긴, 도란 들어도, 보아도, 만나도 알 수가 없는 것이라 하였으며, 심지어 지니고 있으면서도 모른다고 하였는데, 도를 알려고 하면 할수록 궁금증만 더해지는 것은 예나 지금이나 같은 처지라 할 것이다.

하늘의 도가 없어지면 갈라질까 두렵고,
땅도 하나인 도가 없어지면 장차 폭발할까 두렵고,
신도 도가 없어지면 신령스럽고 영험함이 사라질까 두려울 것이다.
그런데 도가 없어지면 갈라지고 폭발하고 영험함이 사라질 것이라는 근심이나 걱정을 누가 하라고 했나!
하늘이 갈라지면 하늘이 품고 있는 태산같이 많은 물 폭탄이 대지를 휩쓸까 두려워하는 것이고, 땅이 하나를 잃으면 지진이나 화산폭발과 같은 대재앙이 덮쳐 땅을 황폐화시키는 것이 두렵고, 神(신)은 신령스러움이 떠나고 지혜를 잃어 무지렁이가 되는 것을 두려워하기 때문에 그러한 생각을 지니게 되는 것이다.

천하를 품었다 함은 천지자연을 품었다는 말이며, 천지의 자연이 언제 자신이 하던 일을 바꿔서 봄이 여름을 만들어 내고, 여름이 익으면 결실의 가을이 찾아오며, 가을에 거두어들임이 끝이 나면 다음 해를 위하여 추운 겨울이 찾아오는 순서를 수백 수천 수만 년의 역사 속에서 단 한 번의 어김이나 바뀜이 없는 자연의 진리(사실)를 안다는 것이다.

杞憂(기우)라는 말이 있다. 장마철에 폭우가 너무도 많이 쏟아지는 것을 보고 '하늘에 구멍이 나서 하늘이 무너지는 것이 아닌가?' 하는 근심과 걱정에서 생겨난 말인데, 과연 그런 일이 일어났던가?

천지자연이 때때에 일을 하며 오늘에 이른 역사를 보면 사람들이 걱정하는 것처럼 자신의 하던 일을 변형시켜 봄에서 가을로 가거나, 겨울에서 여름으로 건너뛰거나, 가을에서 봄으로 옮겨 일을 하지 않았음을 익히 알고 있을 것이다.

하나인 도를 품은 천지 만물이 행하는 일에 두려움이나 근심 걱정을 할 필요는 없을 것인데 그것으로 도가 살아있음을 알 수가 있다.

40장

反者道之動(반자도지동)	근본으로 되돌아간다는 것(反)은 도의 움직임이고
弱者道之用(약자도지용)	약한 자도 도를 사용하고 있다.
天下萬物生於有(천하만물생어유)	천하 만물은 유에서 생겨나고
有生於無(유생어무)	유는 무에서 생겨난다.

40장 다람쥐가 쳇바퀴 돌 듯 오르고 내림도 같다.

근본으로 돌아간다 함은 본래의 자리로 돌아간다는 말이며, 극에 달하면 極則反(극즉반)의 원칙으로 음양이 바뀌며 변한다는 말이다.

火氣(화기)는 위로 올라가서 극에 달하면 水氣(수기)로 변하여 물이 되어 아래로 내려올 것이며, 水氣(수기)는 아래로, 아래로 흘러내려 가나 대양에 이르면 태양의 더운 기운인 양기에 의해서 화기를 얻어 증기가 되어 위로 올라가게 되는데 이것을 수승이라 한다.

水昇·火降(수승화강)은 자연의 법칙이며 극즉반의 원칙을 따른다.

사람의 건강은 腎臟(신장)과 心臟(심장) 사이에 一妙衍(일묘연)한 근막이 있어서 수화상제를 이루어 몸에 건강을 지켜내고 있다.

신장은 좌우에 두 개로 이루어져 있는데 左腎(좌신)은 水(수)에 속하고, 右腎(우신)은 火(화)에 속한다. 수에 속하는 좌신이 심장과 근막으로 연결되어 있어서 심장의 화기를 신장으로 내리거나 신장의 수기를 심장으로 퍼 올려 수화상제를 이루어 몸의 건강을 지키고 있다.

사람의 건강을 망치는 요인은 탐욕과 분노와 어리석음(三毒心)에 있다.

三毒心(삼독심)으로 오장육부의 기관의 열을 꽉 채워서 살아가고들 있으니 될 일도 안 될 것이고 그것으로 병을 얻게 되어 스스로 죽을 짓만을 하며 살아가고 있다는 말이다.

사람이 일을 하다가도 힘들면 적당히 쉬었다가 일해야 하며, 기계도 그렇고, 자동차도 가다가 열이 나면 기계를 식혀서 가야 한다. 몸에 달라붙어 있는 각각의 장기들을 혹사시켜 욕심에 열이 차는 것을 그대로 방치하면 그 결과는 말할 필요조차도 없을 것이다.

물질과 사람을 초월하여 근심·걱정을 떨치고 살아가야 하기에 오장이 맡은 기능과 정신과의 관계를 살펴보면.

肝臟(간장)은 힘줄과 근육을 맡고 있다. 간장이 약해지면 성질낼 일도 아닌데 신경질을 부린다. 분노하고 골을 내며 말을 함부로 하여 남들과 원수 맺기를 좋아한다. 입맛은 시다. 얼굴에 시퍼런 기운이 감돈다.

下心(하심)하여 분노와 신경질을 다스려야 한다.

心臟(심장)은 피(血, 혈)를 맡고 있다. 심장이 약해지면 피가 잘 돌지 않는다. 심장이 튼튼하면 즐거움과 환희심이 차게 되며, 그렇지 못하면 우울하고 悲哀(비애)에 잠긴다. 맛은 쓴맛이며 입맛이 쓰게 되면 심장이 나빠지는 것을 알아 근심·걱정을 버리고 낙천적으로 살아가야 한다.

脾臟(비장)은 몸의 살을 맡고 있으며 소화기관도 포함된다.

비장이 약해지면 소화가 잘 안 되고 탐욕심이 일고 空想(공상)이 많아진다. 욕심과 공상 속에 살면 비장이 점점 나빠지며 살결이 곱지 못하고 얼굴이 누렇게 된다. 입맛은 달다. 욕심과 망상을 버리면 좋아진다.

肺腸(폐장)은 피부를 맡고 있다. 폐장이 나빠지면 수심이 많아지고, 신중하지 못하고, 피부가 거칠어지며, 얼굴에 핏기가 없어져 하얗게 된다.

입맛은 맵다. 근심·걱정에 빠지지 말고 신중하게 살아가면 된다.

腎臟(신장)은 뼈를 맡고 있다. 신장이 나빠지면 뼈가 약해지고, 생각이 허약해지고, 비겁해진다. 신장이 튼튼하면 용기가 샘솟고 용감해진다.

신장이 약해지면 사람이 비겁해지고 비열한 짓을 한다는 것이다.

맛은 짠맛이며 입맛이 짜지면 마음을 내려놓고 고상하게 먹으면 된다.

사람건강의 근본은 心(심)이다. 일체 만법은 唯心造(유심조)라 하였으니 만사가 마음의 조화에서 생한다. 마음이라 하지만 또한 마음도 아니고 물건도 아니고 부처도 아닌 것인데 부득이 이름을 마음이라 하였으며 바탕도 없는 텅 빈 것에 사람들은 생명과 건강이 인질처럼 잡혀 살아가는 실정을 인지해야 할 것이다.

上士聞道(상사문도)	上品(상품)에 뛰어난 선비에게 도를 일러주면
勤而行之(근이행지)	삼가며 이를 부지런히 행하려 하고
中士聞道(중사문도)	평범한 선비가 도에 대해 들으면
若存若亡(약존약망)	긴가민가하며 망설이고
下士聞道(하사문도)	하등의 선비가 도에 대해 들으면
大笑之(대소지)	크게 비웃는다. 비웃지 않고 족하지 않은
不笑不足以爲道(불소불족이위도)	것을 도라 할 것인데
故建言有之(고건언유지)	이를 굳이 예전의 말로 설명하면 다음과 같다.
明道若昧(명도약매)	밝은 도는 어두운 것 같고 나아가는
進道若退(진도약퇴)	도는 뒤로 물러서는 것 같아 보이고
夷道若纇(이도약뢰)	평탄한 도는 어그러진 것 같아 보이고
上德若谷(상덕약곡)	최상의 덕은 계곡과도 같고
大白若辱(대백약욕)	몹시 흰 것은 더러운 것 같아 보이고
廣德若不足(광덕약불족)	큰 덕은 모자란 듯 보이고
建德若偸(건덕약투)	건실한 덕은 구차해 보이고
質眞若渝(질진약투)	질박하고 참된 도는 변할 것같이 보이고
大方無隅(대방무우)	큰 方形(방형)은 모퉁이가 없고
大器晚成(대기만성)	큰 그릇은 천천히 이루어지고
大音希聲(대음희성)	큰 소리는 들을 수 없고
大象無形(대상무형)	大道(대도)는 모양이 없다.

道隱無名(도은무명)	도는 숨어 있어서 이름조차도 없으나
夫唯道(부유도)	대체로 도는
善貸且成(선대차성)	힘을 잘 빌려주고 잘 이루게 해준다.

41장 나아가고 멈추고 물러남을 누가 시켰나?

도는 평범하고 순수하여 살아가는 모든 이들이 담고 살지만, 다만 그것을 인지하지 못하고 살아간다는 데에 문제가 있다.

스스로를 그릇이라 하면 누구나 그릇에 무언가를 담으려 하지만, 도의 그릇은 이미 차 있는 그릇과도 같아 무엇을 담을까 염려할 필요가 없이 확인만 하면 되는데 너무도 쉬워 그것을 인지하지 못하는 실정이다.

덕을 품은 이는 만인을 후덕하게 대할 것이고 덕을 품고는 싶으나 품지 않아도 세상 사람들의 눈을 의식하여 인자한 척, 의로운 척하는 이들도 있으며, 물질에 의지하여 사람들을 가르는 사람들도 있을 것이다.

여우나 너구리는 밥그릇이 펑퍼짐한 대접이나 사발이 좋을 것이며
두루미나 황새는 모가지가 긴 그릇을 좋아할 것이다.

같은 모양에 물건이라도 어떤 소재로 만들었는가, 즉 質(질)에 따라서 값이나 선호도가 다를 것이며 더 나아가 質感(질감)에 따라서 값이 정해지는 것도 볼 수가 있는데 사람들 또한 그러하다.

무언가를 담기 위하여 생겨나고 만들어지는 그릇의 기능에는 이미 만들어진 물건을 담기 위한 맞춤의 경우도 있을 것이고, 담을 물건이 정해지지 않았어도 미리 만드는 경우도 있을 것이기에 때가 되면 누구라도 사용함에 불편이 없을 것이다.

그래서 그릇은 천태만상이며 보이는 것이나, 보이지 않는 곳에서 천지 만물을 담고 살아가는 사람들은 자신의 그릇만큼만 담고 살아가기에,

雨寶益生滿虛空(우보익생만허공)

衆生隨器得利益(중생수기득이익)

하늘에는 내리는 비처럼 많은 보물(재화)이 준비되어 있지만, 중생들은 자신의 그릇만큼만 담아 살아가고 있다고 하였다.

사람도 자신이 품고 있는 역량이 있어 크면 큰 대로 작으면 작은 대로 담고 살아가는 것인데, 작은 그릇에 욕심내어 많이 담으면 욕심내는 만큼 넘치고 흩치게 될 것이다.

上士(상사)라거나 中士(중사)라 하거나 下士(하사)라 하는 것의 기준이 있을 것인데 그것은 스스로가 짊어지고 사는 道德(도덕)을 품은 人格(인격)과 人品(인품)의 그릇을 말하는 것이다.

태어나 다듬어지는 사람의 인품은 대상을 대할 때에 후덕한 인사를 만나면 나도 후덕한 사람의 인품을 따라 배우고 담게 되며, 졸렬하고 박복한 이를 만나면 스스로 상대를 닮아가며 삶의 영향을 주게 된다.

그래서 세상을 살아가는 모든 이들은 인연법에 얽매여 살아가기 때문에 누가, 언제, 어디서, 누구를 만나 무슨 대화를 나누며 어떤 인연을 맺었는가가 매우 중요하기에 함부로 인연을 맺어서도 안 될 일이다.

태어나서 자라며 부모로부터 전해 받은 性品(성품)으로 세상을 살아가며, 만나는 인연에 따라서 맺어지는 人品(인품)이 더해져서 그것으로 만인을 대하며 살아가고들 있다.

세상을 살아가는 사람들의 모습이나 행동은 저마다 달라 천태만상이라는 것을 알 수가 있는데 그 많은 군상 모두를 알 수가 있을까?

모른다. 긴 답이 필요치 않다.

세상의 이치는 모르는 것에서 시작하여 모르는 것으로 終(종)한다.

'나!'라는 그릇이 담고 있는 성품만큼 담고 살다가 가는 곳이 어딘 줄도 모르고 가는 것이 인생이라 할 것이다.

도는 큰 것인지 작은 것인지 형체로 가늠할 수가 없고 소리로도 들을 수가 없으며, 가도, 와도 알 수가 없으며, 시간으로도 가늠할 수가 없다.

그러니 인생이란 무엇이냐 물으면 나도 없고(無我, 무아) 마음도 없어(無心, 무심) 그저 모른다 할 수밖에 없는데, 그러니 도를 알아 품는다는 것이 어디 쉬울 것인가? 어렵고도 어려운 일이라 하겠으나 도를 알아 품고자 한다면 머뭇거림이 없는 直心(직심)과 변화에 응하는 용기를 품고 직심에 의심이 없는 행위를 해야 한다. (무슨 소리냐?)

道生一(도생일)　　　　　　　　도는 하나를 낳고

一生二(일생이)　　　　　　　　하나는 음양을 낳고

二生三(삼생만물)　　　　　　　둘은 음양과 충을 낳고

三生萬物(삼생만물)　　　　　　셋은 천지 만물을 낳는다.

萬物負陰而抱陽(만물부음이포양)　만물은 음을 지고 양을 껴안으며

沖氣以爲和(충기이위화)　　　　비어있는 기운으로 조화를 이룬다.

人之所惡(인지소악)　　　　　　사람들이 싫어하는 것은

唯孤寡不穀(유고과불곡)　　　　고아, 과부, 보잘것없는 사람이니 하는 것인데

而王公以爲稱(이왕공이위칭)　　왕이나 군주들은 스스로를 낮춰 그렇게 부르고 있다.

故物或損之而益(고물혹손지이익)　그런 까닭에 사물은 혹 손실이 이익이 되기도 하고

或益之而損(혹익지이손)　　　　이익이 되는 것이 도리어 손실이 되기도 한다.

人之所教(인지소교)　　　　　　사람들이 가르치는 것을

我亦教之(아역교지)　　　　　　나도 역시 가르치는데

强梁者不得其死(강량자불득기사)　강폭한 자는 제명에 죽지 못한다고 하는데

吾將以爲教父(오장이위교부)　　나도 이것을 내 가르침의 으뜸으로 삼고자 한다.

42장 나와 너, 우리를 품으면 품은 오행이 일을 한다.

道(도)는 하나를 얻어 천지를 낳고 천지를 얻은 하나는 둘(陰陽, 음양)을 생하고, 그것으로 天地人(천지인) 삼재를 얻게 되며, 그것이 運三四成(운삼사성, 셋이 움직이니 하나가 생겨났

다)하니 삼재가 運(운)하고 空(공)인 하나가 더해져 四(사)를 이루며, 음이 양을 부르고 양이 음을 불러 서로 화합하여 오행과 더불어 천지 만물을 이루었다.

천지는 음양이며 오행을 품고 있다.

사람이 땅에 터 잡으며 시작된 인간 萬年(만년)의 역사를 들여다보면, 옛 인류의 조상들은 태양의 양기와 달의 음기에 의해서 세상 모든 만물이 생겨나 성장함을 알았고, 음양이 오행성의 기운과 함께하며, 천지가 생겨난 것을 알아 동서양을 막론하고 7회력을 만들어 사용하게 되었다. 日(일), 태양을 중심으로 오행성 火星(화성), 水星(수성), 木星(목성), 金星(금성), 土星(토성)이 공전하는 것을 알고 지구의 위성인 달이 陰氣(음기)인 것을 알아 음으로 정하였다.

음양과 오행이 세상을 이루는 것은 나를 중심으로 세상의 모든 것을 바라본다면 나와 너의 관계, 즉 나는 항상 누군가와 상대하는 것을 알 수가 있는데 그 상대가 나의 도움을 받는 상대도 있고 나에게 도움을 주는 상대가 있는 것을 알았다.

이 관계를 오행으로 정리하면 다음과 같다.

나를 오행의 木(목)이라 하면 나, 즉 나무를 도와주는 상대는 목을 生(생)해 주는 水(수)가 될 것이고, 나, 즉 나무에게 도움을 받는 상대는 木生火(목생화)로 오행은 火(화)가 된다.

나를 중심으로 좌우 또는 상하의 관계를 三行(삼행)관계라 한다.

오행은 삼행관계의 너머에 있는 관계, 즉 나와 너를 포함한 우리의 관계를 형성하는 관계를 말한다.

우리 관계의 형성은 나(木)의 상대인 火(화)가 도움을 주는 친구(土, 토)가 있을 때 화의 말을 들어보면 그 친구를 보지 않았어도 자신(木)은 흙과 친하고 흙에 의지하여 뿌리를 내리는 입장이라 土(토)와도 쉽게 친하게 지낼 수가 있고, 언제나 포용할 수가 있기에 자신이 쉽게 제압할 수가 있을 것이라는 생각(木克土, 목극토)을 갖게 된다.

나무에게 항상 도움을 주는 水(수)는 자신을 도와주는 金(금)이라는 친구가 있는데 수의 말을 들어보면 금이 생긴 모양도 좋고, 단단하고, 실수를 하지 않는다는 말을 듣게 된다. 그런데 보지 않았어도 나무인 자신이 감당하기 버거운 상대(金克木, 금극목)라는 생각을 하기에 이르며 자신에게는 두려운 존재(木畏金, 목외금)라 인식을 하기에 이른다.

이렇게 형성되어 우리를 이루는 관계를 오행에 대입하여 사용을 하고 있다. 어느 존재물이든 자신(木)을 중심으로 상대를 도와주고(火) 상대에게 도움을 받고(水) 가까이하여도 이길 수가 있고(土), 가까이하면 뭔가 두렵고 버거운 존재(金)가 될 것 같으며, 그러한 관계가 형성되며 우리라는 사회(오행)를 이루고 있으며, 그렇게 이루어진 관계를 오행에 대입하여 사용하고 있는 것이다.

오행은 相生(상생)의 관계와 相剋(상극)의 관계와 相衝(상충), 相畏(상외)의 관계가 성립되는데, 이러한 관계들은 인간들이 살아가는 세상의 질서이며 이를 무시하거나 간과하면 재앙이 따르게 된다.

나와 너의 2인칭은 어떤 문제에 봉착하면 나와 너는 서로 만나 상의하여 덜어내고 보태면 문제를 쉽게 해결할 수가 있는데, 나와 너를 떠나 3인칭의 상대를 만나면 어느 문제이든 쉽게 해결할 수가 없어 어려워진다. 그때에는 나를 떠난 너의 활약을 기대하게 되는데 평소에 나와 너의 관계가 돈독했느냐, 소홀했느냐에 따라서 너의 너인 3인칭과의 문제해결에 지대한 영향이 있을 수가 있기에, 항상 너를 품고 보듬어주는 평소의 행동에 신중을 기해야 하겠다.

세상의 존재물들은 모두가 貴(귀)한 존재이다.

어느 것 하나 하찮거나 귀하지 않은 것들이 없다는 것을 알아 평소에 나를 낮추고, 겸손하고, 온화한 행동을 하며 가까운 이웃을 만드는 것보다 극하거나 畏(외)하는 敵(적)을 만들지 않는 행위가 먼저 우선해야 한다.

天下之至柔(천하지지유)	천하에서 지극히 부드러운 것이
馳騁天下之至堅(치빙천하지지견)	천하에서 가장 단단한 것을 이긴다.
無有入無間(무유입무간)	형체가 없는 기는 틈이 없는 곳까지 침투한다.
吾是以知無爲之有益(오시이지무위지유익)	그래서 나는 無爲(무위)에 유익함을 안다.
不言之敎(불언지교)	말하지 않는 가르침과
無爲之益(무위지익)	하는 일 없이 할 일 다 하는 것에 유익함을
天下希及之(천하희급지)	아는 사람은 천하에 드물다.

43장 氣血神(기혈신)이 맑고 밝으면 건강하다.

천지는 氣(기)의 덩어리이며 사람 또한 氣(기)의 덩어리이다.

사람은 호흡으로 기를 들이고 내며, 천지는 밤과 낮의 바뀜으로 호흡하고, 대지는 계절의 바뀜으로 호흡하며 기를 들이고 낸다.

천지의 기운은 잠시도 머물지 않고 조금도 쉼 없이 아침과 저녁을 들고나며 계절을 엮어내고 있다.

사람의 건강은 氣(기)가 돌고 血(혈)이 돌며, 神明(신명)이 맑고 밝으면 精神(정신) 또한 맑고 밝을 것이며, 氣血神(기혈신)을 지켜내는 것이 건강을 지키는 것이다.

사람의 健康(건강)은 기의 움직임으로 정해지며 스스로 자신의 몸을 이끌고 살아가기에 불편함이 없어야 건강하다 할 것이다. 그래서 건강을 지키는 조건으로는 氣運(기운)이 있어야 하며 기가 들고나는 호흡에 유념해야 한다.

사람의 기운은 땅에서 생산되는 음식을 섭취함에서 얻는 地食(지식)의 방법이 있고, 생기 산소와 미량의 원소를 호흡으로 들고 내며, 몸의 전체 신경세포에 영양을 공급하는 공기로 얻는 방법인 天食(천식)이 있다.

땅에서 생산되는 五味(오미)의 地食(지식)만으로는 원활한 건강을 지켜낼 수가 없어 病者(병자)나 虛弱者(허약자), 부死者(조사자)들이 많은 것이 현실의 일이며, 호흡으로 들이고 내는 미량의 원소와 五흡(오음)의 천식은 몸에 생기를 충만하여 일구 수련하면 병자는 自痊(자전)하고 天死者(요사자)는 수를 늘리고 평생 수련자는 장수를 누릴 수가 있다 하였다.

어느 지인의 얘기이다.

지인은 평소에도 등이 약간 굽은듯하여 그를 아는 이들은 그에게 '거북이'라는 별칭으로 부르기도 했다.

지인의 집에는 예전에 사용하던 은으로 만들어진 고급담뱃대가 꽤 많이 있었는데, 어느 날은 왜 이리도 고급담뱃대가 많은지 물어보게 되었다.

알고 보니 그것은 조부님이 사용하시던 물건이라는 것을 알게 되었다.

그리고 거북이형은 조부님에 대하여 말을 이어나갔다.

그의 조부님은 어린 시절 일찍 부친이 돌아가셔서 홀어머니를 모시고 살게 되었으며 너무도 가난하여 문전걸식으로 끼니를 때우는 일이 다반사였으나, 이웃에 사는 부잣집 아들인 장호형이 근근이 도와주어 생활을 이어올 수가 있었다. 크면서 돈이 되는 일이면 몸을 사리지 않고 일을 하여 20살이 넘기면서 생활고의 어려움을 면할 수가 있었다.

돈을 만지면서 고리대금업에 손을 대어 30살이 넘어서는 다소 큰돈을 만지게 되었고, 지금의 김포 일대에 많은 땅을 지닌 부자가 되었단다.

부잣집 아들인 장호형은 어지러운 세상을 등지고 산천을 떠돌며 스님들이나 도인을 찾아다니는 일에 젖어 살면서도 이따금 고향 집에 들러 동생뻘인 조부를 만나고 지내다가도 홀연히 사라지곤 하였단다.

어느 날인가 조부님이 슬픔에 잠겨 술을 마시며 시름에 잠겨있을 때에 장호형이 집에 왔다는 연락을 받고 장호형 집으로 찾아가게 되었는데 그때 장호형은 스님 한 분과 함께 오셨다.

조부를 본 장호형은 '어! 동생 오랜만이네!' 하며 옆에 계신 스님을 소개하며 "이분이 조선

팔도에서 역술에 관해서는 일인자라는 분일세." 하며 스님을 소개하고는 스님에게 이 동생의 운세를 봐달라고 부탁을 하니, 스님은 한사코 손사래를 치시며 거절하셨단다.

조부는 스님이 복채도 안 놓고 운세를 봐달라는 것으로 알고 "스님, 복채는 서운치 않게 드릴 테니 속 시원하게 풀어주세요. 이 나이에 자식을 내리 셋이나 잃었답니다." 하며 부탁을 드려도 스님은 꿈쩍도 안 하셨는데 거듭거듭 장호형이 나서서 부탁을 하였다.

그러자 스님이 입을 열어 말씀하시길 "아니, 말을 하려고 해도 쩔고 쩔은 쩐(錢, 전)내가 코를 진동하여 입을 열수가 없었다."고 하며 "쩐내 나는 쩐을 버리지 않으면 후사가 없을 것이나 내 말을 믿고 따르면 앞으로 낳는 자식들이 무탈하게 클 것"이라는 말을 하였다.

그날도 홀로 술을 기울이고 있었던 이유가 첫째 자식도 돌 전에 버리고, 둘째 자식도 태어난 지 두 달 만에 잃고, 오늘은 태어난 지 얼마 되지 않은 셋째 아이가 시름시름 앓다가 저세상으로 떠나보내서 슬픔에 홀로 술과 대작하고 있었단다.

스님이 말을 이어가는데 "자식을 품고 살아가는 것은 하늘에서 관장하는 일인데 고리대금업으로 남들의 고혈을 빨며 살아가는 것은 인간 末種(말종)이나 하는 짓이며, 자식을 낳아 제대로 키우려거든 보시와 방생에 힘을 쓰고 한양의 동쪽으로 이사 가서 살아야 한다."고 일러주니 조부는 자리를 박차고 일어나며 "그래, 니 말이 맞어!" 하며 집으로 돌아와서 그길로 빚준 이들에게 빚을 탕감해주고, 빚으로 받은 땅문서도 돌려주고, 가산을 정리하여 한양의 동쪽인 지금의 장위동 부근으로 이사를 하였다.

이사를 하고 돈만 생기면 물고기나 새들을 사서 방생하였고, 당시 조선호텔에 있던 앵무새도 사서 방생하였다고 한다. 배운 기술이 없었으나 헌 갓을 사서 수선하여 근근이 살아가게 되었으나, 이후에 낳은 자식 6명은 아무 탈 없이 잘 자랐다고 한다.

거북이형의 부친도 등이 굽었는데 그것은 거북이를 방생하고 잉태하였기에 거북이를 닮아 등이 굽은 것이라며 씩 웃어 보이며 말을 마쳤다.

"참! 담뱃대는 어떤 사연이 있나요?" 하니, "조부님이 김포의 땅을 정리하시며 팔아봐야 몇 푼 되지 않는 것이라 이삿짐에 넣어두었는데 조부님이 떠나신 후에는 유일한 유품이 되어 보관하는 것"이라 하였다.

누구나 천지개벽을 보려면 直心(직심)에 즉행이 있어야 할 것이다.

"그래! 니 말이 맞어!"

44장

名與身孰親(명여신숙친)　　명성과 내 몸 중 어느 것을 더 귀하게 여겨야 하는가?

身與貨孰多(신여화숙다)　　내 몸과 재화 중 어느 것이 더 소중한가?

得與亡孰病(득여망숙병)　　얻는 것과 잃는 것 어느 것이 더 나를 병들게 하는가?

是故甚愛必大費(시고심애필대비)　지나치게 아끼면 크게 버리게 되고

多藏必厚亡(다장필후망)　　많이 감추게 되면 반드시 많이 잃게 된다.

知足不辱(지족불욕)　　만족할 줄 아는 사람은 욕을 먹지 않고,

知止不殆(지지불태)　　적당할 때 멈출 줄 아는 이는 위태롭지 않아

可以長久(가이장구)　　가히 오랜 삶을 누리게 된다.

44장 나눔과 보시는 삼세에 業障(업장)도 녹인다.

사람은 누구나 크든 작든 삶의 욕심을 짊어지고 살아가게 되어 있다.

그래서 인간이 품고 있는 욕심을 들여다보자면, 살기 위해서는 먹어야 하기에 살아가기 위한 食欲(식욕)이 있고, 자신의 몸을 편안하게 보존하기 위하여 적당한 휴식이나 수면을 취해야 하기에 睡眠欲(수면욕)이 있으며, 살아가며 생활하기에 어렵거나 불편하지 않기 위하여 적당한 財物欲(재물욕)을 지니고 있으며, 종족 번성을 위하여 자손을 낳아 기르려는 性欲(성욕)이 있고, 자신을 위하고 가문을 위하여 이름을 내세우는 名譽欲(명예욕)을 품고 살아간다.

*식욕, 수면욕, 재물욕, 성욕, 명예욕을 '인간의 五慾(오욕)'이라 한다.

사람의 삶은 누구라도 보다 나은 내일을 행복하게 살기 위하여 열심히 일하고 노력하는 것이며 노력하고 수고한 만큼 행복해진다는 믿음을 품고 살아가고 있을 것이다.

그런데 열심히 노력하고 수고하면 행복할 것이라는 믿음을 지닌 만큼 안정되고 행복한 삶

을 누리는 이들이 과연 얼마나 될까?

본래 세상엔 믿음과 의심이 함께 왔기 때문에 의심을 철저히 해소하지 않은 믿음은 砂上樓閣(사상누각)에 불과한 것이다.

그렇다고 믿음을 갖지 말라는 것은 아니다.

사람들 모두가 다 貴(귀)한 존재이기에 누구나 대접받으며 행복하게 살아야 마땅한데 어디 행복이라는 놈이 말처럼 그리 쉽게 오나?

물질(재물)만 있으면 행복할 것이라는 생각에 열심히 재물을 모아 기대보지만, 물질만으로는 온전한 행복을 다 채울 수 없는 것이다.

그것은 사람이 본래 세상에 올 때부터 물질(色, 색)과 정신(空, 공)을 함께 지니고 왔기에 행복하려면 물질과 정신의 만족이 함께 충족되어야 하며, 나아가 진정한 행복은 나를 여읜 우리가 다 함께 행복해야 할 것이다.

개같이 벌어서 정승같이 쓰라는 말이 있다.

힘들고 어렵고 궂은일들을 해가며 열심히 벌어서 만인들이 떠받드는 정승처럼 쓰라는 말인데 물질에 가려진 마음을 버리고 만인들의 어려움을 알고 모은 재물을 제대로 사용하라는 뜻을 지닌 속담이다.

잠시 머물다가는 세상에서 취한 재물을 자신만의 소유물이라는 착각 속에 살아가는 이들을 심심찮게 만나보는 세상이 되었는데 같은 물이라도 독사가 먹으면 독이 되고, 소가 마시면 우유가 된다는 평범한 이치를 알고 주위를 돌아다보며 살아야 할 것이다.

재물은 毒素(독소)를 지니고 있다.

부모가 물려준 재산을 형제자매들이 서로 다툼 없이 나누어 서로의 의가 깨지지 않고 우애가 돈독한 집안이 있는가 하면, 부모의 유산을 놓고 형제들이 서로 자신이 많이 차지하려고 싸움을 벌이고 소송으로 이어지며 서로가 등을 돌리고 사는 경우를 심심찮게 보는 세상이 되었다. 이는 재물이 지닌 독에 자신이 망가지고 자손들까지도 망가트리는 형국이라 할 것이다.

석유 재벌 존 데이비슨 록펠러의 이야기이다.

1839년에 태어난 록펠러는 어려서부터 건강식품 행상을 하시는 아버지로부터 철저히 돈 모으는 훈련을 받았다.

아버지는 용돈도 그냥 주지 않았고, 일손을 거드는 등 어떤 일을 했을 때 그 대가를 주었다. 또 아버지는 아이들에게 일을 시킬 때 다른 일꾼들과 똑같은 인건비를 주었다. 그런 가운데 록펠러는 어릴 때부터 수입 장부를 만들어가며 돈 버는 데 재미를 붙였다고 한다.

록펠러는 고등학교를 마치고 곡물, 건초, 육류 등을 중개하는 사업을 시작했으며, 이듬해에 는 사업에 수완이 좋아 도매상을 차려 돈을 모았다.

1859년 펜실베이니아주에서 최초의 유전이 발견되면서부터 석유에 손을 대게 되었는데 장 래성이 있다고 판단한 록펠러는 정제기술자인 동업자와 합작해 본격적으로 석유 사업에 뛰어들었다.

록펠러는 운송업, 송유관 사업, 석유 저장고 사업 등 여러 분야로 사업을 확대해 나갔으며 1870년 '스탠더드오일' 회사를 설립했다.

압도적인 생산량에서 나오는 단가 절감뿐만 아니라, 환불제도로 인한 운송비 절감에 힘입어 스탠더드오일은 점점 더 크게 성장하였으며 미국 정제유의 90%를 장악하는 초대형 기업이 되었다. 그는 또 광산 매입을 시작으로 철강 산업에도 손을 대기 시작했다.

석유가 없으면 살아가기가 어려울 만큼 세계는 석유 의존도가 높아지면서 록펠러는 53세 때 세계 최고 부자 순위 1위에 올랐다.

33세에 백만장자, 43세에 미국 최고의 부자, 53세에 세계 최고의 부자가 된 것이다.

그러나 록펠러는 50대 중반에 접어들자 소화불량과 우울증에 몸이 말라가는 불치의 병(일 러 페시아병)을 얻게 되었는데, 그것은 돈 버는 일에 너무 신경을 쓴 스트레스가 원인인 것으로 알려졌다.

어느 날 잠자리에 들려고 잠을 청해도 잠을 이루지 못하고 고통스러워하던 때에 문득, 한 생각이 머리를 스치며 지나갔다.

'아니, 내가 세계 제일의 부자면 뭐하냐? 잠도 마음대로 잘 수가 없는데' 하며 자신의 처지가 불쌍한 생각이 들었다.

그 순간! '나는 재산이 많아도 고칠 수가 없는데 내 재산을 돈이 있으면 고칠 수 있는 어려운 사람들에게 나누어 주면 어떨까?' 하는 생각이 번개처럼 머리를 스쳐 갔고, 록펠러는 다음 날부터 실행에 옮기게 되었다.

처음엔 작게 시작을 하였으나 점차 자선사업을 늘려가며 어렵고 힘들고 불쌍한 이들에게 베풀면서 이전에는 느껴보지 못했던 '즐거움과 희열'을 느끼게 되었다. 그리고 자신이 남을 돕는 일을 하면서 자신이 지니고 있던 병도 사라지게 되어 얼마 살지 못할 것이라 했던 록펠러는 98세(1937년)까지 장수를 누렸다.

順天者(순천자)는 興(흥)하고 逆天者(역천자)는 亡(망)한다 하였다.

세상을 살아가는 누구라도 자신의 삶은 자신이 만들어가는 것이다. 때에 일을 당하여 이럴까? 저럴까? 망설이는 때에 하늘에 순응하여 사람들에게 이롭고 의로운 일을 한다면 그것으로 천도에 부합한 행동으로 어려움이 풀리고 병자는 스스로 병이 치료되며 자손은 번성할 것이다.

이래야 하나 저래야 하나 망설이는 일에 봉착해서 자신만을 위하려는 생각에 사로잡혀 주위를 돌보지 않는다면 온갖 좋지 않은 일들이 몰려오고, 자손들에게도 좋지 않은 일들이 일어나게 되며, 종국에는 스스로 병을 얻게 될 것이며, 命(명)은 가벼워질 것이다.

天壽(천수)를 누린 록펠러가 위의 예에 속하며, 재산이 아까워서 남을 위하여 재물을 풀지 않았다면 어떤 결과를 얻었을까? 뭘 얘기하쇼. 뻔한 일을!

그래서 하늘이 품은 그릇이 크고 도가 살아있음을 보게 된다.

大成若缺(대성약결)	크게 이루어진 것은 어딘가 모자란 듯하나
其用不弊(기용불폐)	그 쓰임에는 다함이 없다.
大盈若沖(대영약충)	가득 찬 것은 조금 빈 듯하나
其用不窮(기용불궁)	그 쓰임에는 궁함이 없다.
大直若屈(대직약굴)	정말 곧은 것은 마치 굽은 것처럼 보이고
大巧若拙(대교약졸)	정말 정교한 것은 마치 엉성하게 보이며
大辯若訥(대변약눌)	정말 잘하는 말은 마치 어눌하게 보인다.
躁勝寒(조승한)	움직임으로 추위를 이기고
靜勝熱(정승열)	차분함으로 더위를 이긴다.
淸靜爲天下正(청정위천하정)	맑고 고요함은 천하를 바르게 한다.

45장 천지 만물은 모자라고 엉성함에서 시작되었다.

천하는 淸靜寂寂(청정적적)하다.

淸靜(청정)하기에 뭔가 모자란듯하고, 청정하기에 빈 듯하고, 청정하기에 굽은 것처럼 보이고 엉성하게도 보이며, 어눌하게도 보인다.

사람이 살아가는 모습을 보면 외양은 반듯하고, 단정해 보이나 실상 내면에는 어정쩡하고 어눌하며, 뭔가 모자란 듯이 살아가고들 있다.

세상의 모든 분야에서 각각의 이름을 날리며 떠들썩하게 세상을 놀라게 하여 남의 이목을 집중시킨 사람이나 한낱 촌부로 아무도 알아주지 않는 이들의 삶도 모두가 어정쩡하게 살아가는 것은 마찬가지이다.

그것은 자신이 누구이며, 어디로 가며, 어떻게 세상에 왔는가를 모르고 자신의 본래면목을 모르고 살기 때문이다.

본래 세상은 단정한 것과 어눌한 것이 함께 오고, 곧은 것이나 굽은 것이 함께 오고, 動靜(동정)이 동시에 온 것을 알아야 한다.

세상에는 소수의 천재와 소수의 바보들이 함께 어울려 살고 있다.

누구라도 천재를 선호할 것이나 바보가 바보 아님을 안다면 사람들의 편견이 얼마나 무지하고 잘못된 것인가를 알게 될 것이다.

다수가 소수를 무시하고 힘(군중심리)으로 밀어붙여 소수나 개인을 바보 취급하고 멸시하며 무시하는 일들이 역사적으로 얼마나 있었는지 누구라도 잘 알고 있을 것이다.

지동설(지구가 태양을 돌고 있다는 학설)을 주장하던 갈릴레오는 종교재판에 회부되어 목숨을 부지하기 위하여 천동설(태양이 지구를 돌고 있다는 학설)이 옳다고 하여 가까스로 목숨을 건지게 되었으나 재판정을 빠져나온 갈릴레오는 "그래도 지구는 돌고 있다."라는 말을 하였다고 한다.

갈릴레오는 천체의 움직임을 올바로 본 바보(바로 보는 사람)이며 때에 종교재판을 벌인 집단은 힘으로 새로움을 거부하였으나, 역사는 바보가 보는 눈이 정직했다는 것을 알고들 있을 것이다.

바보는 어리숙하고 엉성하여 지능이 떨어져 보이고 어눌하며 굼떠 보이지만 세상을 살아가는 누구보다도 세상을 바로 보는 능력과 정직함을 지닌 것을 알아야 할 것이다.

도의 쓰임도 바보를 닮아 어딘가 모자라고 빈듯하고, 엉성하고 어눌하게 보이는 것에 담겨 있는데 그것을 알아보는 이들이 없어 아쉽다.

天下有道(천하유도)	천하에 도가 있어서 전쟁터를 달리는
却走馬以糞(각주마이분)	말을 되돌려 분뇨 실은 수레를 끌며
天下無道(천하무도)	도가 사라진 천하는 전쟁에
戎馬生於郊(융마생어교)	끌려간 말이 성 밖에서 새끼를 낳는다.
禍莫大於不知足(화막대어불지족)	만족할 줄 모르며 내는 욕심처럼 더 큰 죄는 없고
咎莫大於欲得(구막대어욕득)	얻고야 말겠다는 욕심처럼 추악한 것은 없다.
故知足之足常足矣(고지족지족상족의)	그래서 족한 줄 아는 것이 가장 큰 만족이다.

46장 자족함을 알면 무도가 유도임을 알게 된다.

밑 빠진 항아리에 물 붓는다는 속담이 있다.

항아리가 밑이 깨져 물이 새는 줄 모르고 마냥 물을 붓는 어리석은 행태를 이르는 말이며, 인간의 무지와 끝없는 욕심을 질타하는 말이다.

항아리에 물을 채우려면 항아리가 성한 것인지, 상하여 금이 갔는지를 먼저 살피고 나서 물을 받아야 항아리를 가득 채울 수가 있는 것인데 항아리에 이상 유무를 살피지 않고 상한 그릇에 물을 채우고자 한다는 것은 어리석음이요, 허욕이며, 망령된 행위를 이른 말이다.

세상엔 도를 얻고자 수행하는 이들이 많이 있다.

오로지 도를 얻고자 하는 일념으로 수행하는 이들도 많을 것인데 과연 그 많은 수행자가 스스로 자성부처를 친견하고 도를 얻어 담을 수 있는 그릇인지를 알아 수도에 나선 것인지, 아니면 생활의 방편으로 삼아 겉보기 수행에 나선 것인지 살펴보면 실로 안타까움이 앞선다.

부처가 새벽에 뜬 별을 보고 득도하시고서 이후 열반에 드실 때까지 50년의 세월을 중생들을 위하여 진자리 마른자리 가리지 않으시며 8만 4천에 달하는 막대한 양의 불경을 남기고 가시면서도 임종 직전에 一字不說(일자불설)이라는 엉뚱한 말씀(화두)을 남기셨다.

아니, 50년 동안 8만 4천에 이르는 방대한 양의 경문을 남기셨는데 어찌 한 말씀도 하시지 않았다고 시치미를 뚝 떼셨는가를 헤아린다는 것은 어려운 일이나 부처의 마음을 깊이 헤아려 본다면 그리 어려운 말도 아니라는 것을 알게 될 것이다.

부처의 경은 때때에 쓰이는 방편을 풀어 말씀하신 것인데 그것을 모아 정리하면 無我(무아) 因緣(인연)이라는 단어로 요약된다고 하며, 그것마저도 하나의 궤로 정리하면 空(공)하다는 말이다.

도를 얻어 부처가 되고자 수행하는 수행자들의 욕심을 말로 표현하면 세상에서 가장 큰 욕심을 낸 사람이라 해도 과언이 아닐 것이다.

부처가 되려는 욕심을 낸 만큼 初心(초심)을 잡고 그것을 우직하게 밀고 나가야 할 것인데 부딪히는 굽이굽이마다 방편에 의지하려거나 글만을 의지하려 한다면 과연 초심에 품은 득도하고자 하는 마음을 지켜낼 수가 있으며, 자성부처를 만나고 견성성불을 이룰 수가 있을까?

수행자라면 누구라도 자신의 처지를 되돌아봐야 한다.

欲治其疾(욕치기질), 욕심은 반드시 치료해야 할 질병이다.

先治其心(선치기심), 먼저 그 마음부터 먼저 치료해야 하며

必正其心(필정기심), 반드시 그 마음을 바르게 연 후에

乃資於道(내자어도), 그것으로 도를 품어야 한다고 하였다.

사람의 본심, 즉 본마음은 본래에 텅 빈 항아리인데 그 빈 것에다 무언가를 담으려 할 때 생겨나는 것이 욕심이다.

욕심은 족함을 모르는 것에서 생하는 처사임을 알아 본래부터 본바닥이 비어있다는 것을 알아 품으면 욕심은 스스로 물러날 것이다.

不出戶知天下(불출호지천하)	문밖을 나서지 않아도 세상일을 알고
不闚牖見天道(불규유견천도)	창문을 내다보지 않고도 하늘의 도를 본다.
其出彌遠(기출미원)	밖으로 나가면 나갈수록
其知彌少(기지미소)	아는 것은 그만큼 적어진다.
是以聖人不行而知(시이성인불행이지)	그러므로 성인은 행하지 않고서도 알고
不見而名(불견이명)	보지 않아도 (그것을) 알며
不爲而成(불위이성)	하려고 하지 않아도 (일을) 이룬다.

47장 천하대도는 한 봉창을 들고 난다.

無爲(무위)의 도는 하는 일 없이 할 일을 다 하고 있다.

無爲(무위)의 도는 作爲(작위)하지 않아도 천지 만물을 길러내고 천하 만물을 꽃피우고 열매를 익혀내고 있다.

無爲(무위)의 도는 세상에 나서지 않아도 알 수가 있으며 무엇을 함에 염려나 의심이나 궁금함도 없다.

無爲(무위)의 도를 얻으면 의심이나 궁금함이 없어지고 무엇을 알려 하지 않아도 알게 되며, 보려 하지 않아도 보게 되며, 하려 하지 않아도 그것을 얻게 되며, 하려 들지 않아도 그것을 얻게 된다.

도를 얻으려면 먼저 자신을 돌아다보고 스스로 헛된 망상과 아집에 사로잡혀 있는가를 살펴야 하고 무엇을 얻어도, 잃어도 본심, 즉 본마음이 비어있다는 것을 알아 행위에 부끄러움이 없어야 도를 담을 수가 있다.

어느 수행자가 있었다.

萬法歸一(만법귀일) 一歸何處(일귀하처)

수행자는 만법이 하나라는데, "그 하나는 어디로 가느냐?"라는 화두를 들고 수행에 정진하고 있었다.

수행자는 일상에 수행 생활을 이어 오면서도 잠시의 순간이라도 화두를 놓치지 않으려 노력하였으며 "하나는 어디로 가느냐?"를 달고 살았는데, 어느 날은 오전에 힘을 쓰는 일을 하였기에 점심 공양을 하고 방으로 들어와 잠시 휴식을 취하려고 자리에 누웠다. 그런데 봉창으로 들어오는 햇빛이 너무도 강렬하여 그 자리를 피하여 옆으로 옮겨 잠시 휴식을 취하였다.

그리고 하루의 일과를 마치고 저녁이 되어 잠자리에 들었는데 방에 자리를 펴고 몸을 누이는 순간! 낮에 창문으로 들어오던 햇빛 대신에 달빛이 눈부시게 들어오는 것을 보았다. 순간! 수행자는 만법이 하나이며 하나가 어디로 가느냐에 대한 의심과 궁금증을 풀어버리게 된다.

누구나 맞이하는 그날그날의 하루가 누구나 똑같은 하루를 맞이하지만 모든 사람이 맞이하는 날들이 누구에게나 한결같을 수는 없을 것이다.

준비한 자는 준비한 만큼의 결과물을 담을 수가 있지만, 뜻 없이 생각 없이 남들이 장에 간다고 따라나서서 장 구경만을 하고 온다면 무슨 결과를 기대할 것이며 무엇을 얻어 올 수가 있겠나!

낮에 햇빛이 들어오던 창문이 밤에 달빛이 들어왔다고 해서 그냥 무심코 넘겨 버릴 수도 있었을 것인데 수행자는 의심을 물고 늘어지며 남들이 보면 평범한 자연의 현상을 보고 만법이 하나임을 깨닫게 되었다.

수행자는 보이는 모양(有相, 유상)에서 보이지 않는 無相(무상)을 보는 혜안이 열려야 되고, 말하고 듣지 않고서도 들을 수 있고, 하지 않아도 일을 이루는 實相無相(실상무상)을 알아차린다면 스스로 신통함을 품게 될 것이다.

천하에 도를 품으면 어디에도 걸림이 없어 유유자적함을 즐기는 한가한 도인이 된다.

爲學日益(위학일익)	학문은 배울수록 나날이 할 일이 더해지고
爲道日損(위도일손)	도를 (행)하면 나날이 할 일이 줄어든다.
損之又損(손지우손)	줄이고 줄이면
以至於無爲(이지어무위)	할 일이 없는 무위의 경지에 이르며
無爲而無不爲(무위이무불위)	무위에 이르면 하지 못하는 일이 없다.
取天下(취천하)	천하를 취하려면
常以無事(상이무사)	항상 하는 일 없이 일하는 무위를 취해야 하며
及其有事(급기유사)	일부러 하는 일이 있기에 이르면
不足以取天下(부족이취천하)	결코 천하를 얻을 수가 없다.

48장 빈 항아리에 때가 낄까 염려하느냐?

도는 무엇을 안다, 모른다는 상식으로는 접근할 수가 없다.

문자나 배움으로 이루는 학문이나 상식으로는 도를 접할 수가 없으며, 그것은 무위를 품고 하는 일 없이 할 일 다 하는 도를 품을 수가 없다는 말이기도 하다.

부처는 밝은 지혜를 품고 있기에 부처, 여래라 하며, 부처가 품은 마음을 如來心(여래심)이라 하며, 여래는 無心(무심)이라 하였다.

무심은 나와 네(상대)가 없는 無我心(무아심)이며, 나만 대상이 없는 것이 아니라 대상도 무심이라는 것을 아는 것이다.

그래서 달마선사의 게송은,

究竟無生性(구경무생성)　　淸淨是涅槃(청정시열반)

凡夫莫測聖(범부막측성)　　未倒測應難(미도측응난)

有學及無學(유학급무학)　　佛智轉深玄(불지전심현)

了解無心理(요해무심리)　　莫着識心源(막착식심원)

위 없는 성품은 더 이상 생(멸)함이 없고,

깨끗하고 선명한 그대로가 열반이다

범부는 그 성스러움을 헤아릴 수도 없고

헤아려도 응당 이르지 못하며

배움이 있거나 없거나 (미치지 못함은)

부처의 지혜는 움직임이 깊고 현묘하며 그윽하기 때문이다.

마음이 없다는 이치를 풀어 (번뇌를) 마치려 하나

알음알이(識, 식)로는 마음의 근원에 붙을 수가 없다네.

중국 선종불교에 달마를 初祖(초조)로 하여,

2祖 혜가, 3祖 승찬, 4祖 도신, 5祖(조) 홍인선사이시며,

6祖는 혜능선사이신데, 6조 혜능은 一字無識(일자무식)이다.

혜능이 5조 선사의 법을 잇는 게송을 지을 당시의 기록을 살펴보면,

어려운 형편에 5조 스님의 도량에 들었으나 글을 모르기 때문에 선원에는 들어갈 수가 없어서 홍인대사는 혜능에게 방아 찧는 일을 하라 하였고, 혜능이 방아 찧는 일을 8개월 정도가 지난 어느 날 홍인대사께서 "이제는 내 법을 이을 사람을 정할 때가 되었으니 누구라도 절의 벽에 게송을 지어 적어놓으라." 하였다.

어느 날인가 도량 내 벽보판 앞에서 스님들이 웅성거리는 모습을 보고 혜능이 모여 있는 스님들에게 다가가서 무슨 일로 스님들께서 모여 계시는지 물었다. 그러자 한 스님이 "경내에는 학식과 인품과 덕망을 갖춘 신수스님이 계신데 그 스님이 벽에 偈頌(게송)을 지어 써놓은 글을 읽어보려고 이렇게 모여 있었다."고 하며 "아무래도 신수스님에게 5조 홍인대사의 법통이 내릴 것 같다."는 얘기를 덧붙이며 말하였다.

스님의 얘기를 듣고 난 혜능은 "그러면 신수스님이 지었다는 게송을 내가 글을 모르니 스님께서 한 번만 읽어 달라."는 부탁을 하였다. 그랬더니 스님은 혜능을 보고 '아니, 글도 모르시오.' 하는 투로 훑어보며 글을 읽어주었다.

몸은 다름 아닌 깨달음의 菩提樹(보리수)요,
마음은 명경의 받침(明鏡臺, 명경대)과 같네.
때때로 부지런히 털고 닦아서
티끌과 먼지가 묻지 않도록 해야 한다.

스님이 읽어주는 글을 듣고 나서 혜능은 속으로 大義(대의)에 알맹이가 없는 글임을 간파하시고 스님에게 나도 여기에 글을 남기고 싶으니 글을 써달라고 간곡히 부탁을 하였다.
부탁을 받은 스님은 아니 글도 모르는 이가 무엇을 써달라고 하는지 의아해하였으나 "그러시오." 하며 승낙을 하였다.

보리는 본래 나무가 없는 것
명경 역시 받침이 없다.
불성은 항상 청정한 것인데
어느 곳에 티끌이 있다고 하느냐?

하며 또 한 수의 게송을 지었다.

마음은 바로 보리의 나무요,
몸은 명경의 받침대로다.
명경은 본래 청정한 것
어느 곳의 티끌이 더럽힐 수 있으랴?

5조 홍인대사는 혜능의 게송을 보고 대도를 깨친 意(의)를 알고서 자신의 법통을 전하였다고 한다.

도를 傳(전)함이 문자를 알고 모름에 있지 않으며, 대도는 스스로의 自性(자성)을 (보고) 깨쳤는가에 있다는 것을 알 수가 있는 일화이다.

혜능선사는 계도 받지 않아 스님이 아니라 행자라 불리었으며 부처의 말씀이 아니면 經(경)이라 하지 않는데, 혜능스님의 어록을 六祖壇經(육조단경)이라 전하는 것을 보더라도 도통하신 분의 말씀이나, 글이라면 글을 알고 모르는 것과는 상관없이 도통한 도인의 말씀은 귀한 가치를 지니고 있다는 증거라 할 것이다.

聖人無常心(성인무상심)	성인은 항상 고정된 마음이 없어
以百姓心爲心(이백성심위심)	백성의 마음으로 자신의 마음을 삼는다.
善者吾善之(선자오선지)	착한 사람을 나는 착하게 대하고
不善者吾亦善之(불선자오역선지)	착하지 않은 사람도 나는 착하게 대한다.
德善(덕선)	그렇게 대하니 모두 덕과 믿음이 있다.
信者吾信之(신자오신지)	믿음성이 있는 사람을 나는 믿고
不信者吾亦信之(불신자오역신지)	믿음성이 없는 사람도 나는 믿는다.
德信(덕신)	그렇게 하면 모두가 덕과 믿음이 있다.
聖人在天下歙歙焉(성인재천하흡흡언)	성인은 모두를 포용하는 마음으로 천하를 감싸 안으니
爲天下渾其心(위천하혼기심)	백성들은 집중하여 성인을 바라보고
聖人皆孩之(성인개해지)	성인은 그들을 모두 어린아이 대하듯 할 것이다.

49장 수행은 닦는 것이 아니라 일상이다.

無爲(무위)를 품은 無心(무심)은 어느 한 곳에 고정된 마음이 없다.

그것은 무와 유가 同出(동출)하였으나, 이름만 다른 것을 알아 그것을 품고 있기에 무유나 선악에도 치우치지 않는다.

우리는 세상을 살아가면서 무엇을 하든, 안 하든 항상 대상과 함께 어울려 살고 있다.

그런데 무엇을 함에 내가 있으며 무엇을 할 때에 알고 하느냐, 모르고 하느냐, 즉 有心(유심)이냐, 無心(무심)이냐를 묻는다면 스스로 품고 있는 것으로 답을 말할 것이다.

(그러면 자신은 과연 어느 쪽에 마음을 두고 사는지 스스로에게 반문해 봐야 할 것이다.)

세상을 살아가는데 도를 몰라도 살아가는 데 불편함이 없고 도를 알아 깨쳐도(得) 세상은 달라지는 것이 없기에 悟了同未悟(오료동미오)라 하였다.

도를 알아서 인지하든 몰라서 인지하지 못하든 그놈이 그놈이며, 그놈과 함께 어울려 돌아(살아)가고 있다는 말이다.

도란 많이 알고(識) 많이 닦아서(修) 이루어지는 것이 아니기에 無修有覺(무수유각)이라 하였다.

도를 얻고자 함에 修(수)한다 함은 달리 표현할 방법이 마땅치 않아 닦는다, 다스리다, 고치다의 뜻을 지닌 修(수)자를 택하여 사용하고 있으며, 修行(수행)한다는 것은 일회성의 행위가 아닌 꾸준히 지속적(心, 身)으로 다스리고(心) 고쳐나감(行)을 의미하는 것이다.

수행의 목적은 覺(각), 깨달음을 얻어 頓悟見性(돈오견성)하고자 함에 있는데 수행의 과정을 자랑하거나 내세우는 행위(법랍, 안거동참, 직위)는 진실로 도를 얻기 위한 수행자는 그런 일들을 내세우지 않을 것이다.

자성부처를 친견하여 도를 이루었다면 부끄러운 일이 아닐 것이나, 도를 이루지 못하였다면 부처님 탁자 밥이나 죽이며 허송세월 보낸 것을 내세우는 꼴이고, 농사꾼이 농사를 잘못 지어 알곡을 얻지 못하고 쭉정이를 보듬고 자랑하는 꼴이라 할 것이며, 스스로의 어리석음을 드러내는 일이며, 스스로 헛된 욕심에 사로잡혀 살아왔음을 부끄러워해야 할 일이 아닌가!

一切有爲法(일체유위법) 如夢幻泡影(여몽환포영)

如露亦如電(여로역여전) 應作如是觀(응작여시관)하라.

일체 모든 모양을 지닌 것들은 꿈이나, 도깨비나, 물거품이나, 그림자 같으며, 이슬 같고 번개 같으니 응당 지어진(보이는) 것들을 잘 살펴봐라.

觀(관)하라는 것은 응당 마음을 내든 들이든 들여다 보라는 것이니 일체 사물은 때에 모양이 변하고 화하지만 변하는 속을 잘 관하여, 즉 마음의 움직임을, 즉 무심을 내어 들여다보면 변하되 변하지 않는 것이 있을 것이니 찾아보라는 말이기도 하다.

도를 아는 자는 아는 만큼 귀하게 여겨 구하려 하지만, 도를 모르거나 관심이 없는 이들에 겐 아무짝에도 쓸모없는 것들로 여기며 살아가고들 있는데, 그것은 도를 몰라도 살아가는 데 불편함이 없기 때문일 것이다.

천하의 대도는 어디에도 견줄 수 없는 부처의 空心(공심), 즉 無爲(무위)를 품은 것이며, 凡所有相(범소유상) 皆是虛妄(개시허망)임을 알아 實相(실상)이 無相(무상)임을 거머쥐는 것이 며, 眞空(진공)과 妙有(묘유)가 함께함을 알아차리는 것이다.

修道(수도)하여 證(증)했다, 얻었다 함은 眞(진)이 아니며, 心法(심법)은 본래 고요(本寂,본 적)하여 진실로 멸(眞滅, 진멸)한 자리이기에 經(경)에,

諸法從本來(제법종본래)
常自寂滅相(상자적멸상)이라 하였다.

도는 진실로 善(선)함에도 머물지 않으며, 惡(악)에도 머물지 않고 믿음(信, 신)에도 머물지 않고 不信(불신)에도 머물지 않으며, 어디에도 머물지 않기에 누구라도 그것을 알아차리기 쉽지 않은 일이다.

덕이란 도의 행위이며 덕을 행하면 대상과의 믿음으로 상대와의 믿음이 쌓여갈 것이며, 쌓 여가는 믿음만큼 차별과 평등이 함께하는 세상에서 同出而異名(동출이이명)을 알아차려 차 별과 평등이 함께 (동시에) 온 것을 알아차리게 될 것이다.

도를 얻고자 하여 수행을 하는 최상의 目的(목적)은 세상의 지식을 얻고자 함이 아니고 도 를 알아 슬기로운 지혜를 얻고자 함이며, 그 얻은 지혜의 밝음으로 중생들에게 덕을 베풀고 자 함에 있다.

도덕을 바탕으로 사람들이 살아가며 모든 법과 규범이 도와 덕에 연관되어 차별을 평등으 로 이끌어간다는 것을 알면, 그만큼 도와 가까워지는 것이며 도가 귀한 것이라는 것도 알게 될 것이다.

50장

出生入死(출생입사)	세상에 태어나고 죽어 돌아간다고 (할 때에)
生之徒十有三(생지도십유삼)	살 곳으로 가는 자들은 열에 셋이고
死之徒十有三(사지도십유삼)	죽을 곳을 택하는 자들이 열에 셋이며
人之生(인지생)	태어나 잘살다가도 죽을 자리를
動之死地亦十有三(동지사역십유삼지)	찾아가는 이들도 열에 셋이다.
夫何故(부하고)	왜 그런가?
以其生生之厚(이기생생지후)	그것은 삶에 대한 집착이 너무 강하기 때문이다.
蓋聞善攝生者(개문선섭생자)	도를 굳건히 닦는다는 나머지 사람에게 들어보니
陸行不遇虎兕(육행불우호시)	산이나 들을 다녀도 들소나 범을 만나지 않고
入軍不被甲兵(입군불피갑병)	전쟁에 나가도 무기의 해를 입지 않는다 하였고
無所投其角(무소투기각)	들소가 들이받을 곳이 없기 때문이고
虎無所措其爪(호무소조기조)	범은 할퀼 곳이 없기 때문이며
兵無所容其刃(병무소용기인)	무기가 찌를 곳이 없기 때문이다.
夫何故(부하고)	왜 그러한가?
以其無死地(이기무사지)	그에게는 죽음의 자리가 없기 때문이다.

50장 무심으로 무위의 자연을 품으면 죽을 자리도 없다.

　사람들이 세상을 살아가면서 어떤 일에 부딪혔을 때에 그 일을 정리(처리, 대처)하는 것을 보면 앞으로 나아가는 자가 있고, 머무는 자가 있으며, 한발 물러서서 뒤로 돌아서는 자로 나

넌다.

사람이 같은 일을 당했을 때에도 사람들의 행위는 위와 같은 현상이 나타나는데, 왜 그런가?

그것은 사람들마다마다는 자유스러운 神(신)이기 때문에 스스로의 自性(자성), 즉 성품대로 행동하기 때문이다.

내가 비어있다는 것은 내가 나를 모르고 살아간다는 말인데 사람들의 온갖 행위가 자신을 모르고 살기 때문에 어떤 일들을 대처함에도 모두가 달라 앞으로 나아가는 자, 머무는 자, 뒤로 물러나는 자가 있는 것이다. 사람들마다마다는 자신이 살아오면서 때때에 배우고 익힌 것이나 몸소 체험한 것들을 일정한 틀에 넣어 자신만의 법(法)을 만들어 지니고 살아가는데, 그 법도 비어있는 것(法空, 법공)이라 모든 사람의 행위는 각각이 다 다를 수밖에 없다.

眞空妙有(진공묘유), 진실로 공함에는 묘함이 있다.

진실로 공하면 호랑이를 만나도 들소를 만나도 전장에 나가도 해를 입지 않는다 하였는데 그것은 진실로 공함은 생멸에 들지 않기 때문이다.

어느 도인의 일화이다.

예전에 득도하여 도통했다는 도인이 있었다.

도인은 대도를 득하여 무엇(生死, 생사)에도 걸림이 없고 생사마저도 초월한 세상을 살고 있다고 스스로 확신을 품고 살아가고 있었다.

그런데 어느 날 밤에 저승사자가 찾아와 잠자는 도인을 깨우며 "이젠 세상을 떠날 때가 되었으니 나와 함께 가자."고 하며 도인을 깨우는 일이 있었는데, 도인은 깜짝 놀라며 저승사자에게 "지금 내가 보입니까?" 물으니 저승사자는 아니 이제까지 이런 질문을 받아본 적이 없는 터라 속으로는 매우 의아해하며 "아니, 보이니까 찾아와 데리고 가려는 것이 아니냐?" 말하였다.

그러자 도인은 순간! '도를 통한 도인은 만법이 공함을 품고 살기에 저승사자의 눈에도 보이지 않아 저승사자가 데려갈 수가 없다고 하였는데 그러면 나는 그동안 도를 통한 것이 아니었구나.' 하는 생각에 이르자, 도인은 저승사자에게 납작 엎드려 자신은 할 일이 있으니 딱!

7일만 말미를 달라고 사정하며 매달렸다.

　저승사자는 이런 경우를 항상 겪었음에도 자신(저승사자)에게 눈에 보이냐는 질문을 받기는 처음이라 의아해하였는데, 하도 사정을 하며 매달리는 바람에 저승사자는 도인에게 그러면 7일의 말미를 줄 테니 그때에 찾아오면 군말 없이 따라나서라고 하며 떠나갔다.

　도인은 자신이 도통한 것이 아님(망상)을 알고 저승사자가 떠난 후에 자신을 되돌아보며 식음을 전폐하고 도를 얻기 위한 공부에 매진한다.

　저승사자의 눈에 띄지 않는 것은 '도가 비어있는 이치(眞空, 진공)를 알아 깨쳐야 하는데' 하며 하루가 가고 이틀이 가며 사흘을 넘기고 '생사가 하나임은 만법이 둘이 아닌 이치(不二, 불이)를 알아 깨치는 것인데' 하며 사일이 가고 오일을 맞았다. 도인은 '이미 해탈되어 있으니 생사의 걸림에서 벗어나야 하는데' 하며 잠도 잊은 채 오로지 도를 득하려는 일념으로 만사를 잊고 6일을 보내고, 저승사자와 약속한 7일을 맞이하게 되는데, 낮에 도인은 지친 몸을 추스르며 일어나려다 문득! 無心(무심)한 자신을 홀연히 보게 된다. 어?

　생사마저도 벗어나 해탈되어 있는 본래의 모습을 보며 '아! 본바닥은 본래부터 비어있는 것이라는 것'을 확연히 보고 알게 되었으며 스스로의 자성을 보고 깨달아 만법이 공함을 알고 생사가 둘이 아닌 이치를 홀연히 깨닫게 되었다.

　그날 밤 약속대로 저승사자가 도인을 데려가려고 왔으나 저승사자의 눈에는 도인이 보이지 않아 저승사자가 고개를 갸우뚱하며 돌아갔다는 얘기가 전한다.

道生之德畜之(도생지덕축지)　　　도는 그것을 낳고 덕은 그것을 기르며

物形之勢成之(물형지세성지)　　　물건마다 형체를 만들고 힘주어 그것을
　　　　　　　　　　　　　　　　기른다.

是以萬物莫不存道而貴德(시이만물막부존도이귀덕)　그러므로 만물은 도를 높이고 덕을 귀하게
　　　　　　　　　　　　　　　　여기지 않는 것이 없다.

道之尊德之貴(도지존덕지귀)　　　도를 존중하고 덕을 귀하게 여기는 것은

夫莫之命而常自然(부막지명이상자연)　누가 시키지 않아도 자연히 그렇게 되는
　　　　　　　　　　　　　　　　것이다.

故道生之(고도생지)　　　　　　　그러므로 도는 만물을 낳고

德畜之(덕축지)　　　　　　　　　덕은 만물을 기르고 자라게 하며

長之育之亭之(장지육지정지)　　　이를 키우고 이루어 여물게 하며

毒之養之覆之(독지양지복지)　　　돈독하게 하고 이것을 보호하며 덮는다.

生而不有(생이불유)　　　　　　　낳았어도 소유하지 않으며

爲而不恃(위이불시)　　　　　　　돌봐주었어도 자랑하지 않고

長而不宰(장이불재)　　　　　　　길렀으나 간섭하지 않으니

是謂元德(시위원덕)　　　　　　　이를 일컬어 그윽한 덕이라 한다.

51장 도는 형상에 머물지 않는다.

　함이 없는 無極(무극)의 혼돈에서 하나가 움터 음양을 이루며 天地(천지)가 생겨나고 만물
이 구분지어 가는데 모든 것들이 갈라지기 전부터 모든 것들을 품은 것이 있었으니, 그것은

하나인 道(도)이다.

하나인 도에서 무극의 혼돈이 생겨나고 하나인 도에서 음양과 오행이 생겨나며 하나인 도에서 천지 만물이 생하였다.

우주는 空殼(공각, 공기주머니)에 둘러싸여 공중에 떠 있으며 氣(기)의 波長(파장)과 氣電力(기전력)이 水(수)와 火(화)에 힘으로 서로 종과 횡으로 밀고 당기는 引力(인력)의 질서 위에 존재하고 있다.

天地(천지)와 사람(人)이 하나이며 하나는 空(공)하기에, 천지인 三才(삼재)는 空(공)함의 질서 위에 존재하며 우주 만물과 그것에 깃든 모든 존재물도 역시 空殼(공각) 속에 존재하고 있다.

도를 얻고 덕을 행하려고 대도를 수련하는 것은 천지가 공하고 사람이 空(공)한 이치(기혈 순환의 이치)를 알려고 수련에 임하는 것이며, 氣(기)에는 파장과 전력을 함께 담고 있음도 알아 깨치고자 함일 것이다.

대우주는 스스로 움직이고 변화하며, 그 기운이 담고 있는 無息小停(무식소정)함이 우주 만물의 本(본)이며, 천체를 움직이는 태양의 신명 활동을 우주의 体(체)라 할 것이다.

땅의 신명은 스스로 四時(사시)의 계절을 엮어내며, 변하는 것이 본이며, 만물이 조화를 이루고 변하며, 끊임 없이 만물을 길러내고 생산해내는 것을 체라 할 것이다.

사람의 신명은 스스로 맑고 밝은 것이며, 오장과 육부에 오음 오기의 조화로 세상을 변화시키며 때에 할 일을 처리해 나는 것을 체라 할 것이다.

세상은 별도의 神(신)이 존재하여 세상을 이끌어가는 것이 아니다.

사람의 밝고 맑은 신명이 때에 만물과 조화를 이루며 無息小停(무식소정)한 기운을 품고 찰나 찰나에 조금씩 조금씩 세상을 바꾸고, 꾸미고, 가꾸며 때에 적응하여 변화하는 사람들이 때에 문화와 역사를 만들어 내며 그것을 이어 내리고 있는 것이다.

五氣(오기)란 음양을 품은 기운인 금수목화토의 氣(기)를 말하며, 五音(오음)이란 오행의 기운을 담고 있는 소리를 말한다.

모든 사람(인류)은 기를 품고 살아가며 인체의 기관인 아, 순, 설, 치, 후음의 소리(聲)가 몸의 기관인 장기와 닿아있어서 조화를 이루며 邪氣(사기)를 몰아내고 체내에 생기를 들여 몸의 각 장기에 원활한 생명작용을 돕고 있으며, 기의 원천인 소리를 천지정음이라 하며, 天地

正音(천지정음)은 세계인들의 공통 언어인 모음으로 이루어졌으며, '아우어이훔'이다.

자연의 神氣(신기)인 생기 산소를 服食(복식)하여 내외의 음양이 合(합)하는 이치(상생상극)로 우리 몸에 들이면 몸 안에 있던 邪氣(사기)와 濁氣(탁기)인 탄소는 생기인 산소에 밀려 스스로 물러나며 몸에 들인 신기인 산소는 몸의 구석구석을 돌며 邪氣(사기)와 노폐물들은 신경 활로인 기맥을 따라 눈, 코, 입을 통하여 자연 배출된다.

본래 사람이 생한 자리가 공한 자리이며 사람이 살아가면서 얻는 온갖 것(질병)들도 생겨난 자리 또한 空(공)한 것인지라, 본래의 공함을 알아 텅 빈 항아리임을 알아차리는 것이 무엇보다도 몸의 건강에 지켜나가는 데에 우선되어야 한다.

공함을 알아차리는 것은 스스로 빈 항아리라는 것을 알아차리는 것이라 욕심을 내어 아무 것이나 함부로 담으려 하지도 않고, 무엇을 버리고 비워도 그것 또한 본래의 자리로 돌아가는 것을 알아 허전함이나 서운함도 없을 것이며, 차별의 세계를 살면서도 평등을 품고 살기에 항상 평안하고 유유자적하며 한가함을 유지하며 살게 된다.

욕심을 내어 담고자 하나 욕심을 낸다고 욕심만큼 담을 수도 없고 담았다 한들 그것이 그대로 담겨있지도 않은 이치를 알아차려야 한다.

그리고 욕심을 낸 만큼 만족하고 행복한가?

남들이 "행복하세요." 또는 '나는 이제부터 행복할 거야!'라는 생각을 지닌다고 해서 모든 일이 행복해지는 것인가?

본래 텅 비어 아무것도 없는 것에 무언가를 담았다고 해서 행복해지는 것은 아닌 것이다.

본래 빈자리에는 번뇌도 망상도 아픔도 기쁨도 슬픔도 고통도 즐거운 것조차도 붙어 있을 자리가 없다.

아무것도 없는 텅 빈 곳에 스스로 울타리를 치고 들어앉아서 '있다! 없다! 많다! 적다!' 하며 본래에 아무것도 없는 망상의 자리에 들면 맑음과 밝음을 잃어버리게 되며 스스로의 신명이 점점 어두워져서 괴로움과 고난과 고통이 고개를 들고 일어나게 되어있다.

본래의 자리에는 무엇을 들이거나 내거나 평안하며 신명이 맑고 밝으면 항상 신령스럽게 해탈되어 있어 그 자리는 항상 성성적조하고 요요한 涅槃處(열반처)이며 極樂處(극락처)가 될 것이다.

52장

天下有始(천하유시)	천하 만물도 시작이 있어
以爲天下母(이위천하모)	세상의 근원을 천하의 어미라 한다.
旣得其母(기득기모)	이미 천하 만물이 그 어미를 얻었으니
以知其子(이지기자)	이로써 우주 만물이 그의 자식이 된다.
旣知其子(기지기자)	이미 그 자식임을 알았으니
復守其母(복수기모)	돌이켜 그 어머니를 반드시 모시면
沒身不殆(몰신불태)	죽을 날까지 위태로움이 없을 것이다.
塞其兌(새기태)	입을 막고
閉其門(폐기문)	눈과 귀를 닫으면
終身不勤(종신불근)	죽는 날까지 고생할 일은 없을 것이나
開其兌(개기태)	입을 열고
濟其事(제기사)	일을 벌여 해보려 하면
終身不救(종신불구)	죽는 날까지 편히 살 수가 없을 것이다.
見小曰明(견소왈명)	작은 것을 보는 것을 밝다고 하며
守柔曰强(수유왈강)	부드러움을 지키는 것을 강하다고 한다.
用其光(용기광)	그 빛을 쓰면
復歸其明(복귀기명)	그 밝음으로 다시 돌아가게 되고

52장 어느 자식이 구렁이 되어 담 넘는 부모를 보았는가?

하나인 도를 얻어 천하 만물이 생겨나고 사람도 어미를 얻으므로 자손을 얻고 이어 내리고 있다.

사람의 생명은 어미의 모태에 착상되면서 시작하지만, 인생의 출발은 어미로부터 탯줄이 끊어지면서 시작된다.

사람의 인체에는 열 개의 구멍이 있는데 9개의 구멍은 때때에 사용을 하고 있으나 1개의 구멍은 태어나면서부터 닫혀 있는 구멍이 있으니 그것은 배꼽이다.

배꼽은 생명이 잉태하여 모체로부터 영양을 공급받던 탯줄의 끝이며 생명이 모체와 분리된 뒤에는 일체의 무엇도 인체 건강을 위하여 드나들어서는 안 되는, 닫혀 있는 문이다.

오장육부에 장기가 생성될 때에 모체와 이어진 탯줄에 의해서 영양을 공급받고, 정신도 이어받으며, 부모로부터 이어져 내려오는 魂魄(혼백)이나 蘗(얼)이 들고 나던 門(문)이 탯줄이며 배꼽인 것이다.

배꼽이 닫혀 있어서 쓸모가 없는 구멍인가?

'지난날에 어미로부터 분리되면서 지니게 된 흔적에 지나지 않은 것인가.'라는 생각을 가져 봄직도 하나, 배꼽은 인체에 들고나는 호흡으로 기운을 모으는 丹田(단전, 배꼽아래 1寸)을 품고 있다.

丹田(단전)은 사람의 정신과 육체의 균형이 이루어지는 중심점이며, 인체의 힘이 발현되는 곳이며, 혈액을 원활하고 활발하게 순환시키는 곳이라 '붉은빛을 발하는 밭'이라 하여 붙여진 이름이다.

배꼽이 인체의 중앙에 자리하여 닫혀 있으나 인체의 모든 것(氣, 血, 神)들을 주관하고 있다는 것을 알아 위의 조상으로부터 이어져 내려오는 혼백을 닮고 蘗(얼)을 잘 지켜 이어 내리는 문이라는 것을 알아야 할 텐데 얼마나 알고들 있을까 싶다.

使我介然有知(사아개연유지)	나로 하여금 잠시 내 아는 바를 들어내
行於大道(행어대도)	대도를 행하게 한다면
唯施是畏(유시시외)	오직 다음과 같은 것들에 흔들릴까 두렵다.
大道甚夷(대도심이)	대도는 매우 평탄한데
而民好徑(이민호경)	사람들은 질러가기를 좋아한다.
朝甚除(조심제)	조정의 가혹한 다스림에
田甚蕪(전심무)	논밭에는 잡초가 무성하고
倉甚虛(창심허)	거둘 것이 없으니 곳간은 텅 비었는데
服文綵(복문채)	조정의 무리들의 옷은 화려하고
帶利劍(대리검)	(백성은 굶주려도) 칼을 차고 위협하며
厭飮食(염음식)	(백성을 돌보지 않고) 음식이 넘쳐 싫증 나도록
財貨有餘(재화유여)	재물은 쓰고도 남으니 이것은 도둑질이다.
是謂盜夸(시위도과)	이렇게 도둑질하여 사치를 즐기니
非道也哉(비도야재)	이것은 도가 아니다.

53장 물질에 의지하면 공허함이 따를 것이다.

사람이 세상을 살아가며 정해진 바가 없어 흐르는 물처럼, 부는 바람처럼, 하늘의 새처럼 때때에 자유로이 살아가기를 바랄 것인데 왜 자유로이 살아갈 수가 없는 것인가?

그것은 크든 작든 여러 이유가 있을 것이나 사람이 태어나 성장하면서부터 눈에 보이는 것들에 의하여 싹이 트는 욕심 때문이다.

욕심은 씨(종자)가 없어서 그 양과 깊이를 알 수가 없으며 그 무게 또한 모르는 것이라 그 끝을 헤아릴 수가 없어 언제 어디서든 불쑥 튀어나오는 습성이 있어 사람들을 괴롭히고 있다.

그리고 욕심은 自性(자성)이 없어서 혼자서 생겨나는 것이 아니기 때문에 자신의 욕심을 채우고 키울 他(타)에 조건과 환경을 만들어 그것에 의지하고 기생하여 욕심이 움트고 자라나는 것이다.

사람의 慾心(욕심)은 식욕, 수면욕, 재물욕, 성욕, 명예욕이 있다.

사람이라면 누구나 지니고 있는 것이라 딱히 욕심이라 할 것도 없을 법한데 적당함이 지나치면 욕심이 되는 것이다.

過猶不及(과유불급) : 정도가 지나침은 미치지 못함만 못하다는 말이다.

건강한 활동을 위하여 지나치지 않은 식사를 나무랄 사람은 없을 것이며, 건강을 위하여 취하는 적당한 수면과 살아가는 데에 불편함이 없을 만큼의 재물을 모으려는 것이나, 난잡함이 없는 건전한 부부의 성생활을 욕할 사람은 없을 것이고, 자신이 배우고 익힌 것을 남들과 공유하고자 남들 앞에 나서는 행위를 탓하지는 않을 것이다.

욕심내어 과하게 음식물을 취하면 건강을 해칠 것이고, 편안함에 지나친 수면은 건강을 해칠 것이며, 지나친 재물에 대한 애정도 건강을 해치고, 난잡한 성생활도 정신과 건강을 해칠 것이며, 덜 익은 자가 남을 지도하려 든다면 세상의 조롱거리가 될 것이며, 스스로를 헤칠 것이다.

병들어 아픈 이가 남을 치료할 수가 없듯이 치료하려면 병의 근원이 무엇인가를 살펴봐야 할 것이다.

사람의 건강은 정신에서 시작하게 되는데 정신을 다스리는 마음을 잘 다스려 마음의 병이 없으면 정신이 온전하다 할 것이다.

마음을 다스리지 못하여 탈이 나면 심장에 이상이 생겨 열이 나고, 신장에 水氣(수기)가 마르고, 나머지 장기도 열을 받는다. 그렇게 되면 잠자던 온갖 질병들이 들고 일어난다.

마음을 바르게 하여 마음의 병이 없으면 근심과 걱정이 사라지고, 사랑과 증오가 사라지며, 평온한 일상을 즐기게 된다.

　參禪(참선)을 하는 목적은 밝은 지혜를 얻기 위하여 불가에서 화두를 들고 坐(좌)하여 정진하는 것을 말하는데 즈음에 세상에서는 정신건강을 위한 목적으로 참선에 임하는 것을 쉽게 보고 듣는 세상이 되었다.

　세상이 복잡해지고 다양성이 풍부한 시대가 되어 정신을 어지럽히는 많은 요소가 생겨나 많은 이들이 정신병을 안고 살아가기 때문에 어지럽고 혼란스러운 현실을 떠나 고요히 앉아 참선에 임하여 정신수양을 하고 건강을 지켜내려는 행위는 바람직한 행동이라 할 것이다.

　그러나 수행이 목적이라면 좌선을 하는 것만이 바람직하다고는 말할 수가 없는데 그것은 행주좌와 어묵동정이 모두 禪(선)에 속하기 때문이다.

　선대의 도인들이 도를 통하고 자성부처를 친견하는 것을 보면 길을 가다가 돌멩이를 걷어찼을 때나, 시냇물을 건너며 물에 비친 자신을 보았을 때나, 캄캄한 밤에 갑자기 방에 불이 꺼졌을 때나, 무아지경에 길을 가는데 강에서 갑자기 잉어가 튀어 올랐을 때나, 어느 날 어느 시에 정해진 바 없고 어떤 상황이나 자세였느냐에도 관계없이 준비된 자는 시절의 인연이 도래한다는 것을 알 수가 있다.

　도는 만법이 공함을 알아 챙겨 모양이 허망한 것임을 알아차리면 알맹이 없이 앉아서 도를 얻으려는 우는 범하지 않을 것이며 일상의 모든 행위가 도와 함께 하는 것을 알면 만사가 즐겁고 허허로울 것이다.

善建者不拔(선건자불발) 　 잘 지어진 것은 뽑히지 않고

善抱者不脫(선포자불탈) 　 잘 감싸진 것은 벗겨지지 않으니

子孫以祭祀不輟(자손이제사불철) 　 자자손손 제사가 끊어지지 않는다.

修之於身(수지어신) 　 몸이 도를 알아 닦으면

其德乃眞(기덕내진) 　 그 덕이 참될 것이요

修之於家(수지어가) 　 도로 가정을 다스리면

其德乃餘(기덕내여) 　 그 덕에 가정이 넉넉하게 되고

修之於鄕(수지어향) 　 도로 마을을 다스리면

其德乃長(기덕내장) 　 그 덕이 자라 오래 이어지며

修之於國(수지어국) 　 도로 나라를 다스리면

其德乃豊(기덕내풍) 　 그 덕에 나라가 풍성해질 것이고

修之於天下(수지어천하) 　 도로 천하를 다스리면

其德乃普(기덕내보) 　 그 덕에 고루 풍요로워진다.

故以身觀身(고이신관신) 　 그러므로 내 몸으로 남의 몸을 살피고

以家觀家(이가관가) 　 내 집의 일로 남의 집을 살피며

以鄕觀鄕(이향관향) 　 내 고을의 일로 남의 마을을 살피고

以國觀國(이국관국) 　 내 나라의 일로 다른 나라를 살피고

以天下觀天下(이천하관천하) 　 천하의 일로 천하의 도를 살필 수가 있다.

54장 누구라도 세상을 얻으려면 먼저 空桶(공통)을 취하라.

사람들이 일상에서 사용하고 있는 말이나 글 속에는 선대의 도인(道人)들이 남겨놓으신 말들이 많으며, 일상에서 사용을 하면서도 정작 그 뜻을 제대로 알지 못하여 본래에 품은 속뜻을 모르고 사용하거나 글이 품고 있는 뜻을 간과하는 경우도 있다.

修身齊家治國平天下(수신제가치국평천하)라는 말도 글의 풀이는 쉬우나 어디에 중심을 두느냐에 따라 여러 갈래의 풀이가 있을 수가 있는 글이며, 平天下(평천하), 즉 세상을 平正(평정)한다는 뜻을 지닌 글이라 누구라도 쉽게 풀어 말하기는 어려울 것이다.

세상을 살아가는 누구라도 한세상 살아가면서 남에게 대접받고 존경받으며 부귀와 영화를 누리며 때의 세상에 이름과 명성을 드날리며 만천하를 호령하고, 나아가 무병장수를 바라는 것은 세상을 살아가는 누구라도 별반 다르지 않을 것이다.

글로만 풀어보면 몸을 닦고(수신) 집안을 가지런히 편안하게 한 후에 나라를 다스리고 나아가 세상을 평정하고 천하를 다스린다는 말인데, 그저 글이 전하는 평범한 대로 修身(수신)하고 齊家(제가)하여 나라를 다스리고 평천하하여 세상을 호령한다면 누구라도 도전하여 수신하지 않을 사람이 없을 것이고, 제가하여 治國(치국)을 꿈꾸고 平天下(평천하)하려는 꿈을 꾸지 않은 이는 없을 것이다.

그러나 어떻게 하는 것이 올바른 修身(수신)이며 어떻게 닦아야만 齊家(제가)를 할 수가 있는 것인지 제대로의 수행법조차도 알 수가 없으니 몸을 닦는다는 수신에서부터 난제에 부딪히게 되고, 가정을 가지런히 편안하게 한다는 齊家(제가)도 함께 살아가는 집안의 가족과 일가친척을 포함한 일족을 제가한다는 것도 방법을 일러주는 지침이 없어 결코 쉽지 않은 일일 것이다. 그것은 일가의 구성원 어느 한 사람의 힘으로 집안의 모든 이들에게 한결같은 덕목을 갖추게 한다는 것이 결코 쉽지 않기 때문이다.

나아가 나라를 다스리며 세상을 平正(평정)하려면 어느 한 사람이 닦은 수행으로 세상 모든 사람을 다스린다는 것은 더더욱 어려운 일이라 하지 않을 수가 없는 일이다.

한 고을이나 한 나라를 넘어 천하를 평정하려면 얼마나 많은 힘과 노력이 필요할 것이며, 다툼과 싸움과 전쟁이 있을 것이고, 다투고 싸우는 과정에서 얼마나 많은 이들이 다치고 죽어 나갈 것인가?

그리고 전쟁 후에 살아남은 자들 또한 얼마나 많은 세월 고통을 안고 살아가야 할까?

천하를 얻어 平天下(평천하)하려면 천하를 평정해야 하는데, 자신을 위하고 자신만이 살고 있는 지역이나, 나라나, 민족만을 위하여 남을 침략하여 해치면서까지 평정한다는 것은 분명히 글을 쓰신 성현의 뜻에는 어긋난다는 것을 알아야 할 것이다.

남을 무시하고 업신여기며 힘으로 제압하고, 남에게 고통을 주면서 세상을 평정하려는 것은 세상의 모든 이들은 누구라 할 것 없이 모두가 귀한 존재임을 망각한 처사이며 어리석은 처사가 아닐 수가 없다.

修身齊家治國平天下(수신제가치국평천하)라는 말에서 가장 요긴하고 중점을 두어야 하는 말은 修身(수신)이다.

修身(수신)을 하여야 齊家(제가)를 할 수가 있고, 수신을 하여야 治國(치국)을 할 수가 있으며, 수신을 하여야 세상을 平天下(평천하)할 수가 있기 때문이다.

修身(수신)이라 함은 몸과 마음을 다스리고 새롭게 고쳐 생각하며 행실에 올바름과 삼감을 갖추어 스스로를 높이면서도 스스로를 낮추고 나와 남이 둘이 아닌 이치(평등과 차별)를 아는 것이며, 본래의 자리 萬法歸一(만법귀일)에 귀처를 아는 것이며, 우주 만법의 이치를 알아 대도견성을 해야 修身(수신)했다 할 수가 있을 것이다.

修身(수신)이란 天理(천리)에 어긋남이 없어야 하며, 천지 만물과 함께하여 때때에 익어가는 자연의 이치를 알아차려 스스로 大道見性(대도견성)을 밝혀 천하의 頭頭物物(두두물물)과 내가 둘이 아닌 이치(不二)를 알아 깨닫는 수신이어야 한다.

스스로가 奉天(봉천)하면 天應(천응)하여 順天(순천)하며, 천지 만물이 空(공)함을 알아 세상 만물이 모두가 주인이며, 어느 것 하나라도 소홀히 대하면 안 되고 모두를 귀히 여기고 존중해야 하는 것을 알아차려 깨달아야 제대로 修身(수신)했다 할 수가 있는 것이다.

수신하여 깨달은 자리는 天地人(천지인)이 하나이며 하나 속에 만법이 깃들어있으며, 만물

의 주인이 사람이며, 사람의 신령스러움이 神(신)임을 자각하고 스스로의 하늘을 알아 自性
(자성)이 빈 항아리(空, 공)임을 알아차려 깨치는 것이다.

齊家(제가)라 함은 수신하여 갖추어진 마음과 행동의 德(덕)으로 집안의 대소사를 가지런히
하여 그러한 행동(어짊)과 덕을 쌓으면 만인들이 스스로 따르고, 그것이 귀감이 되어 治國(치
국)의 本(본)이 되고 나아가 平天下(평천하)한다는 것이다.

修身(수신)을 하기 위한 수행자는 글에만 얽매여서도 안 될 것이며, 스스로를 통찰하며 살
아가는 것만으로도 안 될 것이다.

그것은 모양만을 갖춘 수신이라 올곧은 수신이라 할 수가 없으며, 종국에 얻을 것이 없는
수신이기 때문이다(大道無形, 대도무형).

철저한 수행에 근간을 두어 스스로가 천지와 부합하여 천지 만물이 無(무)함과 空(공)함을
알아 견성해야 수신을 득한 것임은 수천 년 인간 역사에서 先聖(선성)들이 증명하셨으며, 모
양을 쫓거나 모양만을 갖추는 것에 의지하거나 알음알이(識, 식)로 수행한 이들이 수신하여
제가하고 치국하여 평천하하였던가를 되짚어보면 알 것이다.

모양에 얽혀서 좋은 것이 좋다는 식이나 남들이 하는 대로 따라 하며 적당히 흉내만 내는
수행이 얼마나 부질없는 것이며, 나아가 얼마나 이들에게 상처를 주는 것인가? 되짚어 봐야
할 것이다.

올바른 행실과 덕목(인의예지신)을 갖춘 수신이어야 나와 남이 함께 존귀한 것을 알아 올바
르고 올곧은 행동을 하면 만인의 귀감이 되므로 하늘이 응하고, 하늘이 응하면 세상(사람)은
따라오게 되어있으므로 그것으로 平天下(평천하)한다는 말이다.

글이란 글자의 풀이에만 있는 것이 아니고 글이 품고 있는 뜻을 제대로 알아 수신하고 제가
하여 치국평천하를 이루는 것이 어디 밖에서만 찾을 일인가?

안으로 몰고 들어와서 神(신)이 살고 있는 집(몸, 신체)으로 끌고 들어와 수신제가치국평천
하를 살펴 봐야 할 것이다.

修身(수신)이라 함은 인체가 대우주(천지)의 기운을 품고 태어나기에 천지와 닿아있고, 천

지와 닮아 있어 천지의 기운과 함께 운행하며, 천지를 품고 있으므로 우주가 空(공)하듯 사람 또한 본래 空(공)함에서 왔음을 알아 인체가 小宇宙(소우주)임을 아는 것이다.

인체가 소우주라 함은 천기와 지기를 품고 있음을 말하며, 인체의 기관은 각각 독립된 나라 (오장육부)로 이루어져 있으며, 나라의 宮室(궁실)은 가슴이요, 관원은 혈(血)이며, 백성이 기 (氣)임을 알아 살피는 것이다. 즉, 氣血神(기혈신)을 품은 身體(신체) 각각의 장기가 하는 기 능을 확실히 알아야 한다는 말이다.

齊家(제가)라 함은 天一生水(천일생수) 천지가 생기며 가장 먼저 水(수, 물)를 만들어 냈음 을 알아 오장육부의 기능과 역할이 相生(상생)과 相剋(상극)의 조화로 극에 달한 더운 火氣 (화기)는 하강하고 찬 기운인 水氣(수기)는 위로 向(향)하며, 심장(火)에서는 북을 치고 신장 (水)은 춤을 추는 鼓之舞之(고지무지)함을 알아야 하며, 水火(수화)가 서로 妙(묘)한 기운과 어울려 돌아가며 水火相濟(수화상제)함을 알아 몸의 건강을 지켜내는 것처럼 항상 가정을 살 피듯이 몸의 각각의 장기들이 하는 일들을 알고 음양과 오행의 조화를 알아 제대로 살피고 다스려야 제가한다는 말을 할 수가 있을 것이다.

治國平天下(치국평천하)는 몸의 氣血神(기혈신), 삼위가 건재하여 神(신)이 거하는 집(身)에 血(혈)이 돌고 氣(기)가 통하고 神(신)이 맑아 건강을 온전히 지키며, 一身(일신)의 신명이 평 안하여 온 천하(오장육부)가 평안하다는 것이다.

천지 만물의 조화가 사람의 一身(일신)의 변화와 동일하며, 천지의 자연은 4계절로 호흡하 고, 대지는 낮과 밤이 한 호흡이며, 사람은 호흡을 들이고 내쉼(한 호흡)에 일신의 변화가 동 시에 함께 일어나 변하고 있으며, 눈으로 보고 귀로 들으며 느끼는 자연의 조화나 보이지 않 는 몸의 변화도 항상 함께 생멸에 변화를 이어나가고 있다.

한 생각의 올바름과 행동으로 오장을 다스려 肝(간)을 잘 다스리면 魂(혼)이 건재하고, 肺 (폐)가 건강하면 魄(백)이 튼튼히 자리하여 스스로의 蘗(얼)이 생생할 것이며, 신명 또한 맑고 밝을 것이다.

오장육부의 나라를 잘 다스림을 治國(치국)이라 하고, 스스로의 神明(신명)이 맑고 밝은 정 신을 지켜 스스로의 蘗(얼)이 생생하면 그것을 평천하 하였다 할 수가 있을 것이다.

나라의 본은 무명에서 생기고 나라 속의 나라가 있어 항상 이름만 다를 뿐 나라도 생멸 속에 있으며, 한 나라(一國) 속의 열나라(十國)를 보고, 열나라 속에 百國(백국)이 있음을 알아 修身(수신)이 온전하면 수신과 平天下(평천하)가 하나임을 알아차리고 보게 될 것이다.

스스로의 몸(생각, 마음)이 온전치 못한 이가 어찌 세상을 구제할 수가 있을 것이며, 어찌 외눈박이(고집)가 세상을 온전히 볼 수가 있을 것인가. 나아가 천하를 평정하려 한다면 세상의 웃음거리가 되고 말 것이다.

누구라도 늦지 않은 것은 스스로의 나라(몸과 마음)를 먼저 다스리고 출세하여야 세상 사람들에게 손가락질받지 않고 스스로 지니고 온 天賦(천부)의 사명을 다할 것이다.

하늘 아래에서 '나!'만이라는 생각의 아상과 욕심을 지니고, 어짊도 모르고 덕을 모르는 이가 어떻게 수신을 말하며, 남을 救濟(구제)하고 평천하하겠다는 말을 감히 할 수가 있을까?

이는 허공을 스치는 메아리이며, 때에 지나는 바람(風)에 개가 방귀를 뀌며 하품하는 일이라 할 것이다.

밖을 보고 천하를 얻으려 한다면 수고만 있을 것이고, 스스로 안을 보고 살펴 一身(일신)이 평안하고 편안하면 天下(천하)의 모든 일은 스스로 평정될 것이다.

修身齊家治國平天下(수신제가치국평천하)를 품어 세상을 평정하려면 소리 없는 소리를 듣고 흐르되 흐르지 않고, 머물되 머물지 않는 마음을 품은 대장부가 되어야 할 것이며, 그런 대장부의 출현을 학수고대해 봐야겠다.

| 含德之厚(함덕지후) | 후덕하게 덕을 품은 자를 |
| 比於赤子(비어적자) | 비유하자면 그는 갓난아이와도 같다. |

蜂蠆蛇不螫(봉채사불석)	독충이 쏘지 않고
猛獸不據(맹수불거)	사나운 맹수가 덮치지 않으며
攫鳥不搏(확조불박)	발톱이 날카로운 새도 채가지 않는다.

骨弱筋柔而握固(골약근유이악고)	뼈와 근육이 비록 약하지만 아귀힘은 세다.
未知牝牡之合而全作(미지빈모지합이전작)	암수의 교합을 알지 못해도 발기하는 것은
精之至也(정지지야)	정기가 지극하기 때문이다.

| 終日號而不嗄(종일호이불사) | 종일 울어도 목이 쉬지 않으니 |
| 和之至也(화지지야) | 이것은 조화에 지극함 때문이다. |

| 知和日常(지화왈상) | 조화를 아는 것을 상이라 하고 |
| 知常日明(지상왈명) | 오래감을 아는 것은 밝다고 하며 |

| 益生日祥(익생왈상) | 억지로 생을 이롭게 하는 것은 상이라 하고 |
| 心使氣日强(심사기왈강) | 마음이 기를 부리는 것은 강이라고 한다. |

物壯則老(물장즉로)	모든 사물은 강해지면 쇠하기 때문에
謂之不道(위지부도)	부려서 강한 것은 도가 아니다.
不道무已(불도조이)	도가 아니기에 일찍(쉽게) 사라진다.

55장 의심이 확고해야 도를 품을 수가 있다.

사람의 日常(일상)이 도를 품고 있어서 무엇을 한들 도와 함께하고 있으며 사람이 행하는 모든 일이 도 아님이 없기에 사람을 萬物(만물)의 靈長(영장)이라고 한다.

사람이 만물의 영장이라 하는 것은 스스로 알아차려 깨달음을 얻을 수 있는 靈的存在(영적 존재)이기 때문이다.

깨달음에도 크고 작은 것들이 있으며 일상의 잘못된 말이나, 행동을 고쳐나가는 것이나, 대도를 얻고자 수행에 임하는 일들을 포함하여 사람만이 잘못을 인지하고 자각하여 잘못을 고쳐나가는 영적 존재이다.

천지의 자연은 있는 그대로 가늠키 어려울 만큼 무량한 힘을 지니고 있으면서도 때로는 부드럽고, 때로는 강하기 그지없다.

자연의 도(無爲, 무위)를 취하는 것이 대도를 취하는 것이며, 진공을 득하는 것이고, 妙(묘)함을 득하는 것이다.

도는 누구라도 득할 수가 있으나, 도를 득하려는 이는 먼저 자신을 돌아다보고 스스로 정리하여야 할 것들을 필히 정리해야 한다.

1. 名利(명리)를 버려야 한다.

   스스로의 이익과 이름을 드러내려는 세속의 삶을 버리고 잘못된 생각과 행동을 하며 살아온 지난날들의 반성과 참회가 있어야 하며, 스스로를 속이지 않아야 하며, 자신에게 속아 끌려가지 않아야 함을 마음 깊이 새기고 삼독(貪嗔痴, 탐진치)을 여읜 마음과 行(행)을 품어야 할 것이다.

##수행에 임하고자 하는 수행자는 스스로의 마음에 욕심(허욕, 오욕, 과욕)이 질병임을 알아 먼저 치료를 해야 할 것입니다.

2. 喜怒(희로) 貪嗔痴(탐진치) 감정을 억제하고 버려야 한다.

   마음의 기쁨이나 슬픔을 버려야 하며, 의심이나 염려를 제거하여 일체의 망념과 불평,

불만을 제거하고 인간사의 모든 일이 하늘과 닿아있어서 我空(아공)과 法空(법공)임을 알아 생사가 공함을 알고, 수행에 임해야 한다(매우 중요한 말씀).

3. 過酒(과주) 亂色(난색)을 피하라.
   지나친 음주를 피하여 자신의 건강을 지키며, 정신을 어지럽히는 색을 멀리하여야 하며, 心神(심신)이 自靜(자정)하고 자정하면 元神(원신)이 自淸(자청)하게 되며, 百欲(백욕)이 불생하고 三毒(삼독)이 소멸되기 때문이다.

4. 慾心滋味(욕심자미)하라.
   음식의 맛에 길들여 욕심을 내지 말아야 하며, 맛있는 것만을 취하여 편식하지 말며, 음식을 골고루 섭취하여 건강을 지켜내라는 말이다.

5. 統神聚精(통신취정)하라.
   스스로의 신명을 지켜서 맑고 밝은 정신을 지니라는 말이다.
   스스로의 신명이 밝음을 지키면 정신은 自淨(자정)하고 自淸(자청)하게 되어 스스로 만법이 공(眞空, 진공)함과 함께하고, 스스로의 행이 妙有(묘유)임을 알아차리게 되는 이치를 밝힌 말이다.

도는 차별의 세계에서 평등의 세계를 알아차려 평등과 차별이 함께 하는 이치를 얻고자 하는 것이며, 철길(法)의 궤도를 타고 앞만 보며 달리는 기차(차별)와 앞뒤 꼭지(대가리)에 구분이 없어도 앞으로 뒤로 달리기에 불편함이 없는 전차(평등)의 세상이 함께(기차와 전차. 차별과 평등) 공존함을 알아차리는 것이다.

道通(도통)하거나 頓悟見性(돈오견성)했다 함은 없던 무엇을 새롭게 알아 얻은 것이 아니며, 우주 만법의 본래의 자리, 즉 대우주의 根(근)과 本(본)을 알아 홀연히 자성부처(佛性)를 친견하여 깨달음을 얻는 것이다.

도를 통하여 眞人(진인)이 되면 세상사의 일에 대해서 궁금함이나 의심을 내려놓게 되며,

무엇을 알려 하지 않아도 알게 되고, 하나를 통하면 열을 알게 되는 지혜가 생긴다.

궁금함이나 의심이 없어져 무엇을 알려 하는 집착도 없어지고, 안다 모른다고 하는 識(식)이 없어지니 눈으로 보아도, 귀로 들어도, 코로 냄새를 맡아도, 혀로 맛을 보아도, 몸으로 접촉하여 의식의 생각이 일어나도 본래의 근과 본을 알아 空(공)함을 품고 있기에 어떠한 것에도 물들지 않는 마음을 품고 있어 어떠한 고통에서도 벗어나 있다. 그렇다고 해서 공한 것만을 품고 있어서 색(사물)을 부정하는 것도 아니다.

한 생각이 일어나고 한 생각이 滅(멸)하는 것을 生死(생사)라고 하는데 들고나는 生死(생사)가 항상 대상과 함께하며 깨어있으나, 잠을 자는 몽중에서도 함께하고 있다는 것도 알아야 할 것이다.

생사의 浮沈(부침)이 대상과 함께할 때에 부디 힘을 다하여 '이놈이 어떤 놈인고!' 하며 간절한 마음으로 부딪쳐 보면, 홀연히 돌장승이 눈물 흘리고, 돌사자가 포효하며, 벙어리가 빙긋이 웃으며 노래하는 날을 맞이하게 될 것이다.

도를 이루려는 수행자들은 많으나 도(견성)에 이르지 못하는 것은 스스로가 장애(의심)를 극복하지 못하기 때문이다.

본래의 疑心(의심)과 信心(신심)은 한자리에 있는데 의심이 확고하고 철저하면 얻어지는 신심도 그렇게 확고할 것이나, 의심이 흐리고 확고하지 못하면 신심도 그렇게 확고하지 못하여 생멸하는 대상에 따라 이리저리 흔들리게 된다. 그것은 의심이 확고하지 못하기 때문이다.

의심이 철저하고 확고해야 함은 의심의 자리에서 신심의 싹이 돋아 꽃을 피우고 꽃에 열매가 맺혀 때가 이르러 奇緣(기연)의 자리를 만나게 되고, 몰칵! 의심을 던져버리며 자성부처를 보게 되는 것이다.

도를 얻으려는 마음을 내어 열심히 수련하려 하지만 스스로 도를 담을 수가 없는 그릇인 경우도 있고, 어느 경계에 들어서면 견성득도에 대하여 확실한 信心(신심)이 흔들려서 어떻게 해야 이룰 수 있는 것인지 헤매는 경우와, 스스로 의심을 제거하지 못하여 알음알이(識)에 안주하는 수행자들을 심심찮게 보기도 한다.

도는 일상에 품고 있다. 어린아이를 보호하려 항상 품어야 하듯이 우리는 모두 그렇게 도를 품고 살아가고 있다. 밖에서 구하려 밖으로 눈 돌리지 말고 안으로, 안으로 스스로를 품고 품으면 홀연히 자성부처를 만나는 기연이 있을 것이며, 그 자리에는 태평가의 가락(게송)이 터져 나올 것이다.

불가에서는 수행의 방법으로 더운 계절과 추운 계절을 택하여 夏安居(하안거), 冬安居(동안거)의 수행방법이 있다.

안거에 임하는 스님들은 임하는 안거의 기간 중에 철저히 배우고 익혀 부처를 이루려는 確哲(확철)한 신심과 출가 시에 품은 초심으로 철저한 수행에 임할 것이다.

그러나 스스로의 초심과 발심이 확고하지 못하여 그저 세월만 저버리는 경우가 있는데 그것은 식과 문자에 의지한 수행을 이어가는 경우이며 더 나아가서는 확철대오한 지도자의 도움을 받지 못하는 경우이다.

천지 만물은 씨가 있어 그것에 의하여 싹을 틔우고 종을 이어나가는 것인데 도를 얻고자 수행을 하지만 도의 씨를 품은 도인을 만나기 어려운 세상이 되어 실다운 지도자를 만나기 어렵다는 데에 문제가 있다.

문자에 얽매인 識(식)으로는 도에 근접할 수는 있으나 그것으로는 도를 得(득)할 수가 없는 데 즈음에 실상을 보면 식자들이 도인 행세를 하는 세상이 되어 실다운 도인을 만나기 어려운 세상이 되었다.

그러나 스스로의 의심이나 발심이 확고한 수행자는 때에 수행을 이어나간다면 천신과 호법 신장의 도움으로 굽이굽이마다 지도해줄 지도자나 스승을 만나게 될 것이다.

그것은 하늘에서도 도인의 출현을 바라고 준비하고 있기 때문이다.

56장

知者不言(지자불언)　　　　아는 이는 말하지 않고

言者不知(언자불지)　　　　말하는 이는 알지 못한다.

塞其兌(새기태)　　　　　　입을 막고

閉其門(폐기문)　　　　　　눈과 귀를 닫는다.

挫其銳(좌기예)　　　　　　날카로운 것은 무디게 하고

解其分(해기분)　　　　　　얽힌 것들은 풀어주고

和其光(화기광)　　　　　　빛과도 화합하고

同其塵(동기진)　　　　　　먼지와도 함께하니

是謂玄同(시위현동)　　　　이를 도와 함께한다고 한다.

故不可得而親(고불가득이친)　그러므로 무엇을 얻었다 해서 가까이하지 말고

不可得而疏(불가득이소)　　　멀리하지도 말며

不可得而利(불가득이리)　　　이롭게 하지도 말고

不可得而害(불가득이해)　　　해롭게 하지도 말라

不可得而貴(불가득이귀)　　　귀하게도 대하지 말고

不可得而賤(불가득이천)　　　천하게 대하지도 말라.

故爲天下貴(고위천하귀)　　　그런 까닭에 도는 천하가 귀한 것이 된다.

56장 말이나 글로서는 도에 이를 수가 없다.

도는 안다 모른다는 상식으로는 얻을 수가 없다.

안다는 것은 망상이고, 모른다는 것은 무지일 뿐이다.

단단하고 마른 땅에 물이 고인다.

신명은 본시 신령스러워 스스로 어디에도 막힘이 없고 무엇에도 걸림이 없건,만 스스로 지니고 있으면서도 이것을 제대로 알지 못하고 안다 모른다, 있다 없다는 이변의 망상에 빠져 살고들 있다.

아상과 망상에 빠져 나를 내세워(我相) 자랑하지만, 그것이 치료해야 할 병이라는 것을 알지 못하는 것이 더욱 안타깝다. 그러니 치료할 처방조차 쉽지 않은 것이 더더욱 안타까울 뿐이다.

그러니 언제 땅이 말라 물이 고일 수가 있을까?

자연의 無違(무위)는 어김이 없고 無私(무사)라 사심이 없어서 스스로 물질의 얽매임에서 벗어나면 본래의 청정함으로 되돌아가는 것이 天理(천리)이다.

사람의 생은 정신과 물질을 함께 품고 서로가 공존하며 살아가고 있는데 물질에 치우치지 않고 정신을 가지런히 하면 다소 물질의 궁핍함은 따를 것이나 정신의 신명이 맑아 몸이 건강하고 무엇을 한들 재미있는 극락, 열반의 세상을 살게 된다. 정신을 가볍게 여기고 눈앞의 상(물질)을 쫓아가고 물질을 향한 마음에 집착하여 욕심을 내면 욕심을 내는 만큼 스스로의 신명이 탁해지고 혼미해져서 무엇을 한들 재미없고 맛대가리가 없는 세상을 맞이하게 되어 있다.

궁극에 재물을 취한들 제대로 써보지도 못하여 흘리고 뺏기게 되며 스스로 욕심의 굴레에서 벗어나지 못하여 배회하게 되면서 건강을 흘리게 되고, 질병을 얻게 되며, 고통을 안고 살아가게 되는 것이다.

우리는 늘 대상(물질과 정신)과 함께 살고 있다.

긍정과 부정이 함께 하고, 나와 남이 함께하며, 無(무)와 有(유)가 함께하고, 色(색)과 空(공)이 함께하고 있는데 대상을 버리고 어느 한쪽만을 취한다면 온전한 하나에서 반쪽만을 취한 것이 되며, 얻은 반쪽이나 잃은 반쪽은 항상 대립하여 無我(무아)를 잊게 만든다.

煩惱(번뇌), 妄想(망상)이란 때에 스스로 할 일을 미루거나 결정을 못 하여 이럴까, 저럴까 하는 마음의 갈등이 망상이며, 망상이 쌓이고 쌓여 스스로 감당하기 어려운 상태가 되면 몸의 장기가 제 기능을 잃고 血(혈)이 위로 솟구쳐 머리가 뜨거워지고, 스스로 짜증이 나며, 어지러운 혼돈의 상태를 머리에 담고 있는 것을 번뇌라 할 것이다.

태고 이래로 사람의 삶은 精神(정신)과 物質(물질)이라는 쌍두마차에 태워져 살아가고들 있는데 정신을 버리고 물질만을 취하려 하는 것도 올바름이 아니요. 반면 물질을 버리고 정신만을 취하려는 것 또한 올바름이 아니니 항상 정신과 물질을 가지런히 함께 취하여 어느 것에도 기울지 않는 삶을 영위해야 하기에 지혜가 필요한 것이다.

어느 한쪽에 치우치면 얽매인 생각으로 스스로가 망가지고 나와 남을 구별하므로 함께하는 대상들에게도 망가진 망상만큼 고통을 안겨주게 될 것이다.

신령스러운 신명이 정신을 주관하여 본래의 것(空)을 잃지 않으면 무엇을 하든 매사가 편안할 것이다.

그러나 무언가 '있다.'고 하는 相(상)에 얽매이면 욕심이 자라나 고통과 근심이 끊이지 않으며 신명이 흐트러져서 마음에 '?'이 쌓이고 쌓여 본래의 자리엔 없던 것들이 생겨나며 천지의 자연과 함께 살아가는 것을 망각하게 되고 때에 대상과 할 일을 잃어 때에 할 일을 하지 못하고 방황하게 되며, 궁극에는 들어찬 만큼 스스로가 건강이 망가지고 훼손되어 허물어지게 되는 것이다.

神明(신명)이 신령스러움은 본래 사람이 세상에 올 때에 밝음을 지닌 神(신)과 함께 왔으며 항상 신(自性, 자성)의 올바름과 밝음과 맑음이 함께하기에 신령스러운 것이다.

神(신)이나 부처가 따로 있는 것이 아니라 스스로의 自性(자성)이 신을 담아 품고 있으므로 스스로가 부처이고 스스로가 신이라서 卽心是佛(즉심시불)이며 卽身是佛(즉신시불)이라 하였다.

道(도)를 얻어 견성함을 신비함이나 신성시하여 특정의 수행자나 聖人(성인)만의 소유로 생각하기가 쉽고, 무언가 일반 중생들은 어렵고 난해하여 득할 수가 없는 것이라는 생각을 가진 이들도 있을 법하고 수행에는 단계가 있어서 일반 대중은 득도할 수가 없는 특정인의 영역이라는 생각도 지녀 봄직도 한데, 그것도 잘못된 생각이며 잘못 얻어들은 상식에 지나지 않는 것이다.

도는 특정인이나 어느 일부 사람의 소유가 아니다.

누구라도 신분의 高下(고하)나 수행의 여부에도 상관이 없으며, 帶妻(대처)냐, 比丘(비구)냐 하는 것도 상관이 없고, 有髮(유발)이나 削髮(삭발)에도 상관이 없고, 학력의 유무에도 상관이 없으며, 어느 스승의 문하인가도 상관이 없으며, 종단의 대소와도 상관이 없다.

도는 오로지 스스로의 신명이 밝음을 알아 깨쳐 자성부처를 친견하면 그것으로 도를 이룬 도인이라 할 것이며, 1차의 깨침 후에 2차의 깨침이나 3차의 깨침은 도를 이룸에 다소의 미진함이 있을 것이라는 생각을 가져봄직은 하나, 한번 자성부처를 친견하여 깨치면 2차, 3차의 깨침은 없다.

도를 이룸은 도끼로 나무를 팰 때 한방에 나무가 두 쪽 나는 것처럼 단박에 깨치고 찰나의 깨침이 있으며, 그 찰나에 천지 만물이 하나이며, 나와 남이 다르지 않으며, 만법이 허상인 것을 알게 되어있다.

2차 3차의 깨침을 말하는 이는 도를 알지 못하고 識(식)에 알음알이로 도를 득하려는 행위라 그런 말이나 생각으로는 도에 근접할 수가 없다.

도를 얻으려는 수행자 중에는 수행한답시고 적당히 세상과 타협하고 세월만 죽이며 겉모습만을 치장한 불쌍한 이들을 많이 보게 된다. 그들은 부끄러운 줄도 모르고 자리를 탐하며 법랍을 자랑하지만 깨치지 못하면 일반 속인과 다르지 않은 범부중생에 지나지 않는 것이다.

도를 깨쳐 얻은 득도자의 일상이나 일반 중생들의 일상이 다를 것이라는 생각도 가져 봄직한데 그놈이 그놈이라 달라지는 것은 없으며, 도인은 평등과 차별을 함께 지니고 생활하지만, 일반 대중은 평등을 망각하고 차별계에서만의 생활을 영위하는 것이 다를 뿐이다.

도를 닦고 수행한다고들 하지만 實相(실상)의 도는 닦을 것도 수행할 것도 없는 것이라 無修有覺(무수유각)이라 하였다.

57장

以正治國(이정치국)	올바름으로 나라를 다스리고
以奇用兵(이기용병)	돌발적인 변고에만 병사를 부리면
以無事取天下(이무사취천하)	아무 일을 하지 않아도 천하를 도모할 수가 있다.
吾何以知其然哉(오하이지기연재)	나는 어찌하여 그러함을 아는가?
以此(이차)	다음과 같은 사실로서 안다.
天下多忌諱(천하다기휘)	천하에 금지하는 것들이 많아지면
而民彌貧(이민미빈)	백성들은 더욱 가난해지고
民多利器(민다리기)	백성들 사이에 물건(무기)이 많아지면
國家滋昏(국가자혼)	나라는 더욱 혼란스러워지고
人多伎巧(인다기교)	사람들이 재주가 늘고 교활해질수록
奇物滋起(기물자기)	요상한 물건이 더욱 생겨나고
法令滋彰(법령자창)	법과 명령이 늘어날수록
盜賊多有(도적다유)	도적이 더욱 늘어나게 된다.
故聖人云(고성인운)	그런 까닭에 성인이 말씀하시기를
我無爲而民自化(아무위이민자화)	내가 아무것도 하지 않으니 백성들이 저절로 감화되고
我好靜而民自正(아호정이민자정)	내가 고요함을 좋아하니 백성들이 저절로 바르게 되며
我無事而民自富(아무사이민자부)	내가 일을 꾸미지 않으니 백성들이 저절로 풍족해지고
我無欲而民自樸(아무욕이민자박)	내가 욕심을 내지 않으니 백성은 스스로 순박해진다.

57장 도는 달팽이가 황소 대가리를 짊어지고 가는 것이다.

도는 귀한 것이나 도를 몰라도 살아가는 데 불편함은 없다.

그것은 도가 일상과 함께하기 때문에 그것을 제대로 인지하여 알아차리기가 어렵다는 말이며, 도를 구하기는 더더욱 어렵다는 말이 된다.

너무도 쉽고 흔한 것이지만 찾아 나서서 구하려 하면 인지하기가 어려우므로 실상의 도를 접한다는 것은 실로 어려운 일이 된다.

어려운 듯하면서도 돌아보면 쉬운 듯 보이는 道(도)를 찾아 도를 얻으려 함에 실제 사용하고 있는 글에서 도를 찾아보려는 것도 매우 흥미로울 것이라 여겨 道(도)라는 글이 지니고 있는 형상과 뜻에 옛 어른들이 글을 만들면서 담아 놓은 지혜를 찾아보자.

道(도)자를 파자해보면 '쉬엄쉬엄 갈 辶(착)자'와 '머리 首(수)'로 이루어진 회의문자임을 알 수가 있는데 옛 어른들이 글을 만들 때에는 육서 육체의 원칙에 의해서 자연의 형상에서 모형을 따와서 글을 만들었음을 알면 무엇이 쉬엄쉬엄 가며, 누구(?)의 머리인지를 제대로 알면 도를 찾아가는 길에 도움이 될 것이다.

'쉬엄쉬엄 간다는 辶(착)'자는 달팽이가 제 몸을 싣고 다니는 형상의 글이며 '머리 首(수)'자는 황소의 두상을 형상화하여 만든 회의문자이다.

느림보 달팽이의 걸음(辶)과 우직하고 용맹스러운 황소의 머리(首)로 道(도)라는 글을 만들었으니 글이 뜻을 담고 있음을 안다면 도에 훨씬 가까이 다가갈 수가 있을 것이며, 소통(길)이 도임을 알게 될 것이다.

달팽이가 자신의 몸뚱이(자신)를 버리고 황소 머리를 싣고 다니는 것은 자신을 잊어버린 행태이니 無我(무아)의 뜻을 담고 있으며, 황소도 자신의 몸뚱이는 버리고 머리만 실려서 다니는데 머리가 의미하는 것은 무엇인가요? 머리는 생각이요, 마음을 뜻하고 있으니 몸뚱이를 버리고 머리만 있으니 無心(무심)을 뜻하며 쉬엄쉬엄 가는 것은 일상에 부딪히는 생멸의 因緣(인연)을 뜻하며, 소통은 뜻을 담고 있다.

##그래서 도란 일상을 살아가는 행위이며 행위는 생멸에 인연을 이어가고, 항상 변하며 길(道)이란 새로움을 만들고 변화에 응하지만 정작 내가 나를 몰라 무심코 살아가고 있다는 뜻을 담고

있습니다.

　부딪히는 인연에 따라 내가 나를 모르고 언제 무슨 일이 생길지?

　있어도 없어도 알지 못하여 무심코 살아가지만, 항상 대상과 함께하고 있으며 새로운 무엇(?)을 만나도 불편함이 없이 새로운 길(도)을 만들어나가며 무엇과도 소통을 이루며 살아가고 있다.

　도는 누구와도 함께하고 있으며 무엇이나 누구라도 도와 잠시 잠깐도 떠난 적도 없고, 떠날 수도 없으며 항상 무심한 황소가 묵묵히 제 일을 하는 것처럼 누구나 묵묵히 도와 함께 살아가고 있다.

　본래 마음이 비었다 함은 본래 자기 스스로의 자신이 자신의 행위를 모르고 산다는 것이며, 스스로 자기를 내세우거나 내세울 것조차도 없다는 것을 말하는 것이다.

　본래의 본심을 알면 어디에도 자신이 없음을 알며 無我(무아)를 알고 無念(무념), 無心(무심)을 알게 된다.

　옛 어른들이 도를 구함에 소를 찾아(尋牛, 심우) 나선 지혜는 도의 실체를 알고자 하는 수행자들에게는 크나큰 법문이 될 것이며 일상이 도임을 일깨워주는 글이 될 것이다.

　있다(有), 없다(無)는 망상을 버리고 안다, 모른다는 망상을 버리면 걸림이나 장애는 스스로 물러날 것이며 황소의 뚜벅뚜벅 걷는 걸음과 쉬는 듯 가는 듯이 쉬엄쉬엄 걷는 달팽이의 걸음걸이처럼 우리도 그렇게 걷고 있음을 인지(無心)하면 도에 더 가까이 근접하는 자신을 만나게 되고 일상의 행위가 대상과의 소통임을 알게 될 것이다.

　나라를 다스리는 자가 무심한 황소처럼 뚜벅뚜벅 걷고 달팽이처럼 가는 듯 안가는 듯 쉬엄쉬엄 가며 욕심을 버리고 나라를 다스린다면 백성들은 저절로 감화되고, 풍속을 바르게 지키며, 저절로 풍족해지고, 스스로 순박해질 것이다.

　세상을 살아가는 사람들은 사회적 동물이라 서로가 서로에게 믿음과 信賴(신뢰)를 주고, 약속을 지키고, 말하지 않아도 묵시적으로 지켜야 할 것들이 있을 것인데, 그런 것들을 지키지 못할 경우를 대비하여 만들어 놓은 약속이 있으니 그것은 규범이요, 法(법)이라 할 것이다.

법은 만인이 지켜야 할 규범이요, 약속인데 즈음에 사용하고 있는 '法(법)'자를 파자해보면 'ᅵ(물 수)'와 '去(갈 거)'로 이루어져 있다. 이를 풀이해보면 물이 위에서 아래로 흐르듯이 가는 형상에 글임을 알 수가 있는데, 즉 위에서 지시하는 사람의 지시나 명령을 따라야 한다는 말이 된다. 이것은 법의 평등의 원칙을 염두에 두지 않은 글이라는 것을 알 수가 있다.

법이 만인에게 공평한 것이 아니라면 법으로서는 생명력을 잃은 것이며, 만인에게 공평하지 못하다면 누가 법을 지키려 할 것인가?

다행히 '법 법'자를 만든 사람이 있어서 여기에 적어본다.

옆의 글은 '법 법'자의 古字(고자)이다.

'법'자는 진나라 승상을 지낸 李斯(이사)가 지었다.

춘추 전국시대를 통일한 진나라가 나라의 덩치가 커지면서 통치를 위한 수단으로 강력한 중앙집권제를 실행하기 위하여 사람들을 다스리고 지배하기 위해서는 강력한 법이 필요하게 되었다.

승상인 이사는 법이란 어떻게 만들고 어떻게 사용해야 만인을 위하는 것인가를 고민하게 되었는데, 어느 날 성 밖 강가를 거닐며 무심코 강가의 바위 위에 둥지를 틀고 새끼들에게 먹이를 물어다 주는 어미 물새를 보고 발길을 멈추고 물새 둥지를 바라보게 되었다.

신록이 우거지고 흐르는 물소리에 주위는 평화롭고 날씨도 화창한데 어미 새는 자유롭게 창공을 이리저리 날아다니며 벌레를 잡아 새끼들에게 먹인다. 순간! 승상은 평화롭고 자유스럽게 날아다니며 새끼들을 키우는 새를 보고 저 모양이면 만인이 바라는 규범이라 여겨 '법'자를 만들었다.

2천 년도 훨씬 전에 만들어진 글이라 이제는 몸통은 떼어놓고 사용하는 글이 되었으나 법이 살아있음을 알려면 옛글에 담긴 평등과 평화와 자유의 정신을 제대로 알아 담고 살아야 할 것이다.

其政悶悶(기정민민)	다스림이 어수룩하면
其民淳淳(기민순순)	백성들은 순박해지고

其政察察(기정찰찰)	다스림이 깐깐하면
其民缺缺(기민결결)	백성들은 항상 불만을 품는다.

禍兮福之所倚(화혜복지소의)	화는 복이 기대는 곳이고
福兮禍之所伏(복혜화지소복)	복은 그 안에 화가 숨어있는 곳이다.

孰知其極(숙지기극)	누가 복과 화에 끝을 알겠는가?
其無正(기무정)	정해진 규칙은 없다.

正復爲奇(정복위기)	바로 잡으려 하면 기이한 계교를 쓰기에
善復爲妖(선복위요)	착한 정치는 악정이 되고 마니

人之迷(인지미)	백성들이 헷갈려 갈팡질팡한 것이
其日固久(기일고구)	이미 오래되었다.

是以聖人方而不割(시이성인방이불할)	그런 연유로 성인은 방정하되 남을 해치지 않고
廉而不劌(염이불귀)	맑고 깨끗하되 남을 아프게 하지 않으며
直而不肆(직이불사)	곧되 남을 난처하게 하지 않고
光而不燿(광이불요)	밝되 남을 눈 부시게 하지 말라 하였다.

58장 禍福(화복)은 함께하며 스스로의 행위가 화복을 결정한다.

다스림이 어수룩하면 백성은 순박해진다는 말은 '45장의 곧은 것은 굽은 것처럼 보이고, 정교한 것은 엉성하게 보이며, 잘하는 말은 어눌하게 보인다'는 말과 일맥한 말이며, 무위의 도를 표현한 말이다.

세상을 살아가는 누구라도 복을 받아 잘 살기를 바랄 것이나 福(복)과 禍(화)는 한 뿌리이며 한 둥지에 들어있다는 것을 간과해서는 안 된다.

그래서 성인은 남을 해롭게 하지도 말고, 남을 아프게 하지도 말며, 남을 난처하게 하지 말라 하였다.

복과 화는 자신이 (행위로) 지어가는 것인데, 복을 짓는 행위를 하면 복이 들어와 복을 누리며 살 것이고, 스스로가 禍(화, 재앙)를 부르는 행동을 하면 재앙과 고통을 안고 살아갈 것이다.

복은 행위에 따라서 얻어지는 것이다. 복 짓는 방법으로는,

1. 사람답게 살며 천지신명의 밝음을 품고 살아간다.
2. 부모에게 효도하며 웃어른을 잘 모신다.
3. 병든 사람을 잘 보살핀다.
4. 貧窮(빈궁)한 사람을 구제해 준다.
5. 우물을 파서 목마른 이들을 구제하여 준다.
6. 다리를 놓아준다.
7. 험한 곳에 길을 닦아준다.

등이다.

이외에도 복 짓는 길이 많이 있을 것이나 무엇보다도 우리가 살아가는 주변에는 어렵고 힘든 이들이 많이 있기에 그들도 나와 함께 살아가고 있음을 알아 사람의 도리를 알고 널리 두루두루 만인에게 이익이 되는 弘益人間(홍익인간)의 정신을 품고 살아간다면 살아가며 닥쳐올 크고 작은 재앙에서 벗어나며 복이 넘쳐날 것이다.

佛家(불가)에서는 보시를 福田(복전)이라 하는데 대상을 위하여 베푸는 행위는 스스로의 터에 복을 일구어 나간다는 말이다.

治人事天莫若嗇(치인사천막약색) 　사람과 천하를 섬기는 데는 검소함만한 것이 없다.

夫唯嗇(부유색) 　대체로 검소하기 때문에

是以早服(시이조복) 　일찌감치 자연은 도에 복종하였다.

早服(조복) 　일찌감치 도를 따르고 복종한다는 것은

謂之重積德(위지중적덕) 　덕을 두텁게 쌓는 일이다.

重積德(중적덕) 　덕을 거듭 두텁게 쌓다 보면

則無不克(즉무불극) 　이기지 못할 것이 없으며

無不克(무불극) 　이기지 못할 것이 없다는 것은

則莫知其極(즉막지기극) 　그 끝을 모른다는 것이다.

莫知其極(막지기극) 　그 끝을 모를 정도라면

可以有國(가이유국) 　가히 나라를 맡을 만하다.

有國之母(유국지모) 　나라를 얻어 그 어미가 되어도

可以長久(가이장구) 　가히 오래 갈만하다.

是謂深根固柢(시위심근고저) 　이것을 뿌리가 깊고 단단히 뻗어

長生久視之道(장생구시지도) 　오래도록 사라지지 않아 도라 한다.

59장 덕은 도의 행위이며 뿌리도 같다.

세상을 살다 보면 좋아하는 것과 싫어하는 것이 자연스레 구분되는데 누가 이래라저래라하지 않아도 호불호는 갈리게 되어있다.

좋아하는 것이야 좋아하니까 마음과 행동이 쉽게 따르지만 싫어하거나 좋아하지 않는 것은 쉽게 다가가지 않고 망설이거나 외면하게 된다.

本來(본래)의 마음자리는 주인이 없어 좋아하든 싫어하든 정해진 바가 없는 것인데 왜? 호불호를 달고 사는지 알 수가 없을 것이나, 그것은 자신에게 조금 더 이로울 것이라는 생각에서 택한 방법일 것이다.

우리네들의 일상은 무대의 배우와 같은 삶을 살아가고 있다.

배우가 연기를 잘하여 감동을 주면 박수를 치고 잘못하거나 감동이 없으면 무대의 배우에게 박수를 보내지 않는다.

배우로 살아가는 인생이 근심과 걱정으로 살아가면 어떻게 되겠는가?

훌륭한 연기를 하고 박수갈채를 받는 배우가 되려면 근심과 걱정이 없어야 배우 노릇도 잘할 수 있는 것이다.

배우 노릇을 잘하려는 것은 잘살기를 바라는 마음일 것이며, 잘살려면 물질이나 사람을 대함에 스스로의 마음을 내려(초월)놓아야 한다.

사람을 대함에 초월해야 한다 함은 하던 일을 하지 말라는 것이 아니라, 차별과 평등을 알아 차별에는 평등으로, 평등은 차별로 대하며 대상과 내가 하나임을 알아야 되며, 자신과 가정만을 위하는 것이 아니라 대상과 함께 행복하기를 바라며, 인류애를 발휘하여 국가와 민족과 인류의 절대적인 행복을 구하고자 하는 願力(원력)을 세워 대한다는 말이다.

주변의 어려운 이들을 구제해주며 물질적으로나, 육체적으로나, 정신적으로도 돕고 자신의 능력껏 남을 이롭게 하고 도와주다 보면 반드시 스스로의 일이 잘 풀리고, 잘되고, 잘살아가게 되어있다.

잘살기를 바라는 이는 어려운 이들에게 마음을 내어 도와주는 행동으로 어려운 이들에게 다가가는 것이 사람의 본이며 덕을 베푸는 것이다.

우리들 모두는 무대 위의 배우와 같아 남에게 감동을 주는 행위를 하면 박수갈채를 받지만, 행위가 감동을 주지 못하면 보고 알아주는 이가 없어 외롭고 쓸쓸하게 무대에서 퇴장하게 될 것이다.

사람이 사는 동안 도를 떠날 수가 없고 德(덕)을 잊어서도 안 된다.

德(덕)이란 도의 행위이기 때문이다.

治大國若烹小鮮(치대국약팽소선)	큰 나라를 다스리는 것은 작은 생선을 굽는 일과 같다.
以道莅天下(이도리천하)	도로써 천하를 다스리면
其鬼不神(기귀불신)	귀신도 신의 힘을 쓰지 못한다.
非其鬼不神(비기귀불신)	귀신이 힘이 없기 때문이 아니며
其神不傷人(기신불상인)	힘이 있어도 사람을 해칠 수가 없는 것이다.
非其神不傷人(비기신불상인)	귀신이 사람을 해치지 않으니
聖人亦不傷人(성인역불상인)	성인 또한 사람을 상하게 하지 않는다.
夫兩不相傷(부량불상상)	양쪽 모두 서로 사람을 해치지 않으므로
故德交歸焉(고덕교귀언)	그 덕과 함께 道(도)로 돌아간다.

60장 신들의 놀이터는 귀신의 수이다.

세상은 神(신)들의 놀이터이며 신들의 戰爭(전쟁)터이다.

신들이 노는 놀이터라 하여 별다른 무엇이나 특별난 것을 생각할 수도 있겠지만, 특별한 것도 별난 것도 없는 우리네들 일상의 생활 터이다.

신들의 놀이터란 사람들이 서로를 의지하며 살아가는 일상의 세상을 말하며, 신들의 전쟁터란 사람과 사람이 서로를 의지하고 사랑하고 때론 반목하며 증오하는 일상의 관계를 말한다.

세상에 존재하는 천하 만물이 모두가 神(신)이며, 그중에 사람은 最高(최고), 最貴(최귀), 最靈(최령)의 신이다.

사람이 서로를 신뢰하고 믿으며 서로가 의지하며 살아가는 놀이터는 천국의 놀이터가 되고, 무상열반의 놀이터도 될 것이며, 꿈속에서조차도 놀이터를 떠나지 않는다.

그러나 서로가 반목하고 시기 질투를 일삼거나 자신을 자랑하고 상대를 무시하고 업신여기면 극락의 놀이터는 지옥의 전쟁터가 될 것인데, 그렇게 싸움을 벌이면 스스로의 靈(영)이 흐려지고 탁하게 되어 본래의 맑음과 밝음을 잃어버리고 신령함이 떠나 서로 鬼神(귀신)이 되어 苦海(고해)의 바다에 나뒹구는 신세로 전락하게 된다.

세상엔 善神(선신)도 惡神(악신)도 따로 정해진 바가 없다.

아름다운 꽃을 보면 누구나 꽃의 아름다움에 慈心(자심)을 품게 되고, 자심을 품은 마음은 空心(공심)이 되어 주위의 모든 것들까지도 사랑하는 마음을 지니게 하는데, 그것을 품은 것이 善神(선신)이다.

그러나 아름다운 꽃을 보면서 저 꽃을 꺾어서 취해야겠다는 마음(욕심)을 내면 惡神(악신)의 마음이 자리하며, 나아가 꽃을 꺾는 행위에 이르면 鬼神(귀신)을 품은 행동인 것이다.

세상엔 온갖 신들이 많다. 신을 들이고 내는 것은 스스로의 생각과 행동에 善惡(선악)의 신들이 함께 들어있음을 알아 일거수일투족에 신중을 기하여 행동해야 한다.

사람은 누구나 부모로부터 생명과 얼을 이어 내리고 있는데 부모와 자식, 조상과 자손의 관계는 살아서도 죽어서도 서로 害(해)하는 행위가 없으며, 살아서와 같이 死後(사후)에도 서로를 위하고 은혜하고 신뢰하는 사이가 지속된다.

조상신의 불행한 죽음이나 원한 때문에 고통받는 자손이 있을 수도 있으나, 그것은 조상신이라는 이름을 내세워 누군가가 이익을 취하려는 것이며, 조상은 살아서도 죽어서도 자손들에게 해를 끼치지 않는다는 것을 알아야 할 것이다.

도를 품은 마음은 不思善(불사선)이요, 不思惡(불사악)이라 선에도 머물지 않고 악에도 물들지 않아 어느 무엇과도 시시비비를 가르지 않으며, 그것으로 德(덕)으로 돌아가 천상의 道(도)에 머문다.

大國者下流(대국자하류)	큰 나라는 강의 하류와 같아
天下之交(천하지교)	작은 나라들이 서로 만나는 곳이라
天下之牝(천하지빈)	그 작은 나라들의 어미와도 같다.
牝常以靜勝牡(빈상이정승모)	암컷은 항상 고요함으로써 수컷을 이기고
以靜爲下(이정위하)	고요함으로 스스로를 낮추어 아래가 된다.
故大國以下小國(고대국이하소국)	그러기에 큰 나라는 스스로를 낮추어 작은 나라를 대하면
則取小國(즉취소국)	작은 나라를 얻을 수가 있고
小國以下大國(소국이하대국)	작은 나라가 스스로를 낮추어 큰 나라를 대하면
則取大國(즉취대국)	큰 나라도 얻을 수가 있다.
故或下以取(고혹하이취)	그러니 큰 나라도 낮춤으로써 얻고
或下而取(혹하이취)	혹 작은 나라도 낮춤으로써 얻을 수가 있다.
大國不過欲兼畜人(대국불과욕겸축인)	큰 나라는 만민이 잘 살기를 바라고
小國不過欲入事人(소국불과욕입사인)	작은 나라는 인재를 보내어 봉사하기만을 바란다.
夫兩者各得其所欲(부량자각득기소욕)	그러면 양자는 각각 원하는 바를 얻게 된다.
大者宜爲下(대자의위하)	그러므로 클수록 마땅히 겸손해야 한다.

61장 스스로를 낮추면 귀신도 굴복한다.

천지 만물은 도를 품고 항상 도와 함께 한다.

도는 有相(유상) 無相(무상)에 내세움이 없으며 그것에 머물지도 않는다.

그래서 諸法(제법)은 實相無相(실상무상)이라 하며, 허망한 것에 빠지지도 않으며, 有相(유상)을 고집하거나 無相(무상)에 집착하지도 않는다.

천지는 음양이다.

크다고 하여 큰 것이 아니며, 작다고 하여 작은 것이 아니다.

암컷이라서 고요한 것도 아닐 것이며, 수컷이라서 소란스러움만을 지닌 것도 아니다.

천지의 음양은 때때에 일을 함에 양이 음이 되고 음이 양이 되며, 음 속에 음양이 들어있고 양 속에 음양이 들어있어, 그것을 말하자면 나라 속에 나라가 있고 그 나라 속에 또 나라가 들어있으며, 그 나라 속에 또 나라가 들어있어 음양의 변화는 무궁하다.

도는 감추어져 있다.

누구나 지니고 있으나 자연의 순리와 천지 음양의 이치를 제대로 알아차려 깨치면 지니고 있는 도를 알 수가 있을 것이나, 알아차리지 못하면 지니고 있으면서도 알 수가 없는 것이기에 등에 업고 손에 쥐고 살면서도 보물을 알아보지 못하는 것과도 같다.

세상에서 무엇을 얻고자 하는 자가 있다면 먼저 자신을 버릴 줄 알아야 하고 제대로 버릴 줄 아는 자는 얻을 수가 있는 것이다.

나를 버린다는 것은 나를 내세우는 我相(아상)을 버리고 만인과 함께하는 겸양을 행하고, 누구에게라도 겸손과 인자함으로 대한다는 말이며, 그렇게 인자함으로 겸손해지면 작아질 것인데 작아지고 작아져야 큰 것을 품게 되는 것이다.

도는 차별의 세계에서 평등을 요한다.

사람이 도를 품고 살지만, 몸이 아픈 이에게 도를 얘기하면 도를 미신 취급하며 과학적이나 의학적으로 증명된 치료법만을 고집하다가 좀 더 살 수 있는 이들이 아쉽게 떠나는 것을 쉽게 보는 세상이 되었다.

아쉽다!

사람의 건강은 먹고 마시고 흡입하는 氣(기)에서 출발하는데 땅에서 나는 식물이나 동물들을 섭취하여 먹고 마시는 地食(지식)이 있고 천지 사이에 존재하는 공기와 미량의 원소를 들이고 내는 天食(천식)이 있다.

예로부터 도가에서는 지식만으로 온전한 건강을 지켜낼 수가 없다는 것을 알아 무병 건강을 위하고 장수를 누릴 수 있는 내공 호흡법을 알아내어 은밀히 口傳(구전)으로만 전하여 내려오는 호흡법이 있는데, 그것을 '山澤通氣法(산택통기법)'이라 한다.

법은 天地人(천지인)이 공함을 활용하여 인체에 유해한 病核(병핵, 병의 씨)을 공으로 되돌리는 이치로 누구나 쉽게 배워 건강을 지켜낼 수가 있으며, 不治(불치), 難治(난치)에 상관없이 치료 예방할 수가 있으며, 동양인과 서양인의 인종 구분도 없으며, 일구 수련하면 벙어리가 살포시 미소 지으며 노래하는 날을 맞이하고 봉사가 밝은 하늘 아래 꽃들을 즐기는 날을 맞이하게 될 것이다.

의법으로 병의 근원인 병핵이 공함을 알아 치료한다면 병으로 고통받는 이들은 스스로 병이 물러나 치료될 것이며, 어두운 병고의 고통에서 벗어나 새 삶을 살며 천지의 밝은 빛을 보며 살게 될 것이다. 이는 과학적이고 철학이며 철학과 과학을 활용한 방법으로 본 장에서는 자세한 설명을 생략한다.

만법이 공하다! 공하다는 眞理(진리)에 대하여 각각의 종교단체나 사상론자들의 접근방법을 보면 제각각이 다른 것을 볼 수가 있는데, 이들은 이론이나, 사상이나, 철학적이나, 과학적으로 증명하고 논하려 한다.

그렇지만 천지자연은 아침에 해가 뜨고 저녁에 지며 하루하루의 날들이 지나면 계절이 바뀌는 것이 진리이듯이 천지 만물이 공하다는 진리를 사상이나 철학적으로 말하는 우를 범하는, 어리석은 짓거리에서 벗어나길 바란다.

만법이 공하다는 것은 천지 만물은 스스로를 몰라 나라고 주장하는 나조차도 모르기에 비어있는 빈 항아리와 같다 하였다.

道者萬物之奧(도자만물지오)	도는 만물의 속 깊이 배어있다.
善人之寶(선인지보)	착한 사람에게도 보배지만
不善人之所保(불선인지소보)	착하지 않은 사람도 지니고 있다.
美言可以市(미언가이시)	아름다운 말은 어떤 보물보다도 값이 있으며
尊行可以加人(존행가이가인)	아름다운 행동은 남에게 존경받는다.
人之不善(인지불선)	사람이 착하지 않다 해도
何棄之有(하기지유)	어찌 버릴 수가 있겠는가?
故立天子(고립천자)	그러므로 천자를 세우고
置三公(치삼공)	삼정승이 임명되면
雖有拱壁以先駟馬(수유공벽이선사마)	비록 구슬을 안고 네 필 말로 달려와서 바치더라도
不如坐進此道(불여좌진차도)	오히려 무릎을 꿇고 도를 바치는 것만 못하다.
古之所以貴(고지소이귀)	옛사람들이 이 도를 귀하게
此道者何 (차도자하)	여긴 까닭이 무엇인가?
不曰以求得(불왈이구득)	날마다 구하지 않아도 얻을 수가 있고
有罪以免邪(유죄이면사)	죄가 있어도 용서해 주는 까닭이 아니겠는가?
故爲天下貴(고위천하귀)	그러므로 도는 천하의 귀한 것이다.

62장 도는 만물에 깃들어 있으나 너무 쉬워 인지하기가 어렵다.

세상을 살아가는 모든 이들에게 귀한 것은 道(도)이며, 도를 품고 행하는 德(덕)만큼 귀한 것은 없을 것이다.

알아 인지하든 알지 못하여 인지하지 못하든 사람은 태어날 때부터 도와 함께 도의 공간에서 숨 쉬며 살아가고 있기에 一常心是道(일상심시도)라 하였다.

사람이 도를 품고 살아가기에 어떤 보물보다도 도를 품은 마음에 미더운 말이 아름다운 것이며, 도를 품은 미더운 행동이 아름다운 것이다.

도를 품은 말이나 행위는 어느 특정 대상에 치우치지 않으며, 나와 남이 함께 하며, 나와 남이 다르지 않음을 알아 행하는 것이다.

사람이 살아감에 공기를 마시며 숨 쉬고 살아가는 것에 지극히 감사해야 할 일이지만 많은 이들은 공기에 대한 고마움을 잊고 당연한 것으로 여기며 살아가고들 있다.

우리가 마주하며 살아가는 자연의 모든 것들이 우리를 건전하고 풍요롭게 하며, 그것들에 의해서 사람들은 삶을 이어가고 있다. 하지만 사람들은 자연이 주는 그 모든 것들을 당연하다고 여기며 살아가고들 있다.

세상에 귀한 것이 있다면 당연시하는 자연에서 얻어지는 모든 것들이 귀한 것이며, 일상의 모든 것들 또한 귀한 것이며, 자연의 어느 것 하나 귀하지 않은 것이 없다는 사실을 알아차리는 것에 있다.

병장기의 살상 무기를 들고 남을 해치는 선천의 시대가 가고 통합과 화합으로 대화를 이어가는 후천의 시대가 도래하였다.

후천의 세상은 지구라는 땅덩어리에 국지전적인 전쟁이 없을 수는 없을 것이나, 사람들의 생활이 윤택해지고, 아름다움을 구하고, 즐거움을 찾아가는 세상이 되었으며, 인류도 점차 후천의 세상에 적응하여 여유로운 삶을 이어 나갈 것이다.

세상이 살만하고 아름다운 것은 나도 귀하고 너도 귀한 것을 알아 서로 사람답게 살아가려는 작은 생각들이 모여 세상을 아름답게 꾸며나가는 것이며, 사람이 신이라 서로의 정과 감성을 주고받는 일에 즐거움을 더하여 세상은 점점 感性(감성)을 우선시하는 모습으로 변해갈 것이다.

爲無爲(위무위)　　　　하지 않음으로 행하고

事無事(사무사)　　　　일 없음으로 일하고

味無味(미무미)　　　　맛이 없음으로 맛을 보며

大小多少(대소다소)　　작은 것을 크게 여기고 적은 것을 많게 여기고

報怨以德(보원이덕)　　원한은 덕으로 갚아라.

圖難於其易(도난어기이)　어려운 일은 쉬울 때에 처리하고

爲大於其細(위대어기세)　큰일은 작을 때에 해결하라.

天下難事(천하난사)　　천하의 어려운 일도

必作於易(필작어이)　　반드시 쉬운 일에서 시작되고

天下大事(천하대사)　　천하의 큰일은

必作於細(필작어세)　　반드시 미세한 일에서 시작된다.

是以聖人終不爲大(시이성인종불위대)　그래서 성인은 큰일을 하려 하지 않으므로

故能成其大(고능성기대)　능히 큰 것을 이룬다.

夫輕諾必寡信(부경낙필과신)　대체로 가볍게 승낙하는 것은 믿음이 적고

多易必多難(다이필다난)　쉽게 생각하면 반드시 어려운 일을 만난다.

是以聖人猶難之(시이성인유난지)　그러므로 성인은 오히려 그것을 어렵게 여기므로

故終無難矣(고종무난의)　그러기 때문에 어려운 것이 없다.

63장 쉽고 작은 의심 속에 도가 담겨있다.

세상에 모든 일은 어느 일이라도 작고 하찮은 것에서 시작한다.

본래부터 주인 없이 들고나는 마음속의 작은 생각이나 꿈들이 세상을 바꾸고 변화하며, 조화를 이루는 것은 아무것도 없는 땅에 봄이 되면 온갖 풀들이 꿈처럼 돋아나는 것과도 같은 이치이다.

생각이나 꿈(희망)을 지니고 그것을 키워나가려면 스스로의 의지로 저력을 키워서 자연이 엮어내는 때의 계절을 품어 때마다 바뀌는 온갖 시련을 이겨내야 하는 것이다.

시작이 반이다. 천 리 길도 한걸음이라는 말이 있다.

이처럼 세상의 모든 일은 처음 하나에서 시작하는 것이며, 하나를 뛰어넘는 것이 세상의 일을 시작하는 것이다.

하나를 뛰어넘는 것이란 하는 일 없이 할 일 다 하는 것이며, 맛없는 맛이며, 일 없는 일을 하는 것을 말하며, 무위의 자연이 품은 實相無相(실상무상)의 도를 행하는 것이기도 하다.

도를 얘기하면, 도란 어렵고 기이하고 신비할 것이라는 생각으로 접근하는 경우를 볼 수가 있는데, 그러한 생각으로 도를 얻고자 하면 그것으로는 절대 도를 접할 수도 만날 수도 없다.

사람의 삶은 有限(유한)한 것이라서 무엇(道, 도)을 얻고자 함에 조급함이 생길 수도 있고, 또는 쉽게 얻고자 하는 욕심을 지니게 되며, 또는 인간이란 스스로 나약한 존재로 인식하여 무언가 절대적인 힘(神, 신)에 매달리고 의지하여 얻으려는 생각을 지니기도 한다. 그렇지만 정작 天下大道(천하대도)는 천지자연과 함께 그것(자연)에 깃들어 있으므로 스스로 짊어지고 살아가고 있다는 것을 먼저 인지해야 한다.

도를 이루는 것은 새로운 무엇을 찾는 것도 만드는 것도 아니고, 모르거나 없는 것을 찾아가는 것도 아니며, 본래에 지니고 있는 것을 알아차리는 것이라 쉬워도 너무 쉽다. 그런데 너무 쉽기 때문에 오히려 많은 求道者(구도자)들이 혼란스러움을 품게 되는 실정이다.

아침에 눈을 뜨고 자리에서 일어나 움직이며 일상의 활동을 하며, 저녁이 되면 식사를 마치고 잠자리에 들어 쉬는 것으로 하루의 일상을 마치는데 하루를 마치고 잠자리에 들어도 도는 잠자리에 들어서도 떨어지지 않는 것이며, 우리와 잠시 잠깐도 떨어지지 않는 것이라 寤寐一如(오매일여)라 하였다. 깨어있어도 잠을 잘 때에도 떠나지 않는 곳? 恒一處(항일처), 즉 항상 함께하는 일처를 찾아 나서는 것이 도의 시작이다.

일상이 道(도)라는 것을 알지 못하고 도를 신비함에서 찾거나, 주위의 잘못된 견해를 받아들여 수행하거나, 적당히 모양만을 내는 경우 그리고 문자와 학문적으로 도를 찾는 경우, 도를 앞세우지만 살아가는 방편으로 핑계 삼은 경우도 있다. 그리고 더 나아가서는 스스로 도를 담을 수가 없는 그릇인 경우도 있는데, 이런 경우에는 도를 담을 수가 없다.

방편으로는 도를 담을 수가 없고 모양으로도 도를 담을 수가 없으며, 문자나 식으로도 도를 담지 못하며, 잘못된 생각이나 벗어난 행으로는 도를 담을 수는 더더욱 없다는 말이다.

도를 찾는 수행자들에게 가장 어려운 문제는 눈 뜬 도인을 만나지 못하는 것인데 스스로 품은 의심을 해소하고 올바른 지도자를 만나 제대로 지도를 받지 못한다는 데 어려움이 따른다.

눈을 떴다는 것은 두 눈이면서 한눈이고, 한눈이면서 두 눈이며, 나아가 세 눈이면서 한눈임을 확연히 아는 것이다. 그런데 그러한 도인을 만나기가 쉽지 않다는 데 있다.

昨今(작금)의 세태는 도를 제대로 알지도 못하고서 학식으로 勢(세, 인기)를 몰고 다니는 부류가 있는가 하면, 형상에서 부처를 팔고 있는 부류도 있고, 견성 콘서트를 하며 도를 파는 부류도 보이고, 남들이 하는 말과 글을 적당히 배우고 익혀서 도인인척하며 살아가는 부류도 있고, 이상하고 괴이한 짓을 일삼거나 벙어리 부처가 되어 부처를 벙어리로 만들어놓은 부류 등을 심심찮게 보고 듣는 세상이 되었다.

小乘(소승)에서 말하는 알아차림의 단계를 견성한 양 착각하는 부류들도 더러 보이는데 알아차림은 지견(망념, 망상)이 남아있어서 見性(견성)한 것이 아니며, 물어도 대답 없는 자리에 들어앉아 말도 못 하는 벙어리 부처 또한 견성과는 동떨어진 나라의 허수아비에 불과하다 하겠다.

道(도)는 말 길과 글 길이 끊긴 자리에 있으며, 문자나 이론 따위로는 접할 수가 없으며,

古來(고래)로 글 길(문자)로 도를 득한 도인이 없다는 것을 깊이깊이 새기고 인지해야 할 것이다.

'어? 이러다가 죽는 것이 아닌가?'

근대 한국불교의 中興祖(중흥조)이신 경허선사는 《經學(경학)》에 능통하시어 동학사에서 경전 강의를 잘하는 명강사로 전국 사찰에 이름을 날려 경허스님의 강의를 듣고자 많은 雲水衲子(운수납자)들이 스님이 계신 곳을 찾아 문전성시를 이루게 되었다.

이름난 강사로 유명을 떨치던 어느 날 자신을 가르쳤던 은사 스님을 찾아 뵈어야겠다는 생각이 들어 날을 잡아 길을 나섰다.

스승을 뵈러 간다는 기쁜 마음에 열심히 길을 재촉하며 걷고 있었는데 어느 곳에 이르자 갑작스럽게 거센 바람이 몰아치고 억센 비를 만나게 되어 잠시 남의 집 처마를 찾아 비를 피하는 신세가 되었다.

그런데 인기척을 느낀 집주인이 나와서 "이곳에 괴질이 돌아 송장 치우기가 진력이 나는데 스님도 목숨 부지하려면 어서 다른 곳으로 멀리 가세요." 하며 호통을 치니 경허스님은 할 수 없이 근처의 다른 곳으로 발걸음을 옮겼으나, 그곳의 처지도 방금 떠나온 집과 사정이 같았고 온 동네에 괴질이 돌아 모든 집의 상황이 마찬가지였다.

마을을 떠나 큰 정자나무를 의지하여 가까스로 세찬 비바람을 피해 바람막이 거적에 몸을 의지하고 있었는데 날은 어두워지며 슬슬 오한이 들고 허기가 엄습하면서 몸을 가누기도 힘들어졌다. 그런데 경허스님은 문득 '이러다가 나도 괴질에 걸려 죽는 것이 아닐까?'라는 생각이 뇌리를 스치며 지나가는 것도 잠시 '나 하나 죽고 사는 문제도 해결(정리)하지 못하고 남을 가르치며 철없이 중노릇하고 있었으니 敎理(교리), 文字(문자), 理論(이론)이 무슨 소용이냐?' 하는 생각이 순간! 머리를 스쳐 지나갔다.

'나 자신도 生死(생사)의 두려움에서 벗어나지 못하고서 어찌 중생들을 부처의 길로 인도하겠다며 법복을 입고 강의를 하고 있었으니. 이는 참으로 어리석은 짓거리를 하고 있었구나!' 하는 생각에 이르자,

생사를 끊는 길은 오로지 參禪(참선)하는 길밖에 없다는 생각에 이르자 경허스님은 스승을

뵈러 가는 길을 되돌려 동학사로 돌아와 스님들에게 강원을 閉(폐)하겠다고 말하고 자신의 방으로 들어가 문을 안에서 걸어 잠그고 참선에 임하였다.

잠자는 시간도 잊고 조는 자신을 경책하기 위하여 책상머리에 송곳을 꽂아 세우고 수행 정진하던 중에, 어느 날 방 밖에서 스님들이 모여서 나누는 대화를 우연히 듣게 되었다.

밖의 스님들이 "'고삐 뚫을 구멍이 없는 소'라는 말의 뜻을 몰라 큰스님(경허)에게 물어봐야겠다."고 하며 경허스님이 계시는 방문 앞에서 서로 대화를 나누던 중이었는데, 경허스님은 그 말을 듣는 순간 "그래 맞어! 콧구멍이 없는 소가 되어야지!" 하면서 활연대오하며 걸어 잠갔던 문을 박차고 나오시며 한가락의 게송을 읊으셨다.

"홀연히 콧구멍 없다는 소리를 듣고 비로소 삼천대천세계가 내 집임을 깨달았네.
유월 연암산 아랫목에서 나 일없이 태평가를 부르노라."

교리문자가 필요치 않다는 것이 아니다.
교리문자에 빠져 문자나 교리만을 내세우며 주장하지 않아야 한다는 것이다.

경허스님이 교리나 문자의 공부가 부족하여 참선을 택하셨던가요?

스님의 大悟(대오)는 스쳐 지나가는 작은 생각 '어! 이러다가 죽는 것이 아닌가?'라는 의심에서 싹을 보입니다.

세상의 많은 꽃나무가 저마다 꽃을 피우며 아름다운 자태를 자랑하는데 어느 나무의 꽃도 같은 꽃이 없고, 어느 나무라도 모양이 한결같지가 않다는 것을 알 겁니다.

모양을 보고 서로를 비교하며 꽃의 모양은 설명할 수가 있지만, 정작 꽃의 향기는 저마다 제각각이라 무슨 언설로도 제대로의 맛(향기)을 전할 수는 없을 것입니다.

그것은 꽃을 대하는 자비의 마음이 다르고 꽃을 대하는 지혜의 마음이 다르며 꽃이 전하는 花心(화심)을 대하는 우리의 空心(공심)이 다르기 때문일 것입니다.

아무리 맛이 있는 음식도 설명만으로는 맛을 알 수가 없는 것이라 푹! 퍼서 먹어봐야 제맛을 알 것입니다.

경전에 많은 말들이 음식을 만들 수 있는 방법을 설명한 것이며, 경전을 외우고 익혀 아무 막힘 없이 달달달 하여도 음식의 맛은 알 수가 없는 것이기에 푹! 퍼서 먹어본 자만이 그 맛을 알 것입니다.

아무리 설명을 늘어놓아도 먹어보지 않고서는 참 맛을 모르는 것입니다.

푹! 떠먹는 마음이 空心(공심)이며, 맛을 알아차림이 妙有(묘유)일 것이며, 지혜는 空心(공심)이며, 본래의 자리를 알아차리는 것이니 이제라도 언설은 걷어치우고 푹! 퍼서 떠먹는 용기를 지닌 대장부를 기대합니다.

누구라도 경허스님의 '이러다가 나도 병에 걸려 죽는 것이 아닐까?'라는 의심을 담아 코뚜레 없는 수소가 되어 용맹정진하시어 코뚜레 없는 소를 거머잡아 대장부 일대사를 이루는 도인을 기대해 봅니다.

64장

其安易持(기안이지)	그 편안할 때에는 보존하기 쉽고
其未兆易謀(기미조이모)	그 조짐이 드러나지 않을 때에는 도모하기 쉽다.
其脆易泮(기취이반)	그 연약한 것은 깨뜨리기 쉽고
其微易散(기미이산)	그 작은 것들은 흩어지기 쉽다
爲之於未有(위지어미유)	문제가 드러나기 전에 대책을 세우고
治之於未亂(치지어미란)	어지러워지기 전에 다스려야 한다.
合抱之木(합포지목)	아름드리나무도
生於毫末(생어호말)	털끝 같은 싹에서 나오고
九層之臺(구층지대)	구층 누대도
起於累土(기어루토)	한 줌 흙이 쌓여 이루어지며
千里之行(천리지행)	천 리 먼 길도
始於足下(시어족하)	발밑에서 시작된다.
爲者敗之(위자패지)	억지로 하려는 자는 실패하고
執者失之(집자실지)	억지로 잡으려는 자는 잃게 된다.
是以聖人無爲故無敗(시이성인무위고무패)	그러므로 성인은 하는 일이 없기 때문에 실패하는 일이 없고
無執故無失(무집고무실)	집착하지 않기 때문에 잃는 일도 없다.
民之從事(민지종사)	백성들이 하는 일은
常於幾成而敗之(상어기성이패지)	항상 거의 다 이루어 놓고 실패한다.

慎終如始(신종여시)	시작할 때처럼 마지막까지 신중하면
則無敗事(즉무패사)	실패하는 일이 없을 것이다
是以聖人欲不欲(시이성인욕불욕)	그러므로 성인은 욕심내지 않기를 바라고
不貴難得之貨(불귀난득지화)	얻기 어려운 재물도 가볍게 여기며
學不學(학불학)	배우려 하지 않기를 배우며
復衆人之所過(복중인지소과)	대중의 잘못된 것을 순리로 되돌린다.
以輔萬物之自然(이보만물지자연)	자연을 도와 만물을 키우며 도와줄 뿐
而不敢爲(이불감위)	감히 욕심내는 일은 하지 않는다.

64장 때를 도모함이란 지금 시작에 있다.

보살은 때(時, 시)를 알아 방편을 낸다 하였으니 중생들이 때마다 일을 할 때에 항상 방편을 내어 돕고 계시며, 자연의 계절은 변함이 없고 거짓이 없으며, 하는 일이 없이 할 일 다 하며 변화무상하게 때를 이어가고, 매사에 어김이 없다.

자연의 四(사)계절의 변화가 사람들이 살아가는 생활에 (때때에) 변화를 주며, 사람들은 자연의 계절과 때에 할 일과 대상을 알아 자연에 순응하며 삶을 이어가고 있다.

여름에 눈을 보려 함이나 겨울에 꽃을 보려 함은 때와 상대를 바로 보지 못한 처사이며, 봄에 씨를 뿌리고 싹을 키우며 여름에 꽃을 보고 꽃이 맺혀 가을에 결실을 보는 것은 때를 제대로 아는 것이며, 대상을 올바로 아는 이들의 처사이다.

대상과 함께할 때 상대를 바로 알아야 상대를 올바로 볼 수가 있으며, 때를 알고 때에 음양(변화)을 아는 것이 자연에 순응하는 것이다.

누구라도 세상에 태어나 싹을 내어 키우고, 꽃을 피우고, 아름다운 꽃을 보며 기뻐하고, 결실을 맺고자 하는 것은 사람들 누구나 자비의 마음을 담고 있기 때문일 것이다.

꽃과 조화된 마음이 스스로 기쁜 마음을 내는 것은 우주의 웃음과 스스로의 기쁨이 같으며 하나인 때문일 것이다.

때를 몰라 무지함에서 싹을 보지도 못하고 꽃을 보려 함은 過慾(과욕)이고, 꽃을 피우지도 않고 열매를 기다리는 것은 虛慾(허욕)이며, 제대로 가꾸고 키우지 않아 꽃을 보지도 못하고서 추수의 열매를 기다리는 것은 汚慾(오욕)일 것이다.

언제나 머리 위의 하늘에 빛나는 별을 보며 사람들은 지혜를 품고, 땅에 피어있는 꽃을 보며 자비를 배우고 익힌다.

새벽하늘에 뜬 별을 보고 부처를 이루신 세존이 지혜의 언덕을 넘어가심으로 별은 智慧(지혜)의 상징이 되었고, 꽃은 생명의 기쁨과 웃음과 희망을 품고 있어서 慈悲(자비)의 상징이라 할 것이다.

누구라도 순수하고 정직하며, 거짓이 없고 온화하며, 아름다운 꽃을 대하면 스스로의 慈心(자심)을 갖게 될 것인데 누가 번뇌 망상의 邪心(사심)을 내겠는가? 그것은 꽃이 주는 감화력의 매력일 수도 있지만, 꽃을 대하는 우리 마음의 慈心(자심)의 작용이며 空心(공심)의 반응일 것이다.

꽃을 눈으로만 보며 구경하고 본능적으로 예쁘다고만 하고, 보이는 모습(자태)만을 사랑한다면 꽃의 花心(화심)인 自心(자심)이라는 것을 모르는 처사이며, 꽃의 慈心(자심)인 향기를 모르는 처사라 할 것이다.

꽃과 같이 나의 마음이 순진하고 온화하며, 아름답고 고결한가를 돌이켜 (지난날들을) 생각하며, 깊은 참회와 반성을 하면서 꽃을 자신의 거울로 보고 꽃을 사랑으로 보면 마음의 자성이 맑아지고 꽃은 더욱 아름다워지고, 향기는 더욱 짙어질 것이다.

꽃이 피어있는 것이 우주 만법의 眞空(진공)이며, 꽃을 보고 아름다움과 사랑스러움을 느끼는 것이 妙有(묘유)일 것이니 세상의 모든 사물이 제각각의 자리에서 자신을 묵묵히 드러내고 있는 것이 진공묘유의 이치를 들어내는 것이다.

항상 준비하고 자연의 사시(계절)에 순응하는 자는 자연의 대상과 함께함을 알고, 계절의 변화를 알아 때가 도래하면 묵묵히 스스로 할 일을 하며 제 몫을 풍족히 거둘 것이다.

드러남도 없는 자연의 순응함이란 봄의 절정에 여름이 닿아있고, 여름의 절정에 이미 가을이 닿아있음을 알며, 가을이 익어가며 깊어지는가 싶으면 겨울이 목전에 닿아있음을 아는 것이다.

겨울이 세상을 지배하여 추위가 위세를 떨칠 때 하늘의 기운과 땅의 기운은 봄과 닿아있어 새로운 봄에 씨를 준비하며 대상과 함께 싹틔울 준비를 할 것이다.

우리는 항상 대상과 함께 살고 있다. 이는 꽃을 보고 있는 나와 꽃이 함께하고 있다는 말이며, 서로가 서로를 보고 있으면서도 꽃은 꽃대로, 나는 나대로 느끼고 생각하는 공심과, 꽃의 화심이 다른 것은 진공과 묘유가 함께하고 있기 때문일 것이다.

나타내거나 드러남이 없고 냄새도 소리도 없으며, 흐르지도 머물지도 않으며, 스스로 쉬지도 않고 하는 일 없어도 할 일을 다 하면서도 늘어나지도 줄어들지도 않는 것이 있으니 우리는 그것을 일러 如來(여래)라 하고 無心(무심)이라고 한다.

천지 만물의 무극의 시초는 함이 없고 이름도 없는 무극 무명에서 시작하였으며, 그것을 일러 空(공)이라 하고 진실하고 진실하다 하여 眞空(진공)이라고 한다.

공에서 나오면 有(유)라 하고 色(색)이라 하며, 본래의 자리로 되돌아가면 진공이라 하며, 유에 머물면 差別(차별)이라 하고, 무로 되돌아가면 平等(평등)이라 한다.

도를 얻어 깨달아 득도한 자리는 차별과 평등, 평등과 차별이 하나인 자리, 즉 나오나 들어가나 평등을 알아 깨친 자리를 말하는 것이다.

위 없는 지혜(空, 平等)를 얻으려면 먼저 자연에 순응하는 꽃의 花心(화심)을 알아 스스로의 慈心(자심)으로 대상과 함께함을 알아 깨쳐야 위 없는 지혜를 품을 수가 있을 것이다.

꽃을 보며 순결함이나 고결함의 화심을 본다면 스스로의 자성이 맑아져 공심을 품게 되고 진공과 묘유가 함께함을 알아차리게 될 것이며, 차안을 넘어 저 피안에 이르는 위 없는 지혜를 얻게 될 것이다.

古之善爲道者(고지선위도자)	예전에 道(도)로 백성들을 다스리는 자는
非以明民(비이명민)	백성을 똑똑함으로 다스리지 않고
將以愚之(장이우지)	오히려 어리석음으로 다스렸다.
民之難治(민지난치)	백성을 다스리기가 어려운 것은
以其智多(이기지다)	백성에게 지식(꾀)이 많기 때문이다.
故以智治國(고이지치국)	그러므로 꾀로써 나라를 다스리면
國之賊(국지적)	나라를 훔치려는 것이 되고
不以智治國(불이지치국)	꾀를 내지 않고 나라를 다스리면
國之福(국지복)	나라를 행복하게 하는 일이 된다.
知此兩者亦稽式(지차량자역계식)	이 두 가지가 옳은 본보기임을 알아야 한다.
常知稽式(상지계식)	능히 이 본보기를 아는 것을
是謂玄德(시위현덕)	그윽한 덕이라 한다.
玄德深矣遠矣(현덕심의원의)	그윽한 덕은 깊고도 멀지만
與物反矣(여물반의)	만물과 더불어 되돌아오는 것이며
然後乃至大順(연후내지대순)	그것은 결국 큰 순리에 이르는 길이다.

65장 작위 하지 않고 무위를 품으면 덕을 행할 수가 있다.

천지의 자연은 있는 그대로, 보이는 그대로 투박하고 질박하며 꾸밈이 없는 모습 그대로 항상 수수하고 청정하다.

천지자연을 품은 도는 모자라 보이나 꾸밈이 없고, 굽은 듯 보이나 올곧으며, 어리석어 보이나 참되고, 어디에나 존재하지만 내세움이 없다.

세상은 꾀를 내거나 술수를 부려 더 많은 것을 얻으려 하지만 인위적으로 作爲(작위) 하는 것은 도를 부정하는 행위라 결말이 좋을 수가 없다.

그래서 도로써 세상을 다스리는 것은 無爲(무위)의 자연을 닮아 모자라 보이고 어리숙하게 보이나 참되다.

道(도)로 사람을 다스리는 것은 無爲(무위)의 자연을 따르는 것이며 천지의 덕을 품고 그것으로 다스리는 것이다.

弘益人間(홍익인간), 널리 많은 이들에게 이익을 주며

利他行(이타행), 타인에게 이익되도록 행동하는 것이 덕이다.

도를 품고 살면 덕스러운 행동을 자연스럽게 하며 어짊을 볼 수가 있는 것은 道(도)와 德(덕), 道(도)와 仁(인)은 본래 같은 뿌리에서 나와 하나이기 때문이다.

춘추전국시대를 살다간 孔子(공자)는 자신의 이상 높은 정치(도덕 정치)를 실현하고자 천하를 주유하였으나, 어디에서도 받아주는 곳이 없자 공자는 자신을 알아주지 않는 세상을 한탄하며 "동이의 나라에 가서 살고 싶다. 그곳은 도인들이 넘쳐나며 道德政治(도덕 정치)를 하기 때문에 그곳에 가고 싶다."는 말을 하였다.

우리네들이 흔히 말하는 도덕은 道(도)를 알아 德(덕)을 베푼다는 말이다. 그러니 도를 제대로 모르면 덕을 제대로 모르는 처사이며, 제대로 덕을 베풀려면 먼저 도를 제대로 알아야 하는 것이다.

그리고 孟子(맹자)는 天下歸仁(천하귀인)이라 하였는데 "세상의 모든 것(행위)들은 어짊으로 돌아간다."는 말을 하였다.

맹자가 어짊(仁)을, 도를 알아 행하는 것이 최상의 덕목이라 하였듯 만법의 귀처인 하나(一)는 만인에게 덕을 베푸는 것(仁)에 있으며, 佛家(불가)의 보살이 때를 알아 방편으로 자비심을 내어 중생을 제도하심도 도를 품어 德(덕)을 베푸는 것을 말한다.

德(덕)이 있는 나라가 이기지요!

일제의 암울한 식민지 시절에 일본 본토에까지 道人(도인)으로 칭송이 자자했던 방한암 존사께서는 수행인으로서 쌓은 수양이 너무도 깊고 깊어 '生佛(생불)'이라 칭하기도 하였다.

당시 의심 많은 일본인들은 禪師(선사)를 방문하여 이것저것을 주시하며 여러 가지로 시험도 해보았을 것이다.

일본이 일으킨 2차 세계대전이 한창일 때에 전쟁을 일으킨 일본이 이길 것인가? 연합군인 미국이 이길 것인가?

세상이 온통 전란 속에서 허덕일 때 일본에서 조선 총독부의 국장이 새로이 발령을 받고 한국 땅을 밟았다.

신임국장은 生佛(생불)이라 칭하는 방한암 존사의 자자한 칭송을 들었던 터라 한국에 도착하여 임지인 서울로 가지 않고 선사가 계시는 강원도 오대산의 상원사를 찾아가서 선사를 뵈었다.

방한암 존사를 뵙고 여러 얘기를 나누며 분위기가 익어갈 즈음에 국장은 자신이 미리 품고 온 질문을 하였다.

"스님, 지금 일본이 치르고 있는 전쟁을 일본이 이길까요? 연합군(미국)이 이길까요?"

순간, 스님의 대답 여하에 따라 엄청난 파장을 몰고 올 수가 있던 때라 좌중은 숨소리도 죽이며 스님의 답변을 기다리는데 존사께서는 미소를 머금은 얼굴로 "德(덕)이 있는 나라가 이기지요." 하셨다.

신임국장은 스님과 면담을 마치고 스님께 삼배를 올리고 거듭 고맙다는 말을 남기고는 산문을 나와 왔던 길로 내려가지 않고 홀로 더 깊은 산속으로 올라갔다.

신임국장은 조금 전에 방한암 존사께서 말씀하신 "덕이 있는 나라가 이기지요." 하시며 얼굴에 환한 웃음 띤 모습이 뇌리에서 떠나질 않아 입으로 "德(덕)! 德(덕)! 德(덕)!" 힘없이 덕을 되뇌며 산길을 올라갔다.

자신의 나라 일본이 일으킨 전쟁을 아무리 뒤집어 생각을 해봐도 무지와 욕심이 목구멍까지 차고 넘쳐 德(덕)은커녕 주변의 모든 나라 사람들에게 피해와 고통을 안겨주는 짓을 하고 있으며 그들 나라의 영토를 무참히 짓밟고 싸우는 전쟁의 와중에 얼마나 많은 귀한 생명들이 죽임을 당하고 또 죽어갈 것인가?

일본의 욕심에서 시작된 전쟁은 누가 봐도 옳은 일이 아니며, 오래가지도 않을 것이고, 덕 없는 짓거리를 하고 있으니 일본이 망하는 것은 자명한 일이구나.' 하는 생각에 깊은 탄식을 하며 그는 산 위의 바위에 올라 절벽 아래로 몸을 던졌다 전한다.

방한암 존사께서는 6 · 25의 전란에서 상원사를 구하신 것으로도 유명하지만 생사를 초월한 삶을 살다 가신 분으로도 기억된다.

戰亂(전란)의 와중에서도 꿋꿋하게 절을 떠나지 않으셨으나 전세가 우리 측에 분리한 상황이라 국군이 스님을 찾아뵙고 피난하시기를 수차례 권고하기에 이르렀다.

아무리 피난을 권해도 꿈쩍도 안 하시던 스님은 전세의 불리함을 아셨음인가, 때를 아셨음인가, 찾아온 군인들을 안심시키며 "나도 산에서 내려가려면 준비가 필요하니 열흘만 기다려 달라."는 말씀을 하셔서 군인들은 할 수 없이 산에서 내려왔단다.

열흘 후 군인들이 스님을 피난시켜 드리려고 찾아가 보니 스님은 방에 앉아계시는 자세 그대로 열반에 드셨다.

坐而登仙(좌이등선)!

열흘의 단식으로 스스로 편안히 앉아서 입적하시니 세수 76세요, 1951년 음력 2월 15일이었으며, 존사께서는 생사마저도 초탈하시고 사셨던 어른이었음을 알 수가 있다.

존사께서 생전에 법제자(천을당 송영대)에게 남기신 말씀이 있어 적어본다.

天印道中 萬法歸一(천인도중 만법귀일)

江海所以能爲百谷王者(강해소이능위백곡왕자)	강과 바다가 모든 골짜기의 왕이 되는 것은
以其善下之(이기선하지)	모든 것들의 아래에 있기 때문이다.
故能爲百谷王(고능위백곡왕)	그래서 모든 골짜기의 왕이 되는 것이다.
是以欲上民(시이욕상민)	이러하므로 백성들 위에 있고자 하면
必以言下之(필이언하지)	반드시 말을 낮추어야 하고
欲先民(욕선민)	백성들보다 앞서고자 하면
必以身後之(필이신후지)	반드시 몸을 뒤에 두어야 한다.
是以聖人處上而民不重(시이성인처상이민부중)	그러면 성인이 위에 있어도 백성들이 그를 무겁게 여기지 않고
處前而民不害(처전이민불해)	앞에 있어도 성인을 해롭게 여기지 않는다.
是以天下樂推而不厭(시이천하락추이불염)	그래서 천하가 그를 추대하며 싫증 내지 않고
以其不爭(이기불쟁)	다투지 않으니 세상 어느
故天下莫能與之爭(고천하막능여지쟁)	누구도 그와 다툴 수가 없다.

66장 위아래가 같음을 알아 아래에 들면 만인의 위에 들게 된다.

문이 작거나 문턱이 낮을 때에는 고개를 숙이거나 몸을 굽히면 문을 원만이 지날 수가 있을 것이나, 숙여야 할 때 숙이지 못하거나 굽혀야 할 때 굽히지 못한다면 몸이 상할 것이다.

세상을 살아가는 사람들에게는 많은 문이 있을 것인데 스스로 편하고 스스로를 보존하는 데 나를 낮추고 남을 배려한다면 그것으로 문을 들고남에 서로가 편한 것이며 서로가 상처를 입지 않을 것이다.

　이렇게 남들과에 문제를 쉽게 해결하는 좋은 방법이 있는데도 많은 사람은 서로를 미워하고 의심하며, 서로 대립하고 헐뜯고 얕잡아보며, 서로에게 반목하는 경우를 흔히 보게 되는데, 그것은 서로가 자신만을 귀하게 여겨 상대를 가볍게 보거나 하찮게 여기는 생각이나 행동에서 기인하는 것을 누구라도 알고 있을 것이다.

　세상에 존재하는 두두물물 어느 것도 존재가치에 이유가 있어 다 귀한 것이며, 하찮게 보이는 어느 것 하나라도 하찮은 것은 없으며, 세상의 모든 존재물은 모두가 귀한 것이다.
　그래서 세상은 공평함을 바라고 平等(평등)을 원하는데, 원하고 바라는 것만큼 그것이 쉽지 않은 것은 差別(차별)이 존재하고 矛盾(모순)이 존재하고 葛藤(갈등)이 함께하기 때문이다.

　서로가 다른 차별이나 모순이 존재하고 그것들이 앞서거니 뒤서거니 하는 것이 차별의 세상이라 할 것인데 높고 낮음이나, 많은 것과 적은 것이나, 있다는 것(有, 유)과 없다는 것(無, 무)이나, 안다는 것(知, 지)과 모른다는 것(無知, 무지) 모두가 함께 (동시에) 세상에 나온 것(同出而異名, 동출이이명)이며, 모순이나 갈등이 하나이며, 그것들의 어울림에 묘함이 있음도 알아야 할 것이다.
　창과 방패의 다툼을 矛盾(모순)이라 하는데 창은 창대로 방패를 뚫어 이길 수가 있다 하고, 방패는 방패대로 창의 어떤 공격도 막아낼 수가 있다고 하는데 과연 창이 이기든 방패가 이기든 서로 만나는 자리가 있어야 결과를 알 수가 있을 것이고 그 자리에 妙(묘)함이 있을 것이기에 矛盾合致妙有(모순합치묘유)라 하였다.

　세상은 어찌 보면 가늘게도, 또는 길게도, 또는 뭉툭하게도, 또는 볼록하게도 보일 것이나, 모든 것들의 이면은 본래 같은 바탕에서 나온 것이다.
　앞으로만 내달리는 기차나 앞뒤 없이 자유자재로 달리는 전차가 함께하는 세상임을 인지해야 한다는 것이다.

　깊은 산속 동네에서 있었던 일화이다.

깊은 산속 동네에 사는 나무꾼들이 모여 쉬면서 한사람이 "임금님이 사는 궁에 들어가는 大門(대문)에 문턱이 박달나무로 되어있다."고 말하자, 옆에서 듣고 있던 한 사람이 나서며 "박달나무가 아니고 돌을 깎아서 문턱을 만들었다."고 말을 한다.

문턱이 박달나무라고 말한 이는 나무 중에서 단단한 나무가 박달나무라서 사람들이 많이 오가는 곳이라 박달나무로 문턱을 만들었다는 주장을 한 것이고, 문턱이 돌로 만들어졌다고 주장하는 이는 많은 사람이 다니는 곳이라 아무리 나무가 단단해도 나무로는 감당이 안 되기 때문에 돌을 다듬어 문턱을 만들었다고 주장을 하며 시비를 이어갔다.

그러나 그곳에 모인 많은 나무꾼은 누구도 둘의 말을 들으며 서로 그럴듯하게 말을 하지만 그중에 한 사람도 임금님이 사는 궁에 들어가 본 적이 없어 결말을 내지 못하였다. 그리고 그들은 해마다 모여 시비를 벌였지만, 답을 얻지 못하였다고 전한다.

혹! 누구라도 박달나무 문턱이든 돌 문턱이든 보셨는지?

"너 봤어?" "아니!" "너는?" "나도 못 봤어!"

"그래! 허허허허! 나도!"

불가에서는 頓悟頓修(돈오돈수)냐, 頓悟漸修(돈오점수)냐를 놓고 설왕설래가 많은데 실상 시빗거리가 되지 않는 말이다.

頓悟(돈오), 홀연히 깨달음을 얻은 뒤에

頓修(돈수)냐, 漸修(점수)냐 하는 것은 돈오 후에 수행을 말하려는 것인데 실다운 수행자라면 돈수나 점수를 논하기 전에 頓悟(돈오)의 문부터 통과해야 할 것이 아닌가?

깨달음을 얻으면 즉, 돈오하면 돈수냐? 점수냐? 그놈이 그놈인 것을 알아차리기에 박달나무 문턱이든 돌로 만든 문턱이든 임금님이 사시는 궁(돈오)에나 속히 다녀오면 문제가 해결될 것인데 지금껏 시빗거리로 다투고 있으니 개가 들어도 웃을 일이니 웃음이 절로 난다. 허허허허!

天下皆謂我道大(천하개위아도대)　　천하인들은 나의 도가 크기는 하지만

似不肖(사불초)　　이지러져 보인다고도 하는데

夫唯大(부유대)　　무릇 도라는 것은 정녕 크기 때문에

故似不肖(고사불초)　　이지러져 보이기도 할 것이다.

若肖久矣(약초구의)　　만약에 이지러짐이 없이 오래 간다면

其細也夫(기세야부)　　그런 것은 이미 작은 것이다.

我有三寶(아유삼보)　　내게는 세 가지 보물이 있는데

持而保之(지이보지)　　그 보물을 소중히 간직하고 있다.

一曰慈(일왈자)　　첫째는 자애로움이고

二曰儉(이왈검)　　둘째는 검소함이고

三曰不敢爲天下先(삼왈불감위천하선)　　셋째는 천하에 앞서는 일을 하지 않는 것이다.

慈故能勇(자고능용)　　자애롭기 때문에 능히 용감할 수 있고

儉故能廣(검고능광)　　검소하기 때문에 널리 베풀 수 있으며

不敢爲天下先(불감위천하선)　　감히 세상에 앞서 나서는 일을 하지 않기 때문에

故能成器長(고능성기장)　　능히 큰 그릇을 이루고 남의 어른이 될 수가 있다.

今舍慈且勇(금사자차용)　　지금 자애를 버린 채 용기만 취하며

舍儉且廣(사검차광)　　검소함을 버린 채 베풀기만 하고

舍後且先(사후차선)　　뒤에 서는 것을 버리고 앞서려고만 한다면

死矣(사의)	그저 죽을 수밖에 없다.
夫慈以戰則勝(부자이전즉승)	무릇 자애를 지니고 싸우면 이기고
以守則固(이수즉고)	자애를 가지고 지키면 견고하다.
天將救之(천장구지)	하늘이 그를 구하고자 한다면
以慈衛之(이자위지)	자애로 그를 지켜줄 것이다.

67장 마음의 빈 항아리는 정한 바 없이 들고난다.

사람의 행동과 행위는 빈 항아리와도 같은 마음(心, 심)에서 나온다.

은혜와 사랑을 품은 마음은 대상을 자비스러운 마음으로 품을 것이며, 원망과 적개심으로 보복하려는 마음을 품은 이는 어느 대상을 만나도 품은 마음으로 대하고 행할 것이다.

선과 악의 경계를 넘나드는 마음은 때의 대상에 따라 품고 있는 행위가 다르며, 그것은 무엇에 의해서 결정하여 행하는 것들은 오로지 마음의 空桶(공통)이 정하는 바에 따라 행위가 이루어진다.

인체에는 오장육부와 그 외에도 많은 장기가 있는데 제각각의 臟器(장기)들이 자신이 맡은 고유의 일들을 원활이 수행하므로 몸에 건강을 지켜내며 오장육부와 모든 장기는 자신의 자리와 위치가 있고, 자신이 관할하는 고유의 영역을 지켜냄으로 몸의 건강을 유지하고 있다.

그런데 마음이라는 놈은 우리 몸 어디에도 정해진 住處(주처, 거주지)가 없다는 것을 알 수가 있는데 참으로 妙(묘)한 일이다.

정해진 거주지가 없으면서도 사람의 주인 노릇을 하고 있으니 말이다.

그래서 경에 應無所住而生其心(응무소주이생기심), 즉 응당 머문 바 없으나 마음이 생한다 하였다.

그러면 묘한 마음이 어떻게 생멸하며 어떤 구조인가를 알아보면, 이것(마음의 구조)을 확실히 알아야 하는 것은 이 마음이라는 놈을 확! 잡아야 자성을 알 수가 있고, 마음이란 놈을 확! 잡지 않고서 自性(자성)을 보려는 것은 꿈속의 꿈에서 놀거나 길을 잃고 방황하는 것과도 같은 것이기 때문이다.

마음에서 한 생각이 일어나고 없어지는 것을 生滅(생멸)이라고 하는데 마음은 '절대' 생이 있으면 반드시 멸이 있고, 멸하면 반드시 생을 반복하는데 妙(묘)한 것은 生(생)한 생각을 잠시라도 멈추거나 저장할 수가 없으며, 또한 滅(멸)한 생각도 멈추거나 저장하여 잠깐이라도 정지시킬 수가 없는 구조이다.

그래서 생각은 동시에 생생 하거나 동시에 멸멸할 수 없다. 즉, 생각은 동시에 두 가지의 생각을 겹치게 할 수가 없으며 '생하면 멸하고, 멸하면 생하는' (절대적) 구조인 것이다.

사람이 생을 이어 살아간다는 것은 본래부터 비어있는 빈 항아리를 안고 살아가는 꼴이라 인생은 空(공)하다, 虛(허)하다 하였다. 그런데 그것은 바탕없는 빈 항아리에서 생하고 멸하는 온갖 생각이 定(정)한 바 없이 들고나기를 이어가고 있기 때문이다.

화엄경에 방대한 경문을 줄이고 줄여 한마디의 계송으로 표현하여 一切唯心造(일체유심조)라 하였는데, 이 계송을 一切唯空造(일체유공조)라 하여도 무방할 것이다. 그것은 마음의 본바탕이 비어있는 빈 항아리이기 때문이다.

마음은 본바닥이 공한 것이기에 그것에서 사랑하고 은혜 하며 자애롭고 겸손함이 나오고, 미워하고 증오하고 싫어하는 것들까지도 그것에서 함께 나고 드는 것을 알아 알아야 할 것이다.

無爲自然(무위자연)은 하는 일 없이 그렇게 된다는 것을 말하는데 그렇게 되어진다는 것은 나와 대상이 변하되 변함이 없다는 것을 이르는 말이며, 천지 만물은 도를 품고 태어나기에 스스로 자연스레 그렇게 자연으로 돌아간다는 말이다.

자연을 품은 마음은 본래부터 겸손하고 검소하며 사랑을 품고 있기에 자애로우며, 나를 내세우려 대상을 무시하지도 않고 나서지도 않는다.

자연을 품은 道心(도심)은 이지러지고, 모자라 보이고, 투박하고, 거칠지만 욕심을 내지 않으며, 성내지 않으며, 어리석은 행위를 하지 않으며, 무엇을 作爲(작위)하려 들지도 않으며, 남들 앞서 나서지도 않는다.

善爲士者不武(선위사자불무)	훌륭한 용사는 용맹함이 없어 보이고
善戰者不怒(선전자불노)	잘 싸우는 사람은 성내지 않는다.
善勝敵者不與(선승적자불여)	적을 잘 이기는 자는 적과 겨루지 않고
善用人者爲之下(선용인자위지하)	사람을 잘 쓰는 자는 그에게 몸을 낮춘다.
是謂不爭之德(시위불쟁지덕)	이를 일러 다투지 않는 덕이라 하고
是謂用人之力(시위용인지력)	이것이 사람을 쓰는 길이라 하였다.
是謂配天(시위배천)	이것은 하늘의 법칙과 짝한다고 하며
古之極(고지극)	예로부터 지극한 도라 하였다.

68장 모양으로는 배를 채우나 머리는 채울 수가 없다.

물건을 들어 나를 때에는 등짐이나 봇짐으로 옮기는 것보다 바퀴가 달린 수레를 이용하여 옮기는 편이 훨씬 힘이 덜 들고 능률이 높을 것이고, 무거운 물건을 들 때에는 기중기(도르래)를 이용하는 것이 훨씬 일이 수월하며 많은 양의 일을 할 수가 있다.

이처럼 세상을 살아가며 때때에 마주치는 일들을 처리하고 정리해 나아가는 것이 세상살이라 할 것인데 때에 일을 맞아 스스로 알아 처리하는 이가 있는가 하면, 손에 쥐여주고 일러주어도 사용하지 못하는 이들도 있을 것이기에 세상은 用不用(용불용)이라 한다.

스스로 알아차려 用(용)한다는 것은 지혜롭고 슬기를 지닌 이들의 행동이고, 不用(불용)하다는 것은 알지 못하여 스스로 이용하지 못하거나 자신의 고착화된 마음을 열지 못하는 경우일 것이다.

어떤 일에 처했을 때 앞으로 나아가는 자들이 있고, 머물거나 주저하는 이들이 있을 것이며, 아예 뒤로 물러서는 이들도 있을 것이다.

앞으로 나아가며 할 수 있다는 긍정적인 이는 일을 이룰 것이고, 머물며 남의 눈치나 자신이 알고 있는 얄팍한 지식으로 인한 생각에 진취적이지 못한 이는 발전을 이룰 수가 없을 것이며, 뒤로 물러서는 이는 자신이 부정하는 만큼 세상과 멀리 떨어진 세상을 살아갈 것이다.

세상을 살아가는 이들은 많은 지식을 원하여 학벌을 우선시하지만 실상을 놓고 보면 지식이나 학벌로 사람을 판별하고 결정하는 것만큼 어리석은 짓거리는 없을 것이다.

그것은 形而上(형이상)과 形而下(형이하)의 관계를 모르는 처사에서 나온 행위이기 때문이다.

지혜(슬기로움)는 학문이나 문자에서 익히는 것이 아니며, 천지자연이 생멸하는 이치를 터득하여 순응하는 것에서 얻어지는 것이며, 그것은 무위의 자연을 품은 정신에서 시작되는 것이다.

사람들은 누구나 지니고 나온 天賦(천부)의 재주가 다르다.

자연의 산과 들과 바다를 대하는 생각이나 행동이 제각각이 다르다.

일상의 모든 행위가 도와 함께하는데 얼핏 보이기도 하고 숨겨져 있는 것 같기도 한 도를 알아차린다는 것은 저마다의 재주가 다르기에 用(용)하는 이가 있는가 하면 不用(불용)하는 이들이 있는 것이다.

세상은 도를 담고 있는 그릇이라 덕은 그릇 속에 담겨있다 할 것인데 항상 만인이 사용하고 퍼주어도 모자라거나 고갈되지 않는 것은 천지 만물을 대상으로 끊임없이 활인을 행하기 때문이다.

그래서 德者(덕자)는 때때에 만인들을 위하여 퍼주어도 그 그릇은 항상 비워지지 않고 차고 넘치기 때문에 "항상 이웃과 함께하면 즐겁고 외롭지 않다." 하였다.

用兵有言(용병유언)	용병에 대하여 다음과 같은 말이 있다.
吾不敢爲主而爲客(오불감위주이위객)	나는 공격을 하지 않고 끌려갈 뿐이며
不敢進寸而退尺(불감진촌이퇴척)	한 치도 나아가지 않고 오히려 한 자나 물러난다.
是謂行無行(시위행무행)	이를 일러 하지 않는 함이라 한다.
攘無臂(양무비)	팔을 걷어붙이지도 않고 물리치고
扔無敵(잉무적)	공격하지 않으니 적이 없는 것과 같고
執無兵(집무병)	무기를 잡아도 병기가 없는 것과 같다.
禍莫大於輕敵(화막대어경적)	화는 적을 가볍게 보는 것처럼 더 큰 것이 없으며
輕敵幾喪吾寶(경적기상오보)	적을 가볍게 보면 내 보배를 거의 잃게 된다.
故抗兵相加(고항병상가)	그러므로 군사를 일으켜 서로 맞서 싸울 때에는
哀者勝矣(애자승의)	살생을 슬퍼하는 자가 이긴다.

69장 무엇이 나를 망치는가? 뿌리 없는 욕심이 망치고 있다.

천지의 자연은 하는 일 없이 할 일 다 하기에 爲無爲(위무위)라 하며, 움직임 없어도 그렇게 움직이는 것이기에 行無行(행무행)이라 하였다.

그냥 그렇게 두어도 그렇게 되는 것이 천지자연의 이치이고 인류는 그것으로 법과 규범을 정하여 用(용)하고 있다.

사람이 동물과 다른 것은 본능적인 사고의 영역을 벗어난 행동의 변화, 즉 욕심을 품고 그것을 이루고자 하는 크고 작은 욕망과 열망과 소망을 지니고 산다는 것이다.

어디 '욕심의 크고 작음이 있을 것인가?' 하는 생각도 가져 봄 직하나, 만인을 위하고 다 함께 살아가기 위한 공익을 위한 욕심은 사회를 안정시키고 발전을 가져올 것이다. 그러나 대상을 무시하고 자신만을 위한 편협한 욕심은 사회를 좀먹고 어두운 세상을 만들어갈 것이다.

전진하지 않고 물러나며 움직이지만 움직이지 않는 것과 같이 행동하며, 무기를 잡아도 무기가 없는 것과 같이한다는 말은 무슨 말인가? 그것은 내가 있으나 내가 없는 것(無我, 무아)과 같이 행하고, 마음이 있으나 마음 없이(無心, 무심) 행한다는 말이며, 하는 일 없이 할 일 다 하는 無爲(무위)를 알아 행한다는 것이다.

세상 사람들은 남들보다 잘 먹고 편하게 잘살길 바라고, 자신을 높이 평가해 알아주기를 바라고, 나아가 남들을 다스리고 지배하려는 습성(慾心, 욕심)을 누구나 지니고 산다.

욕심에는 貪心(탐심, 욕심내는 마음)과 嗔心(진심, 왈칵 성내는 마음)과 癡心(치심, 어리석은 마음)이 있는데 이를 三毒(삼독)이라 한다.

삼독에 쌓인 마음은 스스로를 망치고 주위의 대상에게도 피해를 주지만, 道心(도심)을 품은 마음은 세상을 밝게 하고 모두를 평안하게 한다.

부처의 제자 중 총명과 知解(지해)가 뛰어난 아난존자의 얘기이다.

아난존자는 부처님 생전에 하신 말씀을 다 기억하여 알고 있는 총명함을 지녔으나 정작 깨달음을 얻지 못하여 부처님 死後(사후)에 경전을 편집하고 작성하는 장소에서 많은 이들의 만류에도 가섭존자에게 내쫓겨 밖으로 내침을 당한다.

부처님이 열반에 드시기 전에 아난이 "부처님 死後(사후)에는 누굴 의지해야 합니까?" 물으니, "나의 大法(대법)은 가섭에게 전해졌으니 가섭을 의지하여 대법을 성취하라."고 하셨다. 그런데 가섭에게서 내쫓김을 당하는 형편에 처하자 아난은 가섭존자에게 간절히 용서를 구하고 구하였으나 "너는 지혜 총명의 몹쓸 병이 든 여우 새끼니 이 사자 굴에서 살 수가 없다. 부처님 경전을 결집하는 이곳에 참석하려면 꼭! 깨쳐서 오너라." 하며 기어이 가섭은 아난을 내쳤다.

아난은 그렇게 쫓겨났으나 아는 것이 많은 것을 알아보는 신도들이 찾아와서 예를 갖추어 대접하며 법문도 청하고 떠받들자, 아난은 자신이 쫓겨난 신세인 것도 잊고 신도들을 몰고 다니며 법석을 떨었다. 이 와중에 조용히 선정을 즐기던 跋耆(발기) 비구가 많은 사람이 모여 번잡함이 이루 말할 수가 없어 선정수행에 방해가 되므로 어느 날은 아난에게 조용히 게송을 지어 읊으며 타일렀다.

"고요한 나무 밑에 앉아

마음은 열반에 들어 참선하고 게으르지 말라.

말 많음이 무슨 소용 있는가?"

순간! 아난은 정신이 번쩍 들어 "아! 내가 깨닫지 못하여 경전편집장소에서 쫓겨난 신센데 쓸데없는 짓을 하고 있었구나." 하며 바로 주위를 정리하고 선정에 들어 수행을 시작하였다.

얼마나 수행을 열심히 하였는지 밤도 잊고 낮도 잊고, 앉아서도 서서도 침식도 잊고, 용맹정진하던 어느 날 밤에 몸이 몹시 피곤하여 잠시 자리에 누우려고 목침을 베려고 옆에 있는 목침을 당겨 누우려는 순간에 확연한 깨달음을 얻었다.

'어?'

그길로 아난은 가섭존자를 찾아가서 문답으로 인가를 받고 부처님의 경전을 편찬하는 일에 참여하게 되었단다.

무슨 일에든 장애가 있는데 수행자에게도 장애가 있다면 스스로를 모르고 대상을 모른다는 것이다.

스스로를 무겁게 하여 대상을 가볍게 보거나 멀리 있을 것이라 여겨 가까운 곳을 살피지 않는다면 필경에는 발등에 위험이 닥칠 것이다.

지나는 이가 도를 물어옵니다.

"스님, 도를 일러주세요?"

"알려준들 알겠소?"

"그래도 한 말씀 해주세요." 하며 간절히 청하니

"콧등을 보시요."

吾言甚易知(오언심이지)	내 말은 참으로 알기 쉽고
甚易行(심이행)	행하기도 매우 쉽다.
天下莫能知(천하막능지)	천하 사람들은 능히 알지도 못하고
莫能行(막능행)	능히 행하지도 못한다.
言有宗(언유종)	말에는 (근원적인) 요지가 있고
事有君(사유군)	일에는 (근본적인) 핵심이 있다.
夫唯無知(부유무지)	그러나 나는 아는 것이 없다.
是以不我知(시이불아지)	이래서 세상은 나를 알지 못하는 것이다.
知我者希(지아자희)	나를 아는 사람이 드물다면
則我者貴(즉아자귀)	그만큼 나(我)라는 것은 귀한 셈이다.
是以聖人被褐懷玉(시이성인피갈회옥)	그러므로 성인은 허름한 삼베옷을 입었어도 가슴에 옥을 품고 있다는 것이다.

70장 만법은 공심이며 무아무심이다.

　알기도 쉽고 행하기도 쉬우나 만인들은 알지도 못하고 행하지도 못한다 함은 천하 만물의 일상이 道(도)와 함께하나, 너무도 쉬운 것이라 간과하기에 도를 행하면서도 도를 모른다는 말이다.

　부처, 즉 如來(여래)는 無心(무심)이다.

道心(도심)은 無我(무아), 無心(무심)이며 無知(무지)이다.

도를 깨치고 부처의 지혜를 얻고자 역사 이래로 많은 수행자가 수행을 이어오고 있으나, 과연 그들이 도를 얻고 부처의 지혜(般若, 반야)를 얻었는지는 지난 역사가 증명하고 있다는 것을 간과해서는 안 될 것이다.

我無一切心妙覺(아무일체심묘각)
내가 없는 일체의 마음에 묘한 깨달음이 있다.

도를 얻고 부처의 지혜를 얻고자 수행에 임하는 많은 수행자는 도와 지혜를 얻음에 지식이 필요할 것이라는 망상에 성현들의 경전을 배우고 익히며 그것으로 도를 얻고자 하나, 그것으로는 도를 얻지 못할 것이며, 그러한 행위는 잘못된 수행방법이라는 것을 속히 인지해야 한다.

도를 얻는다는 것은 스스로의 自性(자성)이 비어있는 空心(공심)이라는 것을 알아차리는 것이며, 나도 비어있고 대상도 함께 비어있다는 것을 깨닫는 것이다.

공심을 얻고 도를 이루려면 문자나, 이론이나, 학식이나, 경문도 버려야 한다. 그것(문자)은 도에 이르게 하는 이정표에 지나지 않는 것이라, 때가 도래하면 문자나 학식은 과감히 버려야 하기 때문이다.

공심은 무위자연과 함께하기에 필히 안다, 모른다는 상식 밖에서 얻어지는 것이라 문자를 버려야 얻을 수가 있기 때문이다.

문자나 학식을 버려야 하는데 어떻게 해야 버릴 수가 있을까요?

자성이 비어있는 공심이라 함은 스스로의 마음은 항상 비어있어서 마음에 생각이 들고 나며 생멸을 이어가는데 應無所住而生其心(응무소주이생기심), 즉 마음은 그것에 응한 바 없으나 끊임없이 마음은 생한다는 것입니다.

그러면 생하는 마음에 나(我, 아)라는 주인이 있는가요?

마음이라는 주인이 따로 있는가요?

마음이 정하는 일을 알 수가 있는가요?

본시 주인이 따로 있기에 생멸하는 모든 일을 알 수가 없는 것입니다.

그래서 無知(무지)하다는 말이며

그것은 모든 대상을 초월한 자리에 있습니다.

양무제와 헤어진 후 산속 자그마한 암자(소림사)에 자리 잡고 앉아 수행을 하던 달마대사의 마음은 얼마나 절실했을까?

중생들이 절에 와서 기도하는 것은 부처의 슬기로움과 밝은 지혜를 구하려는 것이어야 하는데 자신만이 잘살기 위하여 복을 달라는 祈福(기복)에 목적을 둔 信仰(신앙)이 널리 퍼져 있다는 것을 알았기에 달마대사의 착잡한 심정은 이루 형언할 수가 없었을 것이다.

그래서 달마대사는 부처의 심법을 세상에 알리고 누구나 부처가 될 수 있다는 '부처의 禪法(선법)'을 알리고 행동으로 보여주는 부처가 되어 면벽 생활을 시작하였으며 9년의 면벽 수행을 하여 겨우 씨(2조 혜가)를 얻기에 이른다.

즈음에 우리 주변에 불교를 들여다보면 천 육백 년 전 달마의 시대보다도 더 어려운 상황에 처해져 있음을 보고 듣는데 기복신앙과 얄팍한 문자놀음에 부처를 귀신의 대상에 올려놓은 것을 보고 듣는 세상이 되었다.

달마가 불교가 쇠락한 인도를 떠나 동쪽으로 온 것은 부처의 밝음을 전하고 중생들이 중생놀이에서 벗어나기를 간절히 바라는 마음이었을 것인데 중생들이 유위에 놀며 무위의 삶을 알지 못하고 입으로만 옹알거리는 세상이 되었으니 달마의 심정이나 필자의 심정이 시공을 떠나 안타깝다. 그래도 달마는 종자(2조 혜가)를 얻어 부처의 심법(空, 공)을 이어 내릴 수가 있었으니 달마대사가 부럽다.

知不知上(지부지상)　알고도 알지 못하는 듯이 함은 좋지만

不知知病(불지지병)　알지 못하면서 아는 체하는 것은 병이다.

夫唯病病(부유병병)　대체로 병은 병으로 알아야 한다.

是以不病(시이불병)　그러면 병이 되지 않는다.

聖人不病(성인불병)　성인은 병이 되지 않는데

以其病病(이기병병)　그것은 병을 병으로 알기 때문이며

是以不病(시이불병)　그래서 병이 되지 않는다.

71장 만법은 無始無終(무시무종)이다.

도는 無知(무지)한 것이다.

무지하여 알 수가 없는 것이며 내가 나를 알 수가 없는 것이라 無我(무아)라 하였으며 나조차도 알 수가 없으니 남인들 알 수가 있겠는가?

그래서 無心(무심)이라 하였으며 如來(여래)는 무심이라 하였다.

道(도)는 안다, 모른다는 (일반적) 상식으로는 접할 수가 없고 안다는 것은 망상이고 病(병)이며, 모른다는 것이라 無知(무지)에 지나지 않는다.

우리가 대상을 마주할 때 (외적으로) 상대의 이것저것에 대하여 많은 것들을 알고 있다는 생각을 하지만, 실상 상대를 제대로 알지도 못하고 눈에 보여지고 귀로 듣는 겉모습만으로 상대를 안다는 생각을 지닐 뿐 실상 상대의 내면에 대해서는 전혀 알 수가 없는 것이다.

도의 근본은 내가 나를 모르는 것을 알아차리는 것이며, 대상인 너도 너를 모르며 살아가는 것을 알아차림에 있다.

대체로 병은 안다는 망상에서 싹이 트며, 안다는 병은 알지 못하는 무지로만 치료할 수가 있으며, 안다는 병이나 병을 치료할 수가 있는 무지 또한 공한 것이기에 본바탕부터 모르는 깜깜한 것이 도이다.

세상의 본질은 물질을 분해하고 쪼개면 원자와 분자로 나뉘며, 그것조차도 쪼개면 核(핵)이라는 본질에 도달하는데 핵을 들여다보면 그 안은 비어있다고 한다.
哲學的(철학적) 학문이나 이론을 바탕으로 과학이 발전하는 것이며 과학은 철학을 증명하는 실증적인 학문으로 과학의 발전을 이룬다.

동양 철학의 근간은 "만법이 공하다."라는 석가세존의 말씀이나
　　　　　　"道冲(도충)이라" 말씀하신 노담선인의 말씀이다.
모든 학문은 비어있는 공에서 출발하며 철학적이든 실증적 과학이든 출발점이나 도착점은 비어있는 공에서 시작하여 공함으로 終(종)한다.

과학의 발전은 공간의 活用(활용)이다.
활용에 유익함을 알기에 과학이 발전하는 것이며 인간들이 살아가는 세상을 풍요롭게 가꾸어 나가는 것이다.

세상 모든 일에는 서로 다른 二邊(이변)이 따르고 矛盾(모순)의 원칙이 존재한다.
병을 병이라 알아차리면 병이 되지 않으나, 병이 병인 줄 모르면 병이 된다 함은 스스로 무지함을 알아차리라는 말이며, 빈 항아리에 들면 無(무)이고, 나오면 有(유)하다는 말이며,

天符經(천부경)에 一始無始一(일시무시일)
　　　　　一終無終一(일종무종일)이라 하였고
　　　　　始終(시종)이 하나인 것이라 노담선인은 兩者同出而異名(양자동출이이명), 무유는 동시에 생하였으나 이름을 달리한다는 말을 깊이 觀照(관조)해야 하는 이유이기도 하다.

民不畏威(민불외위)	사람들이 협박을 두려워하지 않으면
則大威至(즉대위지)	더 큰 위(억압)로 이어진다.
無狎其所居(무압기소거)	그들의 처신을 좁게 하지 말고
無厭其所生(무염기소생)	삶을 싫어하지 않게 해야 한다.
夫惟不厭(부유불염)	대체로 싫어하지 않아야
是以不厭(시이불염)	그 삶도 싫어하지 않는다.
是以聖人(시이성인)	그러하기 때문에 성인은
自知不自見(자지부자견)	스스로를 알기에 자신을 드러내지 않고
自愛不自貴(자애부자귀)	자신을 사랑하면서도 스스로 귀하게 여기지 않는다.
故去彼取此(고거피취자)	그런 까닭에 저것을 버리고 이것을 취한다.

72장 공덕을 쌓았어도 잊어버려라.

천지의 자연은 하는 일 없이 할 일을 다 하면서도 내세우거나 자랑하지 않고 홀로(自, 자) 만물을 키우고 일구어도 대상 위에 군림하거나 속박하지 않고 억압하지도 않고 자랑하지도 않는다.

남 위에 군림하려거나 남들을 억압하려는 것은 나와 대상을 모르는 처사이고, 어리석은 처사이며, 망상이고 욕심이기에 옛 성인들은 천지자연의 무위를 품고 무아, 무심을 품어 스스로를 드러내지 않았다.

선불교의 초조인 달마대사는 인도에서 석가세존의 28대 법제자로, 스승인 般若多羅(반야

다라, 27대 조사)가 인도는 불법의 기운이 다하였음을 알고 자신의 死後(사후)에는 "동쪽(중국)으로 건너가서 포교하여 꽃(禪, 선)을 피우라."라는 당부의 말을 듣고 스승 사후에 중국으로 건너와 당시 양나라 무제의 초청으로 양무제를 만났다.

당시(527년) 양무제는 불교에 심취하여 불교 경전에 대한 공부도 많이 하였으며, 많은 불교 경전들을 한문으로 번역하는 譯經(역경) 작업에도 심혈을 기울인 왕이었다. 또한 많은 사찰과 탑을 지었다.

그래서 많은 사람이 양무제를 위대한 덕을 지닌 왕이며 하늘에서 온 신으로까지 칭송하며 떠받들고 있었다.

서역에서 깨달음을 얻어 도통한 고승인 달마를 맞이한 양무제는 들뜬 마음으로 달마와 얘기를 나누게 되는데 은근히 자신의 자랑 섞인 말로 말문을 열었다.

"대사님, 내가 이 땅에 수많은 절을 짓고 수천이 넘는 탑을 쌓았으며, 스님들의 편의도 돌봐드리고 불교의 진리를 연구하는 절도 많이 세웠으며, 이 국토에 불교의 보물들로 가득 채우려고 노력하였소. 이러한 나의 공덕이 얼마나 되겠는지요?"

무제가 말을 하자 바로 보리달마가 대답을 하였다.

"공덕이 없습니다."

양무제는 뜻밖의 말을 듣고 은근히 놀라며 다시 물었다.

"어째서 공덕이 없다는 말을 하십니까?"

달마가 대답을 하였다.

"그러한 일들은 모두 자질구레한 속세의 인과에 지나지 않으며 진정한 공덕이라 할 수가 없습니다. 그것은 마치 물건의 그림자처럼 있는 것 같지만 실제로는 존재하지 않는 것입니다."

양무제가 침통한 표정으로 말을 이어 갔다.

"그렇다면 어떤 것이 진정한 공덕인지요?"

달마가 말하였다.

"진정한 공덕이란 지혜를 깨쳐 아는 것이며, 이러한 지혜는 본래 말로 닦을 수도 없고, 침묵(空, 공) 속에 있는 것이기에 세상의 이해타산으로는 구하지 못하는 것입니다."

무제는 알아듣지 못하여 속이 탔다.

양무제는 다시 질문을 하였다.

"그러면 불교에서 가장 중요한 것은 무엇입니까?"

보리달마가 말하였다.

"크게 비우는 것 외에는 그 어떠한 것도 중요한 것이 없습니다."

대답을 들으면 들을수록 이해할 수가 없는 말에 답답함을 금치 못하며 양무제는 다그쳐 물었다.

"그렇다면 내 앞에 있는 그대는 누구신지요?"

"모릅니다."

달마는 이렇게 대답하고 그곳을 떠나 양자강 건너 북쪽의 위나라로 건너갔다.

부처의 道(도)가 무엇이며 위 없는 지혜가 무엇인가를 확실히 대답하여주었건만 양무제는 스스로 상에 가려 달마의 귀한 법문을 알아듣지 못하여 달마를 보내며 서운한 마음을 감추지 않았을 것이다.

우리는 늘(항상) 대상과 하나가 되어 살고 있으면서도 그것을 몰라 나와 상대를 구별하고 분별하며, 분별 망상에 매달려 일상을 살며 일생을 보내고 있다.

실상 공함 속에 살고 있으면서도 공함의 도리를 알지 못하여 형상을 쫓고 형상에 매달린 생활을 하고 있다는 말이며, 뒤바뀐 망상 속에 살고 있다는 말이다.

절을 많이 짓고 탑을 많이 쌓아 올리고 스님들의 편의를 돌봐준 것은 분명 공덕이 되지만 부처의 空心(공심)에는 한낱 형상을 쌓고 지었으니 그것을 어찌 지대한 공덕이라 할 수가 있겠는가?

달마는 양무제를 만나 대화를 나누면서 부처의 空心(공심)을 다 들어내 주었건만 모양과 형상만을 따르고 쫓는 祈福信仰(기복신앙)에 젖은 중국 땅에 부처의 心法(심법)을 전함에 어려움이 있을 것을 알아차리고 깊은 산속에 자리한 자그마한 암자(소림사)에 자리를 잡고 틀어앉아 벽만 쳐다보는 수행(면벽 생활)에 들어갔다.

뒤바뀐 헛된 생각이란 나와 남을 구별하는 망상이다.

천지 만물의 두두물물이 부처 아님이 없음을 안다면 어찌 나와 남이 둘이겠는가?

이것(나와 남이 둘이 아닌 이치)을 알아차림이 眞空妙有(진공묘유)를 취하는 것이며, 이것을 알아 깨닫는 것이 도를 득하는 것이다.

悟道見性(오도견성)은 단계로 이루어지는 것이 아니다.

空(공)을 取(취)하거나 공을 득함이란 스스로의 自性(자성)을 친견하여 평등을 알아차려 취하는 것을 말하는데 공을 득함에 단계를 설정하여 취하는 것이라 생각할 수도 있을 법하지만, 공을 득하여 도를 이루는 것에는 단계란 없다.

알아차림에 소요되는 시간이나 크고 작은 일(의심)들을 스스로 정리하여 때때에 얻어지는 것을 단계라 구분 지어 말들 하지만, 그것은 '도를 얻어가는 과정'이지 단계라 할 수는 없다.

깨달음에 큰 깨달음, 작은 깨달음이라 말하는 것도 잘못된 표현이다.

도를 득함을 수영에 비유하자면 몸이 물에 떠서 자유자재로 수영을 하고자 배우고 연습하며 (몸에) 익혀가는 것인데 (몸이) 물에 뜨는 이치를 모르기 때문에 처음부터 몸이 물에 둥둥 뜨는 것을 바랄 수는 없을 것이다.

열심히 몸이 물에 뜨는 것을 익히려 연습을 하다 보면 (때때에) 물도 먹기도 하고 코나 귀로 물이 들어와 머리가 띵! 하기도 하고 손과 발의 동작이 굼떠서 물에 가라앉아 숨 쉬지 못하는 고통도 따르고 자유롭지가 못할 것이다.

이렇게 자유롭지 못한 것들에 대해서 하나, 하나를 익히며 연습을 하다 보면 '아! 이렇게 하면 물을 먹지 않게 되는 것이며 이렇게 하면 코로 물이 들어오지 않는 것이나 손동작이나 발동작을 이렇게 하면 몸이 물에 떠서 앞으로 나아가는 것' 등등을 터득하게 될 것이다.

도를 알고 깨달음에 이르는 길도 이와 같아서 의심을 품고 스스로 의심을 풀기 위하여 노력하는 것인데, 그러다 보면 이러저러한 크고 작은 고통과 의심을 겪게 되어있다.

그 의심은 농부가 농사일에 전념하고, 장사하는 상인이 장사에 몰두하고 학생이 배우고자 함에 열심을 다 하며, 가수가 (대중 앞에서) 노래를 잘 부르려고 열심히 연습하는 것처럼 도를 구하고 얻으려는 수행자는 담고 있는 의심에 열심히 一心(일심)으로 매달려야 하며 수행이 (極)극의 정상에 이르면 모든 것(의심)이 한자리에 모이게 되어있으며, 그곳에 이를 즈음이면 식의 알음알이가 (도를 득함에) 도움이 되지 않음을 알게 되며, 만법이 공함을 품게 될 것이다.

알음알이를 내어 견성의 단계를 지어 1단 초견성, 2단 재견성, 3단 대견성이라 승급을 지어 말하는 행위는 識(식)의 알음알이를 기준으로 서로 인정하고 서로가 위안받으려는 처사에 불과한 것이며, 견성을 단계 지어 말하는 곳에서는 자성부처를 친견할 수가 없다.

십지보살도 도를 득하지 못한 것이라 한 것은 알음알이의 단계로는 도를 득할 수가 없다는 것을 명확히 밝혀 놓았다는 것을 깊이 인지해야 할 것입니다.

견성득도하면 우리가 수영을 배우고 익히면 언제든지 물을 만나도 자유롭게 물 위에서 즐길 수 있는 것처럼 한번 익히고 나면 다시 배우고 익힐 필요가 없으며, 견성득도하면 (깨달은) 그것으로 만법이 實相無相(실상무상)임을 알아차린 것이기에 점진적으로, 점차적으로 다시 깨달음도 없고 다시 깨달아 얻어지는 것 또한 없습니다.

견성하여 자성부처를 친견한다는 것은 부처가 평생법문을 설하고 가시면서도 하시지 못한 한마디(실상은 누누이 일러주심)를 알아 깨달은 것이기에 견성득도 후에는 천하의 모든 이치를 깨달은 것이라 活用(활용)함이 있을 뿐이며, 더 이상의 의심이나, 말이나, 글이 필요하지 않다는 것을 알아야겠습니다.

함부로 견성을 단계지어 말하는 것은 부처를 모르고 대도를 폄하하는 행위이기에 필히! 삼가야 할 것입니다.

단계가 아닌 진실한 공을 취하면 말길과 글 길이 끊긴 자리에서 공을 취한 것이기에 그것에는 묘함이 따르게 되어 있습니다.

돈오견성 함에는 때때에 과정과 의심은 있을 것이나 돈오견성 함에 단계 단계는 없습니다.

돈오 견성함에 물어도 대답이 없는 벙어리 부처를 보기도 하는데 이 또한 잘못된 생각과 망상에 지나지 않은 識(식)을 담고 있다 할 것인즉, 부처는 벙어리가 아니며, 단계 단계를 밟아 부처가 되는 것이 아닌데 잘못된 망상을 안고 부처의 도를 가장할 뿐 부처나 도와는 아무 상관없는 무지한 행태라 할 것입니다.

천하대도는 살아서 움직이는 모든 것들에 있으며 生生不息(생생불식)하며 無息小停(무식소정)하기에 잠시도 쉬지 않고 잠시도 머물지 않는 것이라 물어도 대답이 없거나 말 못 하는 것을 부처라 함은 말도 안 되는 착각이며 망상입니다.

부처가 말 못 하는 벙어리라면 세상이 말 못 하는 벙어리의 세상이라는 것인데 도가 살아있고 부처가 살아있어 세상 어디를 둘러봐도 답답함이 없고, 말하기에 불편함이나 답답함이 없는데 벙어리가 부처의 행세를 하려 하는 것은 너무도 잘못된 행위이며, 이러한 것을 담고 말하는 부류를 경계해야 할 것입니다.

누구나 열심히 수행에 임하면 알아차림의 경계에 도달하게 되는데 '그곳에 이르면 스스로 모든 식이나 알음알이를 내려놓고 수행에 임해야 하는데' 識(식)의 알음알이로 얻은 알아차림을 견성한 양 득도한 양 착각하는 부류도 있으니 안타까운 실정입니다.

古來(고래)로 識(식)이나 말(言)로 부처를 만나 도를 이루는 일은 없었으며, 단계 단계를 넘어서 도를 득하는 것도 아니며, 천하대도는 말길과 글 길이 끊어진 구경의 공(眞空, 진공)을 취해야 합니다.

도는 남을 억압하거나 자신을 들어내지 않으며, 스스로를 귀하게도 천하게도 여기지 않으며, 일상의 생을 영위함에 불편함도 없고 유유자적하고 한가한 삶을 즐길 것입니다.

勇於敢則殺(용어감즉살)	감히 용감함을 내세우면 죽고
勇於不敢則活(용어불감즉활)	감히 나서지 않는 용감함은 산다.
此兩者或利或害(차량자혹리혹해)	이 둘 중의 하나는 이롭고 하나는 해롭기도 하여
天之所惡(천지소오)	세상 사람들은 싫어하지만
孰知其故(숙지기고)	그 누가 그런 까닭을 알겠는가?
是以聖人猶難之(시이성인유난지)	그래서 성인조차도 그것을 어렵게 여긴다.
天之道(천지도)	천하 대도는
不爭而善勝(불쟁이선승)	다투지 않고서도 잘 이기고
不言而善應(불언이선응)	말하지 않고도 저절로 응대하며
不召而自來(불소이자래)	부르지 않아도 저절로 찾아오고
繟然而善謀(천연이선모)	가만히 있어도 일을 잘 해낸다.
天網恢恢(천망회회)	하늘의 그물은 코가 넓고 커서 성성하지만
疏而不失(소이불실)	하나의 죄인도 놓치는 일이 없다.

73장 덕으로 세상을 사는데 행함이 없는 착한 마음이 무슨 소용이냐.

서툴게 용감함을 내세움이란 일을 바르게 판단하지 않은 생각으로 행동에 나선다는 말이다.

감히 나서지 않는 용감함이란 일을 대함에 전후좌우를 살펴 바르게 사리 분별을 하여 나아 가고 물러나는 행위를 결정지었다는 것을 말한다.

세상의 모든 일은 때에 일어나는 현상이다.

바람도 구름도 비도 때에 오고 감에 걸림이 있던가?

때에 부는 바람이 고마운 이가 있을 것이며 때에 내리는 비가 고마운 이들이 있을 것이나, 때에 바람이나 비가 고맙지 않은 이들이 있는 것은 때에 비나 바람이 삶을 어렵게 만들고 두렵게 하니 외면하게 된다.

바닷물을 뒤집어엎으며 몰려오는 태풍에 누가 감히 맞서려 할 것이며, 장마에 둑이 터져 범람하는 무서운 기세에 누가 감히 강물에 뛰어들 용기를 내겠는가?

세상 모든 일은 때의 일이다.

순식간에 불어 닥친 광기 어린 바람이 아름드리나무를 뚝딱! 쓰러트리고 산기슭으로 휘몰아 돌아가면 '아! 세찬 회오리바람이 나무를 쓰러트리고 갔구나' 할 뿐 그 바람에 누가 맞서거나 막을 이가 있겠는가.

하는 일 없이 할 일 다 하는 천지자연은 만물을 키우고 가꾸고 거두어들이며, 때때에 힘으로 천둥이나 번개를 치고 바람이나 비를 사용하여 세상을 청소하며 무상한 변화를 끌어내고 있다.

천하대도는 천지자연의 질서에 깃들어 있고 인간들이 살아가는 모든 삶에 깃들어 있으며, 사람이 사람으로 살아가는 모든 것들에 깃들어 있다.

有爲(유위)의 相學(상학)에는 두상, 골상, 수상, 족상, 관상학 등이 있으며, 마의선사가 지은 麻衣相法(마의상법)에는 관상이 아무리 좋아도 마음 착한 것만 못하다 하여 '觀相不如心相(관상불여심상)'이라는 말을 남겼다.

마의선사가 자신이 연구하여 체계를 세운 마의상법이 대중들의 관심과 호의를 얻어 널리 알려지게 되자, 선사는 자신의 관상법을 알리고자 전국을 순회하려는 계획을 세워 실행하기에 이른다.

선사가 길을 떠나 아랫마을을 지나치게 되었는데 그때 어느 청년과 마주치게 되며 선사는 순간 당혹감에 휩싸이게 된다.

청년의 관상을 보니 3년을 넘기기가 어려운 상이라 혹시 잘못 보았나 싶어 다시 청년의 얼굴을 보았으나, 선사는 자신이 잘못 보지 않았다는 확신을 하게 되는데 그렇다고 그냥 지나치는 것도 도리가 아니라는 생각에 잠시 마음의 고민을 정리한 선사가 청년을 불러 세웠다.

의아해 하는 청년에게 "내가 보니 자네는 2년을 지나면 몹쓸 병을 얻어 3년을 넘기기 어렵겠어, 그 고비를 넘길지는 모를 일이니 헛되이 살지 말고 착한 마음으로 살아 가도록 해"라고 했다.

이 말의 뜻은 3년을 넘기기 어려우니 죽음을 대비하여 착하게 살라는 말인데, 청년은 2년이 지나면 몹시 아플 것이나 착하게 살면 살 수가 있다는 말로 알아들었다.

선사는 그런 일이 있었으나 자신의 학설(마의관상법)을 들고 전국을 돌면서 많은 학자와 관심 있는 이들을 만나며 10년의 세월을 보내고 고향 마을로 돌아오게 되었다.

관상만으로 길흉을 예견한다는 마의선사가 고향으로 돌아온다는 소식에 많은 사람이 선사의 귀향을 축하하며 모여들었는데 어느 중년의 사내를 보는 순간! 선사는 그에게서 눈을 떼지 못하였다.

'혹! 잘못 본 것인가?' 하였으나 그는 10년 전에 고향을 떠날 때 3년밖에 살 수 없을 거라 일러준 청년이었다.

선사는 귀향을 축하해주는 많은 사람을 뒤로하고 자신이 체계를 세운 관상학의 학설에 문제가 있는 것인지 선사의 머리는 복잡해져만 갔다.

그렇게 지내던 어느 날 방문객이 찾아와서 보니 예전에 그 청년이었다.

"스님께서 돌아오신 것을 알면서도 이제야 찾아뵙게 됐다고" 하면서

"스님의 말씀대로 2년이 지나면서 몸에는 아무 이상이 없는데도 기력이 떨어져 아무 일도 할 수가 없어 죽을 날만을 기다리는 신세가 되었습니다."

사내의 얘기를 듣고 있던 선사가 마음이 조급해져 "그래 그 후로 어떻게 지내셨나?" 하고 물었다.

"예, 스님. 기운이 없어 죽을 날만을 기다리는 처지였으나 마을 앞에 흐르는 강을 보면 가슴이 탁 트이고 시원하기에 자주 찾아가게 되었습니다. 그렇게 지내던 어느 날인가, 장마에 물이 불어나 나무들이 많이 떠내려왔는데 떠내려오는 나무를 무심코 보니 수많은 개미가 나무를 타고 둥둥 떠내려오는 것을 보게 되었습니다. 그런데 개미들이 이대로 떠내려가면 죽을 것이라는 생각이 드는 순간! 물로 뛰어들어서 그 나무를 강가로 끌어 올리고 조용히 혼잣말

로 '그래! 너희들이나 잘살아라,' 하였습니다. 그런 일이 있고 나서 이후로 몸에 기운이 조금씩 돌면서 운신하게 되었고 점점 건강이 회복되어 지금까지 잘 지내고 있었습니다. 전에 스님께서 2년이 지나면 병으로 고생할 거라 일러주신 말씀이 왜 그리도 신통하게 맞았는지 스님께 감사하다는 인사를 드리러 왔습니다."

선사의 귀에는 청년의 말이 귀에 들어오지 않았다.

"허! 허! 수천수만의 생명을 살리는 德(덕)을 베풀어서 살아났구나."

사내는 거듭 감사하다는 말을 하고 돌아갔다.

선사는 "그래! 마음이 착하면 뭐하냐? 때에 어려운 이들에게 마음을 내어 베풀어야지!" 했다.

착한 마음을 내어 베풀면 하늘이 알아 應天(응천)하고 땅이 알아 動地(동지)하는 것을!

선사는 자신이 쓴 책들을 거두어들여서 마지막 장에 觀相不如心相(관상불여심상)이라 쓴 글의 뒷장에 心相不如德相(심상불여덕상)이라는 글을 첨부하였다.

사람이 도를 품고 덕을 행하며 살아가고들 있지만, 대다수의 사람들은 도와 도의 행위가 덕이라는 사실을 간과한 채 살아가고들 있다.

어려운 이웃을 도와주는 행위나, 위험에 빠진 이웃을 도와주는 행위나, 시련에 빠진 이웃에게 건네는 따뜻한 말 한마디가 덕을 베푸는 것이며 사람이기에 행할 수 있는 최고의 행동이다.

덕을 베푸는 일은 멀리 있는 일이 아니다. 우리 주변에 덕을 기대하는 일들은 널려있다.

세상의 모든 일은 작은 것에서 시작하며 작은 것들이 쌓여 큰 것을 이루게 되는데 덕에도 작은 덕이 있고 큰 덕이 있을 것이나, 크든 작든 덕을 행함은 사람을 귀하게 여기는 행위이며, 세상을 밝히는 행위라 대도를 수호하고 대도를 지켜내는 호법신장들의 보살핌이 따르는 것이다.

民不畏死(민불외사)　　　　　　　　백성들이 죽음을 겁내지 않는데

奈何以死懼之(나하이사구지)　　　　어찌 죽음으로 그들을 두렵게 할 수 있겠는가?

若使民常畏死而爲奇者(약사민상외사이위기자)　만약에 백성이 언제나 죽음을 두려워하도록 하는

　　　　　　　　　　　　　　　　　이상한 짓을 하는 자가 있는데

吾得執而殺之(오득집이살지)　　　　"내가 붙잡아 죽이겠다."고

孰敢(숙감)　　　　　　　　　　　　누가 감히 그런 일을 하겠는가?

常有司殺者殺(상유사살자살)　　　　사형도 집행하는 사람이 있어 사람을 죽이는데

夫代司殺者殺(부대사살자살)　　　　사형 집행인을 대신해서 사람을 죽이는 것은

是謂代大匠斲(시위대대장착)　　　　말하자면 목수를 대신해서 대패질을 하는 것과

　　　　　　　　　　　　　　　　　같다.

夫代大匠斲者(부대대장착자)　　　　목수를 대신해서 대패질하는 자치고

希有不傷其手矣(희유불상기수의)　　제 손 다치지 않는 자가 없다.

74장 생의 業(업)과 習(습)을 두렵게 여겨라.

民不畏死(민불외사), 백성이 죽음을 두려워하지 않는다. 왜?

사람이 만물의 영장,이라 함은 밝고 맑은 善(선)과 어둡고 惡(악)한 것을 구분하여 明分(명분)을 알기에 잘잘못에 대하여 진퇴를 결정하는 지혜가 있기 때문이다.

사람은 동물처럼 목숨만을 부지하기 위한 삶이 아니라 차별과 평등을 알아 만인이 평등하다는 인식을 담고 살며, 사람이 사람답게 살아가려는 정체성과 지혜를 품고 살아가며, 항상 바르게 살아가려는 精神(정신)을 품고 살아가고 있다.

바르게 살아가려는 것은 하늘을 품고 살아가는 사람들에게 이어져 내려오는 정신이며, 조상으로부터 이어져 내려오는 정신이며, 자손들은 蘖(얼)이라는 주머니(정신)에 담고 살아가고 있다.

사람을 주관하는 정신이 때로는 잘못된 主義(주의)나 思想(사상)이나 이념과 宗敎(종교)에 의하여 정도에서 벗어나 그릇된 것들에 의해서 물이 들어 때론 많은 이들에게 고통을 짊어지고 살아가게도 하였지만, 때가 지나며 진리가 아니기에 잘못된 주의나 사상들이 물거품처럼 사라져 가는 것을 인류의 역사가 증명하고 있다.

밝다는 뜻을 품은 '明(명)'자는 해와 달의 밝음을 함께 품고 있는 字(자)이며, 천지가 음양을 품고 항상 밝음을 품어 밝다는 뜻을 전하는 글이다.

태양(日, 일)의 밝음이란 양의 기운을 가득히 세상에 주고 달(月, 월)의 은은하고 온화한 음의 기운이 세상에 충만하기에 천지 만물은 생장멸사를 이어가고 있으며, 음양은 생사의 본이라 한다.

위정자나 군왕이 백성들을 왜 무시하고 억압하며 고통을 주는가? 그것은 헛된 망상이나 욕심에 사로잡혀 백성들을 자신의 致富(치부)를 위한 도구로 생각하기 때문이며, 두 눈을 갖고도 한 눈으로 세상을 바라보는 처사이며, 차별과 평등을 모르는 어리석은 짓이라 스스로 몰락의 길에 들어설 것이며, 종내에는 얻고자 하였으나 얻은 것도 없이 많은 이들에게 고통만을 안겨주고 스스로 망하게 된다.

천지의 자연은 대상과 함께하며, 때때에 일하는 듯, 하지 않는 듯하지만 할 일 다 하고 누구도 다치지 않고 스스로를 내세우지도 않는다.

누구라도 다치지 않고 평안하려면 나와 대상이 대상과 내가 차별을 안고 살면서도 평등을 지녀야 하는 것을 무위자연에서 배워야 할 것이다.

民之饑(민지기)	백성이 굶주리는 것은, 위에서 세금을
以其上食稅之多(이기상식세지다)	너무 많이 거두어들이기 때문이다.
是以饑(시이기)	그 때문에 굶주리는 것이다.
民之難治(민지난치)	백성을 다스리기 어려운 것은
以其上之有爲(이기상지유위)	군주가 억지로 뭔가 하려 들기 때문이다.
是以難治(시이난치)	그리하면 (백성은) 다스리기 어려워진다.
民之輕死(민지경사)	백성이 죽음을 가벼이 여기는 것은
以其上求生之厚(이기상구생지후)	군주가 지나치게 자신만을 위한 삶에 집착하기 때문이다.
是以輕死(시이경사)	그 때문에 백성들은 죽음을 가볍게 여기는 것이다.
夫唯無以生爲者(부유무이생위자)	삶에 집착하지 않는 사람은
是賢於貴生(시현어귀생)	삶을 귀하게 여기는 사람보다 더 현명하다.

75장 본래 빈자리인데 作爲(작위)한다고 될 일인가?

세상은 無(무)와 有(유)라는 쌍두마차를 품고 이어 내리고 있다.

천지자연을 닮아 욕심이 없는 無爲(무위)에 마차를 품고 살아간다면 서로가 대상에게 시기심이나, 다툼이나, 질투나, 투쟁은 없을 것이다.

그러나 有爲(유위)에 마차를 품고 살아간다면 서로 대상과 비교하게 되고 상대보다 더 우월하기를 바라는 욕심과 집착을 품게 되고, 그것에서 벗어나지 못하여 스스로의 욕심에 대상을 무시하고 作爲(작위)하면서 스스로 나와 대상을 저버리는 행위를 하게 되며, 스스로 파멸의 길에 들어서는 일을 초래하게 되어 무너지고 망가지게 된다.

어느 개가 재수가 좋은 날이었는지 고깃덩어리를 얻게 되어 고기를 물고 다리를 건너게 되었는데 다리를 건너며 문득! 아래를 보니 어떤 놈이 고깃덩어리를 물고 있는 모습이 보였다.

개는 물에 비친 모습이 자신인 줄 모르고 물에 비친 고깃덩어리가 탐이 나서 "멍!" 하며 짖는 순간, 자신이 물고 있는 고깃덩어리를 다리 아래의 물로 첨벙! 하며 떨어트렸다.

떨어진 고기를 보며 아쉬움에 "멍! 멍!" 세차게 짖었으나 어쩔 도리가 없음을 알게 되고 개는 애써 얻은 고기를 잃고 만다.

세상을 살아가는 모든 이들은 크든 작든 잘난 맛에 세상을 살아가며 자신의 自尊(자존)을 안고 살아가는데 그것이 도를 넘어 타인들을 무시하거나, 피해를 주거나, 다치게 한다면 그것은 분명 잘못된 행위이기에 스스로 품은 자존이 스스로를 무너뜨리는 열쇠가 될 것이다.

자존을 지키고 유지하려면 대상의 他尊(타존)을 존중해야 하며 스스로 自足(자족)할 줄 알아야 明(명)을 아는 것이고, 그것으로 命(명)과 名(명)을 保存(보존)할 수가 있는 것이다.

지도자가 지위와 권세를 이용하여 백성들을 괴롭힌다면 그것은 평등과 차별을 모르는 처사이기에 오래가지 못할 것이고, 동시에 나락으로 떨어져 괴로운 일에 처할 것이며, 무언가 作爲(작위)하는 일은 오래 지켜내지 못하는 것은 자명한 일이라 할 것이다.

경에,

凡所有相(범소유상) 皆是虛妄(개시허망)

若見(약견) 諸相非相(제상비상) 卽見如來(즉견여래)

무릇 모든 상(모양)은 모두가 다 허망하다. (그러나)

만약에 상에서 상이 아님을 본다면 즉시 부처를 만날 것이다.

有爲(유위)의 세상은 名(명)에 얽매여 있다.

명에 얽매인 만큼 명을 중시하며, 나와 남을 차별하며, 이름만큼 자신을 내세우려 대상을 억압하고 위압을 가하려 하는데 그러한 행위가 모두 허망한 짓거리이며, 어리석은 행위임을 알아차려야 할 것이다.

야! 내가 누군데 까부냐? 어?

76장

人之生也柔弱(인지생야유약)	사람이 살아 있을 때에는 부드럽고 약하지만
其死也堅强(기사야견강)	죽으면 단단하고 강해진다.
萬物草木之生也柔脆(만물초목지생야유취)	초목도 살아있으면 부드럽고
其死也枯槁(기사야고고)	연하지만, 죽으면 말라서 딱딱해진다.
故堅强者死之徒(고견강자사지도)	고로 단단하고 강한 것은 죽음의 무리이고
柔弱者生之徒(유약자생지도)	부드럽고 약한 것은 삶의 무리이다.
是以兵强則不勝(시이병강즉불승)	그래서 군대가 강하기만 하면 이기지 못하고
木强則兵(목강즉병)	나무가 강하면 부러진다.
强大處下(강대처하)	강하고 큰 것은 아래에 놓이고
柔弱處上(유약처상)	부드럽고 약한 것은 위의 자리에 놓는다.

76장 鼓之舞之(고지무지) 水火相濟處(수화상제처)

천하대도는 천지의 자연에 스며있어서 천하 만물을 낳아 키우고 도를 품은 음양은 태양의 따사로움과 달의 은은한 음기를 머금고 천하 만물을 양육, 성장시키고 있다.

사람이 죽으면 단단하고 뻣뻣해지며 살아있을 때에는 약하고 부드럽다.

굳고 강한 것은 죽음으로 얻어지는 것이며 부드럽고 약한 것은 살아있는 것들의 몫이라 하였는데 '그러면 살아있을 때에도 강하고 단단한 것이 있을 것인데 그것이 무엇일까?' 하는 의문이나 의심이 생기는 것은 당연한 일일 것이다.

사람들이 삶을 영위함에 모두가 한결같을 수가 없으며 어떤 일을 도모할 때에 나아가는 자와 머무는 자가 있고, 오히려 뒤로 물러나는 자들도 있을 것인데 그러한 행동을 주관하는 것은 각자 자신들의 마음이며, 그 마음이 그러한 행동을 하도록 주관하는 것을 알 수가 있다.

사람들이 세상을 살아가면서 어떤 이는 단단하고 야무지다고 하고 어떤 이는 물러터지고 흐리멍덩하다는 말들을 하는데, 그것은 각자 각자의 행동을 보고 판단하여 하는 말일 것이다.

단단하고 야무지다는 것은 마음의 심지가 굳건하여 주위를 아랑곳하지 않고 자신의 일을 열심히 행하는 사람일 것이고, 물러터지고 흐리멍덩한 이는 마음의 중심인 심지가 굳건하지 못하여 주위 사람들의 의견이나 스스로의 판단력이 흐려 우왕좌왕하며 결실을 이루지 못하는 이를 말한다.

단단한 것이나 물렁물렁한 것은 마음의 조화에서 들고 나는 것을 알 수가 있는데, 부처님의 경전 중에서 가장 긴 경전이라는 화엄경을 줄이고 줄인 게송을 적어본다.

若人欲了知(약인욕요지) 三世一体佛(삼세일체불)
應觀法界性(응관법계성) 一切唯心造(일체유심조)
만약에 사람이 부처의 지혜(得道, 득도)를 얻고자 하면 과거, 현재, 미래의 모든 부처를 보아라.
응당 법계의 성품을 마음으로 들여다보면 일체 만법의 (행위는) 마음의 조화이니라.

천지 만물은 정해진 대로 존속·존재하는 것이 아니고 양 속에 음이 있고 음 속에 양이 있어 그것들의 변화에 의해서 음 속에 양이 음이 되고 양 속에 음이 양으로 변하며, 궁극에는 그것들조차도 끊임 없는 변화를 이루며 천지 만물을 일구어내고 있다.

강한 것과 약한 것, 단단한 것과 부드러운 것들이 때론 위로, 때론 아래의 자리에 놓이지만, 本(본)인 하나는 변하지 않는다.

신명을 지니고 일체 만법의 조화를 부리며 사는 사람이 神(신)이며, 신명은 태양의 精核(정핵)을 받아들여 黃芽(황아)가 조성되며, 황아는 成丹(성단)을 이루어 조화 만물 한다.

사람은 눈(目, 목)으로 보고, 귀(耳, 이)로 듣고, 코(鼻, 비)로 냄새를 맡고, 입(口, 구)으로 말하며, 心(심)으로 옮겨 만물과 接(접)하고 있다.

　태양과 달의 양기와 음기로 生氣(생기)인 산소를 服食壓縮(복식압축)하여 邪氣(사기)와 濁氣(탁기)를 체외로 排泄(배설)하고, 오행을 품은 오음 오기로 氣血(기혈)을 運化(운화) 순환하면 淸淨(청정)한 神水華池(신수화지)를 이루게 된다.

　청정신이 되어 신수화지에 이르게 되고, 그 기를 丹田黃中(단전황중)에 주입하면 정액이 三丹田(삼단전)과 三關(삼관, 미려관 녹노관 옥침관)을 통과하여 두뇌 이환궁에 이르면 체내의 삼만육천의 신경과 운화하여 체내에 死氣(사기)인 炭素(탄소)를 체외로 배설하고, 眞精(진정)은 체내의 팔만사천의 신경과 無數神經(무수신경)에 끊임없이 순환하여 成丹(성단)을 이루어 만물과 조화한다.

*오음이란 세계인의 공통 언어인 모음으로 이루어진 아우어이훔이다.

*오기란 오행의 기를 말하며 아(金氣), 우(水氣), 어(木氣), 이(火氣), 훔(土氣)이다.

　三丹田(삼단전)은 상, 중, 하의 단전을 말한다.

　三關(삼관)은 두뇌 뒤쪽에 玉枕關(옥침관)과 척추 중문에 轆轤關(녹노관)과 脊椎末(척추말) 水火相濟(수화상제) 處(처)인 尾閭關(미려관)이다.

　일구수련하면 무병 건강 장생하며 병자는 스스로 병이 나아지고, 흉자는 吉(길)해지며, 단명자는 壽(수)를 잇고, 평범한 사람이라도 일구수련하면 천지의 덕과 화합하여 장수를 누린다.

　수행은 山澤通氣法(산택통기법)으로 행한다.

天之道(천지도)
하늘의 도는

其猶張弓與(기유장궁여)
마치 활을 메우는 것과 같은 것이기에

高者抑之(고자억지)
높은 것은 누르고

下者擧之(하자거지)
낮은 것은 올린다.

有餘者損之(유여자손지)
남음이 있는 것은 덜어내어

不足者補之(불족자보지)
부족한 것에 보태 준다.

天之道損有餘而補不足(천지도손유여이보불족)
하늘의 도는 넉넉한 것을 덜어내어 부족한 것에
보태지만

人之道則不然(인지도즉불연)
사람의 도는 그렇지 않아

損不足以奉有餘(손불족이봉유여)
부족한 데서 덜어내어 넉넉한 쪽에 보탠다.

孰能有餘以奉天下(숙능유여이봉천하)
누가 넉넉한 곳의 것들로 하여금 천하를 받들게
할 수가 있을까?

唯有道者(유유도자)
오직 도를 깨친 자라야 그렇게 할 수 있을 것이다.

是以聖人爲而不恃(시이성인위이불시)
그래서 성인은 하고서도 자랑하지 않고

功成而不處(공성이불처)
이루고서도 공을 내세우지 않으며

其不欲見賢(기불욕견현)
자신의 현명함조차도 드러내려 하지 않는다.

77장 바른 것은 드러내지 말라.

높은 것은 누르고, 낮은 곳은 올리며, 많은 것에서 덜어 부족한 것에 보태며, 자랑하지도 않고 나서지도 않는 천하의 도는 사심을 내지 않으니 바르다(正)는 말이며, 바른 것은 도를 닮은 것이다.

천하대도는 옳고 바른 것을 이르는 통칭이다.
古來(고래)로 수많은 이들이 수행에 매달려 바른 도를 얻으려 하였으나

無名無相絕一切(무명무상절일체)
證知所知非餘境(증지소지비여경)
일체의 有爲(유위)와 끊어져 있는 경계라
깨달음의 경계를 얻는다는 것은 넉넉지 않은 실정이다.

즉, 깨달음을 얻어 도를 증득한 이들은 별로 없어 귀하다는 말이다.

도를 얻고자 수행함은 일체와 끊어진 경계를 얻고자 하는 것이며, 스스로를 의지하고 자신의 행위에 동작 하나하나까지도 도를 얻어가는 과정이라는 것을 깊이 숙지해야 한다.
남은 속일 수는 있어도 자신이 마음 내어 행하는 모든 것들은 속이지 못하는 것처럼 수행의 경지는 절대로 속일 수가 없고 스스로 닦은 만큼 공덕을 지니고 살아가는 것이다.
수행을 한다고 해서 누구나 얻을 것, 얻어질 것이라는 망상은 버려야 하며, 증득은 몸과 마음을 떠나서 이루어지는 것이 아니며, 스스로 의심의 일구를 잡고 생사를 초탈하는 수행과 정진이 수반되어야 한다.

우리의 몸에는 10개의 구멍이 있다.
눈이 둘, 콧구멍이 둘, 귀가 둘, 입이 하나, 대소변 보는데 각각 하나, 그리고 닫혀있는 배꼽까지 해서 모두 열 개다.
이 모든 구멍 중의 다른 구멍은 열어놓아도 괜찮지만, 배꼽만큼은 닫혀 있어야 한다.

우리의 몸은 어머니의 뱃속에서 胎(태)로 연결이 되어 형성되는데 360 골절과 8만 4천의 털구멍이 만들어져 탯줄을 통하여 피가 돌면서 몸이 만들어지고 열 달 성장하여 이 세상에 태어나게 된다.

태어난 다음에는 탯줄을 끊고 끝을 매어놓고 며칠이 지나면 탯줄이 똑! 떨어지며 입을 닫아버린 배꼽이 된다.

배꼽이 열려 있으면 그곳으로 바람이 들어가게 되면 탈이 나기 때문에 꼭 닫혀 있어야 한다.

배꼽이 꼭! 닫혀 있어야 하는 것에는 인간관계에 대한 진리가 담겨있으니 태어난 다음에는 입을 닫고 사는 배꼽의 도리를 잘 이해하여야 한다.

그리고 아래쪽에 있는 대소변을 보는 구멍은 꼭! 필요할 때에만 열린다.

인생에 있어서 가장 급한 일이 있다면 그것이 무엇이겠는가?

자기가 무엇이며 어떤 물건인가?

즉, 自我(자아)를 알아가는 것이 급한 일일 것인데 이것은 급하지 않다 하고 하찮은 일들에 얽매여 바쁘다고 야단치며 살아가고 있는 실정이다.

음식을 먹으면 배에 가스가 차고 찌꺼기가 모이면 속이 불편하고 괴로워질 것인데 그것을 확! 비워버리면 얼마나 시원할 것인가!

대변과 소변을 보는 일이 절대 큰일일 것이나, 아무리 급한 일이 있더라도 마음만은 쉬어가야 한다.

몸의 10孔(공) 중에서 높은 위치를 차지한 얼굴에 7공이 있다.

7공이 바를 正(정)자를 이루고 있는데 눈 2개가 가로로 붙어 있고, 구멍이 2개인 코가 세로로 내리붙어 있으며, 두 개의 귀는 양쪽에 있으며, 입은 가로로 길게 아래를 막고 있어 얼굴에 '바를 정'자가 쓰여 있다.

7공은 존재하는 것들을 보고, 듣고, 냄새 맡고 말하며 마음(心, 심)을 내게 하는데 7공을 정하고 바르게 쓰면 성공할 것이나, 부정적이나 삐딱하게 쓰면 고통이 따르고 성공을 이룰 수가 없다.

일월의 맑음과 밝음이 눈에 들어있고, 바람과 소리는 귀가 담고 있으며, 코는 온갖 냄새(짠내, 단내, 향내, 지린내, 구린내)를 맡아 알려주고, 입은 온갖 맛을 알아 전한다.

아무쪼록 밖에서 주인(道,도)을 찾지 말고, 얼굴의 바른 것(눈, 귀, 코, 입)의 행위를 알아 정진하면 허망한 것에서 벗어날 수가 있을 것이다.

세상을 살아가면서 '내가 어디서 왔으며 어떤 물건인가?' 하는 의심을 하는 경우가 있을 것인데 나를 의심하고 自我(자아)를 알아가려는 것에서 도의 싹(蘖, 얼)이 움트는 것이다.

'한 물건도 아니라는 물건'이 온갖 행위를 다하며 만물의 영장으로 살아가는 것에는 분명 어떤 性(성)이 존재한다는 것을 알게 되면서 스스로의 自性(자성)을 알아 佛性(불성)을 품으려 수행에 임할 것이다.

수행자는 '이놈이 어떤 놈인고!' 하는 의심을 붙잡고 늘어지게 되는데 여기에서 수행자는 자신을 현혹하는 여러 갈래의 길을 마주치게 된다.

도란 이런 것이다, 저런 것이다 또는 이렇게 해야 한다, 저렇게 해야 한다. 이것부터 먼저 해라, 저것부터 먼저 해라 등 수많은 문제에 봉착하게 되는데 그것은 자신의 근기로 헤쳐나가야 한다.

자성부처를 찾아 수행에 임하지만 많은 수행자가 올바른 수행의 길을 잃어버리는 것은 때가 이르면 불립문자 교외별전이라는 말씀을 품거나 알아차려 문자나 식에 알음알이를 버리고 空(공)을 취해야 하는데 어떻게 해야 문자를 버리고 공을 취하는 것인지를 모르고 제대로 지도해주는 이가 없어 識者(식자)에 머무는 수행자들을 보는 세상이 되었다.

자성이 불성임을 알려면 문자나, 이론이나, 식에 얽매이면 스스로의 불성을 알아차릴 수가 없으며 자성부처를 친견할 수가 없다.

일체 만법이 실상무상이라 하였다. 有相(유상), 無相(무상), 有爲(유위), 無爲(무위)에서 풍당거리지 않는 천하 대장부의 출현을 기대해 본다.

天下莫柔弱於水(천하막유약어수)	천하에 부드럽고 약한 것으로는 물만 한 것이 없다.
而攻堅强者(이공견강자)	단단하고 강한 것을 물리치는 데는
莫之能先也(막지능선야)	물보다 나은 것이 없다.
以其無以易之也(이기무이역지야)	물을 대체할 만한 것이 없는 것은
故水之勝剛也(고수지승강야)	물이 강한 것을 이기기 때문이다.
弱之勝强(약지승강)	약한 것이 강한 것을 이기고
柔之勝剛也(유지승강야)	부드러운 것으로 단단한 것을 이기는 것을
天下莫不知也(천하막부지야)	세상 사람들이 모를 리 없지만
而莫能行也(이막능행야)	이것을 실천하는 사람은 없다.
故聖人之言云曰(고성인지언운왈)	그러므로 성인은 말하기를
受國之詬(수국지구)	나라에 치욕을 받아들이는 자를
是謂社稷之主(시위사직지주)	사직의 군주라 하고
受國之不祥(수국지불상)	나라의 불행을 받아들이는 자를
是謂天下之王(시위천하지왕)	천하의 왕이라 일컬으니
正言若反(정언약반)	바른말이 잘못된 말처럼 들리기도 한다.

78장 함부로 쏟아내는 말에 복이 있고 화가 깃들어 있다.

세상은 씩씩하고, 용기 있고, 정의로운 영웅을 원한다.

勇氣(용기)란 씩씩하고 굳센 기운으로 사물을 대함에 겁이 없는 기개를 말하며, 英雄(영웅)이란 공익을 위하여 보통사람들이 할 수 없는 일을 슬기롭게 해내는 사람을 일러 하는 말이다.

큰 뜻을 품은 이들은 남들이 치욕으로 여기는 일도 흐르는 물처럼 스스럼없이 가볍게 받아들여 남의 가랑이 사이를 기기도 하고, 남의 집을 지키는 개가 되어 짖기도 하고, 궁형을 당해도 꿋꿋이 버텨내어 세상에 이롭고 의로운 일을 이루어 낸다.

조선조 최장수 정승이며 청백리인 황희의 젊은 시절의 이야기이다.

젊은 시절 황희는 자신의 학식과 재능을 믿고 제멋대로 행동하는 일이 많았으며 깊이 생각해보지도 않고 함부로 말을 거칠게 하여 후회한 적도 많았다고 한다.

그런 황희가 벼슬살이할 때 벼슬아치들에게 미움을 받게 되어 잠시 벼슬자리에서 물러나 쉬면서 전국을 유람하던 때의 얘기이다.

어느 지방에 이르렀을 때 모내기 철이라 들녘에는 많은 농부가 열심히 일을 하고 있었는데 황희도 땀을 식히며 쉬어갈 참으로 나무 그늘을 찾아 쉬게 되었다.

나무 그늘에서 쉬고 있는 바로 앞에서 어느 농부가 우직해 보이는 누렁소와 씩씩해 보이는 검정소 두 마리를 쟁기에 매어 논을 갈고 있는 광경을 보게 되었다.

열심히 일하는 농부와 소들을 보면서 황희는 갑자기 의심이 생겨 논에서 일하는 농부를 보고 소리쳐 물었다.

"여보시오, 농부 나으리. 두 마리 소 중의 어떤 소가 일을 더 잘합니까?"

그러자 소를 부리며 일하던 농부가 하던 일을 멈추고 황희에게 바삐 다가와서는 무슨 비밀 이야기라도 하듯이 황희의 귀에 대고 속삭이듯이 "검정소랍니다. 누렁소는 힘은 좋으나 검정소에 비해 요령이 부족하지요."

어이가 없어진 황희가 재차 물었다.

"아니, 그게 무슨 대단한 비밀이라고 이렇게 속삭이듯 얘기하는 겁니까?"

그러자 농부는 "아무리 미천한 소라도 귀가 있으니 자신의 험담을 하면 기분이 나쁠 것이 아닙니까?"

그제야 황희는 농부의 깊은 뜻을 이해하고 무릎을 '탁!' 쳤다.

농부는 소들도 귀가 있으니 자신의 험담을 하면 기분이 나쁠 것이라고 생각해서 황희의 귀에 대고 작은 소리로 검은 소가 더 일을 잘한다고 말하였던 것이다.

황희는 바로 그 자리에서 깨달은 바가 있어 농부에게 감사의 인사를 하였으며, 그 이후로는 미물조차도 제 험담하는 소리는 알아듣는다는 농부의 말을 가슴 깊이 새기게 되었으며, 누구에게도 험담을 하지 않았기에 최장수 청백리 정승으로 이름을 남기게 되었다.

사람은 신령스러움을 품고 태어나기에 세상을 살아가며 나름대로 때때에 일을 맞아 어떻게 처신할 것인가를 정하며 살아간다.

물처럼 바람처럼 허허롭게 살아가는 이들이 있는가 하면 나름대로 계획을 세워 무슨 일을 대함에 스스로의 행동을 철저히 제어하는 이들도 있다.

사람이 神(신)이라 물처럼 낮은 곳으로, 낮은 곳으로 흘러가는 삶은 어렵고도 어려운 것이라 그것을 아는 이들이 많을 것이나, 실천하기는 매우 어려운 것이다.

불가에는 세 개에 보물이 있는데 그것은 佛(불), 法(법), 僧(승)이다.

첫째 보물인 부처(佛)는 미혹에 휩싸여 살고 있는 중생들을 구제하기 위한 반야의 智慧(지혜)를 말한다.

두 번째 보물은 부처의 말씀이며, 그것으로 진리를 찾아 차안에서 피안으로 건너가기 위한 수행을 행하여 차별과 평등을 여읜 지혜를 얻기 위함의 뜻이 담겨있다.

셋째 보물인 승은 부처의 말씀을 따르고 받드는 승가를 말하며, 화합을 이루어 어리석게 다투는 중생들을 구제하라는 뜻을 담고 있다.

세상을 구하려거나 출세(出世, 세상 밖으로 나옴)하려는 높은 뜻을 지닌 자는 스스로 자신을 먼저 살피고 돌아다 볼 줄 알아야 하고 자신이 품은 속 깊은 포부를 이루어 내야 할 것이다.

세상은 차별을 대하는 곳이고 평등을 모르고 무시하는 곳이기 때문이며, 칼은 때론 사람을 살리는 활인의 검이기도 하지만, 만인을 해하는 흉악한 무기가 되기 때문이다.

큰일을 이루려면 자신이 품은 뜻을 쉽게 밖으로 드러내서는 안 된다.

和大怨(화대원)	크나큰 원한은 화해를 해도
必有餘怨(필유여원)	그 앙금이 남게 되는데
安可 以爲善(안가이위선)	어찌 이것을 화해가 잘되었다고 할 수 있겠는가?
是以聖人執左契(시이성인집좌계)	그래서 성인은 빚 받을 문서를 지니고서도
而不責於人(이불책어인)	빚진 사람을 몰아세우며 독촉하지 않는다.
有德司契(유덕사계)	그러므로 덕을 베풀면 서로의 마음이 맞춰지고
無德司徹(무덕사철)	덕을 베풀지 않으면 서로의 마음이 억지로 맞춰진다.
天道無親(천도무친)	천하 대도는 사사로움이 없기에
常與善人(상여선인)	언제나 선한 사람의 편이 된다.

79장 빚 문서는 저승에 가서도 갚아야 한다.

도를 얻고자 수행에 임하는 자는 하늘의 빚 문서에 기록된다고 전하는데 하늘의 빚을 탕감받고 빚 문서의 기록에서 삭제를 받으려면 만법이 하나임을 깨달아 득도하는 길만이 唯一(유일)하다고 전한다.

古來(고래)로 道(도)를 얻고자 수행 정진한 수행자들은 많았을 것이나, '그중 얼마나 수행자들이 眞一(진일)의 도를 얻어 하늘의 빚을 탕감받았을까?' 하는 의구심이 든다.

만공선사의 일화입니다.

만공스님이 절을 찾아온 젊은 처사와 함께 밤을 지내게 되었다. 방에 자리를 깔고 함께 누워서 잠을 청하려는데 스님에게 젊은 처사가 "스님, 뭐하나 여쭈어봐도 되겠습니까?" 하고 물었다.

만공스님은 무심코 "말씀해보세요."라고 하였다.

처사는 "萬法歸一(만법귀일) 一歸何處(일귀하처)라는 말을 들었는데 만법이 하나로 돌아가면 하나는 어디로 가는 겁니까? 스님, 그 하나가 가는 곳을 수행하시는 스님은 아실 것이라는 생각에 묻습니다." 하며 질문을 하였다.

당시 만공스님은 만법의 歸處(귀처)를 알지 못하던 때인지라 스님은 처사의 물음에 안다, 모른다는 대답을 할 수가 없었다.

무엇을 알아야 대답을 하련만 하나의 귀처를 알지 못한 만공스님은 젊은 처사의 물음에 벙어리가 되어 어떤 말도 하질 못하고 밤새 끙끙거리고 자리를 뒤척이며 '아! 내가 미련하여 절 밥만 축내는 식충이로 부처를 속이고 있었구나.' 하시며 하얀 밤을 지새우고 스스로의 공부에 불을 댕기는 계기가 되어 훗날 만법이 돌아가는 귀처를 알아 견성득도 하였다고 한다.

하늘의 도는 어떤 일을 함에 다그치거나 꾸짖거나 독촉함이 없으며, 사사로움이나 作爲(작위)함은 더더욱 없다.

수행자가 지닌 도를 담을 그릇이 익게 되면 어떤 기이한 인연에 의하여 스스로 도를 담게 되며, 하늘과 세상의 빚을 탕감받아 한가롭고 여유로운 생을 맞이하게 된다.

도를 담고 살면 평등과 차별이 하나임을 알기에 진공과 묘유를 즐기며 어디에도 막힘이나 걸림이 없는 한가한 삶을 살게 된다.

小國寡民(소국과민)	나라가 작고 백성이 적으면 많은
使有什佰之器而不用(사유십백지기이불용)	물건들이 있어도 쓰지 않는다.
使民重死而不遠徙(사민중사이불원사)	백성이 죽음을 중히 여기면 멀리 옮겨 가는 일도 없다.
雖有舟輿(수유주여)	비록 배와 수레가 있어도
無所乘之(무소승지)	그것을 타는 일이 없고
雖有甲兵(수유갑병)	비록 갑옷과 병장기가 있어도
無所陳之(무소진지)	그것을 (사용하려) 벌려놓지 않는다.
使人復結繩而用之(사인부결승이용지)	사람들은 다시 노끈을 맺어서 약속의 표시로 사용하고
甘其食(감기식)	음식을 맛있게 먹고
美其服(미기복)	아름다운 옷을 입고
安其居(안기거)	그 집안을 편안케 하며
樂其俗(락기속)	그 풍속을 즐긴다.
隣國相望(린국상망)	이웃 나라가 바라다보이며
鷄犬之聲相聞(계견지성상문)	닭과 개 짖는 소리가 서로 들려도
民至老死不相往來(민지로사불상왕래)	백성들은 늙어 죽도록 서로 왕래하지 않을 것이다.

80장 법이나 문자로 백성을 다스리지 않아야 한다.

나라를 다스리는 왕이나, 신하나, 백성들 모두가 도를 품고 덕을 따르고 숭상하는 나라의 일상은 평온할 것이며, (一常心是道, 일상심시도)라 하였으니 마음이 도라는 것을 알아 서로가 평등과 자유를 품고 살며, 덕을 숭상하고 서로가 귀한 존재이기에 서로에게 걸림 없이 살아가는 일상을 지낼 것이다.

　도덕을 품은 군주는 백성들과 둘이 아닌 이치를 알기에 욕심내어 백성들을 괴롭히지 않고, 그 백성들을 속박하려 들지도 않아 백성들의 일상이 편할 것이다. 그리고 그 백성들도 덕을 알고 따르며 이웃이 가까워도 멀어도, 다른 이웃의 나라가 있는지 없는지 생각조차도 할 필요가 없기에 스스로 풍속을 즐기고 풍악을 울리며, 농사지어 거두어들이며, 내 배가 부르니 즐겁고 평안하게 태평가를 부르며 살아갈 것이다.

　도덕을 품은 다스림은 모양이 없고 형체가 없으나, 만인에게 거부감이 없고 내세움이 없어 어떠한 어려운 일에 부딪히더라도 쉽게 풀리는 속성이 있다.

　어느 스승과 제자의 이야기이다.

　어느 스승에게 늦깎이로 입문한 제자 스님이 있었다.

　제자는 道門(도문)에 늦게 발을 들여놓게 된 것을 아쉬워하며 남들보다 열심히 스승을 의지하며 공부를 이어온 세월이 6년을 넘겼다.

　어느 날 제자는 스승과 나눈 대화를 되새기며 홀로 복습을 하면서 이상한 점을 발견하게 된다.

　스승과 대화를 나눌 때 일상의 얘기나 도에 관한 모든 얘기가 스승과 함께 나누면 모든 것들을 훤하게 알 수가 있고 막힘이 없었는데, 막상 처소로 돌아와서 홀로 스승과 나눈 대화를 정리하려고 하면 무언가에 막혀 정리가 되지 않는다는 것을 알게 되었다.

　그런 후로도 제자는 홀로 몇 날 며칠을 자신과 싸워가며 훤히 알고 있는 것들을 왜 정리할 수가 없는 것인가를 고민하다가 어느 날 스승에게 자신의 고민을 털어놓기에 이른다.

　"사부님, 오늘은 요즘에 공부하며, 느끼며, 겪고 있는 일에 대하여 묻고자 합니다."

　"무엇이든 말씀하세요."

　"제가 사부님과 일상의 대화를 나누며 천하 만물과 천하 대도를 논함에도 거침이 없었고 그 것들에 대한 이치를 모두 알고 있는 것으로 알고 있었는데 되돌아서 홀로 정리하려고 하니 정리가 안 되는데 굳이 양으로 표현한다면 (앞에 놓인 종이의 귀퉁이를 손톱만큼 접으며) 이 정도라 할까요?"

　"아주 좋은 질문이며 모든 일에는 때가 있는 법인데 스님에게도 때가 이른 것 같다."고 하시며 스승은 "지금 이 시기가 매우 중요한 시기이며 지금 이 시기를 잘못 지내면 도와는 천리만리 멀어지게 되어있으니 이제부터는 공부한다, 수행한다는 이유로 문자(책)를 접하지 말고 무유에도 치우치지 마시고, 특히 안다는 망상을 내려놓고 자연인이 되어야 할 것입니다."

"사부님, 말씀은 쉬우나 지금까지 공부에 매달려 살던 사람이 모든 것을 내려놓고 자연인이 되어 살아가라는 말씀은 선뜻 이해가 가지 않습니다."

"도는 안다, 모른다는 상식 밖에서 구해지는 것이며 6조 혜능 스님이 一字無識(일자무식)이 었던 것을 감안하시면 쉽게 이해가 갈 것입니다. 도는 불립문자 교외별전이라 하였으며 필히 자성부처를 친견하는 자리는 아무것도 모르는 예상 밖의 자리이고, 전후좌우가 없는 자리이며, 그 자리는 준비한 자에게만 인연이 닿은 자리이며, 세상의 식으로는 절대로 다가갈 수가 없는 자리이기에 문자의 알음알이를 버리라는 것입니다. 그 자리에 들면 스스로 게송이 흘러 나올 것이니 명심하세요."

그날 이후로 제자는 공부(문자)를 버리고 산이나 들을 찾아다니게 되었고, 자연을 접하며 자전거를 타고 강가를 누비고 다녔으며, 바닷가에 사는 지인을 따라 고기잡이배도 타며, 철저하게 책과는 담을 쌓고 사는 자연인(무지인)으로 세월을 보냈다.

그렇게 생활하며 한 해를 보내고 새해를 맞아 쌀쌀한 이른 봄날 자전거를 몰고 강변을 달리다가 잠시 휴식을 취하던 때에 奇緣(기연)이 찾아오게 되어 제자는 천지 만물이 無我(무아), 즉 나도 없고 無心(무심), 즉 마음도 없다는 것을 알게 되고, 만법이 하나임을 홀연히 체득하게 되었다.

이후에 스승과 마주한 제자는 앞에 접어 두었던 종이를 바로 펴 보이며 "물고기의 힘찬 몸짓에도 대도(부처)를 품었구나." (이후 생략)하며 게송을 읊어 보였다.

게송을 듣고 난 스승은 "넘치고 넘칩니다." 하시며 쾌재를 불렀고 "도를 얼음이라 하면 설산의 만년설도 얼음이고, 늦가을에 설핏 내린 서리도 얼음인데 단단하게 굳어 제맛을 내려면 5년은 익어야 한다."는 말을 하니, 제자는 이후 5년간 말 잃은 벙어리 신세로 지냈다고 전한다.

信言不美(신언불미)　　믿음이 있는 말은 꾸미려 들지 않고

美言不信(미언불신)　　꾸민 말은 미덥지 않다.

善者不辯(선자불변)　　착한 사람은 변명하지 않고

辯者不善(변자불선)　　변명하는 사람은 솔직하지 못하다.

知者不博(지자불박)　　참으로 아는 사람은 널리 알지 못하고

博者不知(박자불지)　　널리 아는 사람은 제대로 아는 것이 없다.

聖人不積(성인불적)　　성인은 쌓아 두지 않고

旣以爲人(기이위인)　　이미 사람들에게 널리 베풀기 때문에

己愈有(기유유)　　더 많이 지니게 되는 것이며

旣以與人(기이여인)　　사람들과 더불어 쓰지만

己愈多(기유다)　　더욱더 많아진다.

天之道(천지도)　　하늘의 도는

利而不害(리이불해)　　(만물을) 이롭게 할 뿐 해가 되지 않으며

聖人之道(성인지도)　　성인의 도는

爲而不爭(위이불쟁)　　할 일을 다 하여도 다투는 일이 없다.

81장 말 잘하는 앵무새의 재주는 배우지 마라.

만법이 들고나는 자리(眞空, 진공)를 알아차리는 것은 그리 어려운 일도 아닌데, 많은 이들은 그 하나(一)의 자리를 얻지 못하는 것은, 그 하나(一, 일)가 대단한 것일 것이라는 착각(美言, 미언)에 속아서 그 하나를 스스로 잃어버리고 살고 있으니 마른하늘에서 벼락을 구하는 것이 더 쉬울 듯하다.

道(도)가 신비하고 신통스러운 것은 아니나 도를 득하면 본래의 자리에 신통함도 함께 득하는 것이라 깊은 수행을 이어가면 신비하고 신통함도 스스로의 근기에 따라서 따르게 된다.

방한암 尊師(존사)의 이야기이다.

상원사의 지장암에서 수행하셨던 인홍(비구니)스님이 상원사에서 저녁예불을 마치고 늦은 시간에 조실스님(한암선사)이 계신 방으로 들어와 한암스님과 마주 앉았는데, 방바닥에 확대경같이 둥글고 은은하며 빛나는 호박등 불빛을 보았다. 그 빛은 조실스님의 눈길이 가는 곳으로 움직이는 것을 보고 인홍스님은 놀랐으나, 그것이 조실스님의 눈에서 나오는 안광임을 알게 되면서 더욱 놀랐다고 한다.

수행자가 깊은 수행을 하면 엄청난 기가 응집되어 발광한다는 것을 알고 있던 터라 조실스님(한암선사)이 빛이 발산하는 것을 본 인홍스님은 말로만 듣던 그런 신통한 것을 목격하고서 조실스님(방한암선사)처럼 엄청난 도력을 행하는 道人(도인)은 생전 처음이라는 말을 하였다.

도에는 신비함이란 없다.

득도 후에 자신의 근기에 따라 수련하여 기를 활용하는 일은 있겠으나, 도 자체의 신통함이나 신기한 것은 없다.

인홍스님이 본 방한암스님의 신기한 불빛은 스스로 수행하여 기를 응집시킨 결과물이며, 도를 얻은 도인에게 있는 수행의 결과라 할 것이다.

도는 스스로가 비어있어서 들고남에 걸림이 없고 자연과 함께하기에 자연을 뛰어넘거나 자연 위에 군림하지도 않는다.

대도수련에는 천지의 기를 服食(복식)하여 스스로의 건강을 지키는 內空(내공)호흡 수련법이 있다. 이는 鼻(비)와 口(구)로 호흡을 들이고 내는 방법이며, 이를 山澤通氣法(산택통기법)이라 한다.

산택통기법으로 기를 운화하여 통하면 능히 虛(허)하여 변화하고, 만물과 통하며, 五氣(오기)와 五音(오음)이 음양과 합을 이루어 오장육부의 삼만육천신경을 돌고 돌며 기혈이 청정해지고, 황중정액의 神丹(신단)이 생기고, 두뇌의 이환정문에는 嬰兒形(영아형)의 黃芽聖胎(황아성태)인 중성핵자가 조성되며, 이를 神機神明(신기신명) 眞一聖靈(진일성영)이라 하며, 氣血神(기혈신) 삼위일체라 한다.

易(역)에 궁하면 변하고, 변하면 통하고, 통하면 이어진다고 하였으니 삼위(기혈신)가 일체를 이루면 하늘의 大道(대도) 신장들이 스스로 나서서 도와주기 때문에 불리함은 없어지고 吉(길)하다 하였다.

천인대도법문인 天符經(천부경)에 一(일)의 始(시)함도 終(종)함도 無(무)이며 하나(一)라고 하였으며, 天一(천일) 地二(지이) 人三(인삼)이 하나이고 三(삼)을 이루니 자연히 四(사)가 생하며 천지가 자연 순환하면서 음양을 낳으니 五(오)와 七(칠)이 생하며, 천지인 三才(삼재)가 음양과 합을 이루어 六(육)이 되어 음양이 함께하니 七(칠)과 八(팔)이 생하며, 일묘련 三才(삼재)가 운화하면 九(구)가 생하나 본 자리인 오십토는 만왕만래라도 변함이 없다.

도를 얻고자 수련함이란 스스로의 알음알이를 내려놓는 것이고, 스스로 인연 따라 흐르는 생멸을 내려놓는 것이며, 공하고 무한 본래의 자리를 확인하는 것이다.

도를 수행한다고 하여 무엇을(道) 조금씩, 조금씩 닦아 가면서 수행을 쌓아가는 것이 아니며, 학문이나 경전의 말을 이해하였다고 해서 도가 득해지는 것도 아니다.

때에 스스로 '아! 그렇구나!' 하는 알아차림이 본래의 자리를 알아가는 과정이며, 스스로 품고 있던 의심이 몰각! 무너지며 만법이 하나인 것을 깨달아 얻어지는 자리가 있을 것이다.

옛 성현들의 말씀을 기록한 경전은 셀 수도 없이 많은데 그 많은 말씀은 모두가 道(도), 즉 깨달음(覺, 각)을 찾아가는 이정표요, 안내문이며, 방편이며, 지침인 것이다. 즉, 도를 득한 성현의 말씀은 후세의 후학들이 읽고 익혀 도를 득할 수가 있도록 도와주는 지침서에 지나지 않기 때문에 경전을 접해도 (경전의 말) 내세우거나 주장하지 말아야 하며 안다, 얻었다는 망상을 내세우면 도를 득할 수가 없으므로 경전의 敎(교)를 접하지 않아도 도를 취할 수가 있다는 것이다.

그렇다고 문자와 학문을 접하지 말라는 것이 아니라 문자와 학문에 빠져 그것을 주장하고 내세우면 실다운 도와는 점점 멀어져(안다는 학식의 깊이만큼) 도를 득할 수가 없고, 문자와 학문(학식)이라는 방편에 빠지면 업은 아이 찾는 격이 되어 '도란 이런 것을 말하는구나.' 하며 도의 울타리 주변을 맴돌고 서성이는 정도에 머물게 되어 眞一(진일)의 도를 득할 수가 없다는 것이다.

도를 수행함에 禪敎(선교) 쌍수를 취하지만 禪(선)을 익혀 깨달음으로 나아가는 것이나 문자와 이론인 敎(교)를 익혀 배우며, 깨달음으로 나아가는 것은 서로가 배우고 익힌다는 것은 같다. 그러나 결과에는 차이를 보이는데 선의 문은 자성부처를 친견하여 견성득도 하지만, 문자와 이론에 문을 고집하면 학문적으로는 다소의 識(식)을 얻은 학자는 될지언정 대도견성을 이룰 수는 없을 것이다.

한암尊師(존사)께서는 조계종의 1대 종정으로 추대되어 50세에 봉은사의 조실로 계시다가 오대산의 상원사로 돌아가시며 스스로에게 맹세하신 말씀이 時空(시공)을 떠나 현세를 사는 萬人(만인)의 귓전에 귀감이 될 것이라 여겨 적어본다.

"차라리 千古(천고)에 자취를 감춘 鶴(학)이 될지언정

춘삼월에 말 잘하는 앵무새의 재주는 배우지 않겠다."

그리고 방한암 존사께서는 그의 법제자 천을당에게 '天印道中(천인도중) 萬法歸一(만법귀일)'이라는 글을 내리셨다.

도를 얻으면 평등을 취하고 차별을 취하는 것이라 무엇을 한들 행복하고 덕을 베풀게 되는데, 그것만큼 행복한 일은 없을 것이다.

덕이란 바라거나 구하는 것 없이 행하는 것이며, 도를 적당히 알고 있는 것과 타협하여 도를 이룬 것이라 생각한다면 스스로 불행을 자초하는 일이 될 것이다.

도를 얻고 덕을 행함에 가장 큰 장애는 내가 있다는 집착과 내가 안다는 망상이다.

즈음에 세상은 안다는 識者(식자)들로 넘쳐나며 앵무새처럼 입으로만 도를 말하고 덕을 얘기하는 세상이 되었으나, 모름지기 수행자는 춘삼월에 말 잘하는 앵무새의 재주는 배우지 않겠다는 방한암 존사의 뜻깊은 의중을 깊이 새겨 지녀야 하겠다.

천지 만물은 무위의 자연을 품고, 나고, 지고, 나고, 지며 도와 덕을 베풀고 있으며, 어느 것 하나도 도 아님이 없으며, 때에 神(신)이 조화를 이루어 통하고 변하며, 화하여도 본(一, 일)은 변하지 않는다.

도를 득함에는 無上(무상)의 지혜를 품고 慈悲(자비)를 실천함에 있으며, 그것은 덕을 베풀며 어짊을 나누고 나와 남이 함께 존귀함을 알아 깨쳐 실천하는 것에 있다.

나를 초월하여 대상인 너와 함께하며, 둘이 하나이고 하나가 둘인 자리에 들어야 하며, 그 무엇도 없음을 알아 흐르되 흐르지 않고, 머물되 머물지 않는 초월한 자리가 있으며, 그를 일러 노담선인은 玄德(현덕, 그윽한 덕)이라 하였다.

정리하며 마무리하겠습니다.

도는 同出而異名(동출이이명), 무와 유는 동시에 생겨났으나 이름만 달리한다는 구절을 석수장이가 단단한 돌을 쪼아 구멍을 내어 돌을 가르듯이, 쪼고 또 쪼아야 힙니다.

美言(미언)에 속지 말고, 세상과 타협하지 말고, 춘삼월에 앵무새의 재주를 부러워하지 말아야 합니다.

스스로를 내려놓은 空桶(공통) 속의 空心(공심)으로 속죄와 참회의 마음가짐을 지니고 정진해야 하며, 그것은 만법이 공함을 알아 취하려는 이가 지닌 근본의 행위이기 때문입니다.

노담선인의 양자동출이이명의 뜻을 제대로 품어 어디에도 걸림이 없는 한가로운 대장부의 소식을 기대하며 필을 놓습니다.

아우어이홈 우이아어홈 우이아어홈 홈.

글을 마치며

돌이켜 보면 참으로 무모한 도전이며 무식함이 지닌 용기가 아니었나 하는 생각이 앞서는 세월이었습니다.

자성이라는 것도 불성이라는 것도 모르고 오로지 품고 있는 의심을 해결해야겠다는 일념에 도가 무엇인지도 모르고 하룻강아지가 범 무서운 줄 모르고 달려드는 꼴이었으나 천지신장들의 가피를 얻어 빈 항아리를 품게 되어 실다운 공부를 마치게 되었으니 말입니다.

필자의 의심은 학창시절에 접한 色卽是空 空卽是色(색즉시공 공즉시색, 색(물질)이 공(정신)과 같고 물질이 정신과 같다)이라는 말에 의심이 들어 살아오면서 시도 때도 없이 생각이 들고 나기에 사십 대를 넘기며 불경의 말씀인 것을 알고 의심을 풀기 위하여 출가를 결심하게 됩니다.

그러나 출가한다고 누가 반기는 이가 있나? 누가 공부하라고 좌판을 깔아주었나? 누가 가사장삼은 입혀주었나? 누가 잠자고 먹을 곳을 마련해 주었나? 어느 산문에서 받아주었나?

늦은 나이에 서럽고 서럽게 출가한 후에도 동가식서가숙하며 오로지 한 놈만을 때려잡기 위하여 열심히 매달리다 보니 부딪히는 때마다 좋은 인연을 만나 공부를 이어올 수가 있었습니다.

도란 천지 만물을 이루고 그것을 담고 살아가는 모든 것에 담겨있습니다.

만법이 공하다는 그것이 도를 품고 있으며, 사람이 담고 살아가는 마음의 빈자리가 도를 품고 있으며, 물질과 정신, 무와 유가 들고나는 그것에 도가 담겨있어서 누구라도 도인이며 부처인데, 다만 그것을 인지하지 못하고 중생의 삶을 이어가고 있는 것입니다.

兩者同出而異名(양자동출이이명)

무와 유는 동시에 생하였으나 이름만 다르다.

위의 문장에 색과 공을 대입하면

색과 공은 동시에 태어났으나 이름만 다르다가 되며

凡所有相 皆是虛妄(범소유상 개시허망)

若見 諸相非相 卽見如來(약견 제상비상 즉견여래)

무릇 모양으로 나타나는 모든 것들은 모두가 다 허망하다.

만약에 모양이 모양 아님을 본다면 즉시 도를 얻을 것이다.

위의 문장에서 諸相非相(제상비상)만 다시 설명하면,

모든 모양이 그 모양이 아니라는 말은 무유가 동시에 생하고 멸하며 정신과 물질이 동시에 생멸하는 것을 알아차리라는 뜻이다.

장에 다녀오는 도인에게 도를 물으니 베 세 필이라 하였고, 뜰을 거니는 도인에게 도를 물으니 뜰 앞의 나무라 하였으며, 화장실에서 볼일을 보고 나오는 도인에게 도를 물으니 똥 친 막대기라 하였습니다.

도는 空桶(공통)에 담겨있어서 어느 때 어느 곳을 가리거나 분별치 않고 마음이 들고나고, 머무는 곳이 없고, 주인도 없고, 거처도 없는 빈 항아리인 공통에 담겨있으나, 할 일 다 하기에 眞空妙有(진공묘유)라 하였고, 玄之又玄 衆妙之門(현지우현 중묘지문)이라 하였습니다.

도의 특성은 도를 識(식)으로 알았다고 해서 얻어지는 것이 아니며, 수행이나 고행을 한다고 해서 얻어지는 것도 아니며, 기이하거나 신비로운 것이라는 생각을 가져봄직도 하나, 천하대도는 평범한 일상의 모든 것들에 담겨있습니다.

부처의 마음, 즉 여래심은 無心(무심)이라 하였습니다.

마음조차도 없는 무심을 품으려면 나도 없는 無我心(무아심)을 품고 아는 것조차도 없는 無

知心(무지심)을 품어야 합니다.

그래서 不立文字 敎外別傳(불립문자 교외별전)이라 하였습니다.

진정 도를 얻어 담으려 한다면 스스로에게 질문을 던지고 '왜? 왜?'라는 의심을 달고 살며 어느 누구의 말이나 경전의 말씀까지도 의심을 품고, 어느 때 어느 곳에서도 타가 아닌 나에 대한 의심을 풀지 않아야 합니다.

수행함에 장애가 있으니 그것은 안다는 망상과 있다는 착각입니다.

본래 한 물건도 없다 하여 조사도 죽이고 부처도 죽여야 할 판국에 무엇을 알고 무엇이 있다는 것입니까?

我無一切心(아무일체심)임을 알아 일체 我相(아상)을 버려야 합니다.

도를 얻으려는 것은 차별을 품고 살아가는 세상에서 평등을 얻어 맑고 밝은 지혜를 품고 살기 위함이며 누구나 신명을 지니고 살며 누구라도 도인이며 부처를 품고 살아가는 神(신)임을 자각하고 알기 위함입니다.

긴 얘기가 필요 없음은 깨치면 도인이고 부처이지만 못 깨치면 凡夫衆生(범부중생)에 지나지 않는 것입니다.

도를 꿰차려고 노자도 부처도 공자도 부딪쳐 보았으나

지나쳐온 오솔길에 발자국만이 무성하구나.

돌아쳐 옛길에 들어서니 무엇이 보이던가.

아무 흔적도 없구나.

아우어이훔 우이아어훔 우이아어훔 훔.

甲辰(갑진) 夏至(하지)지절에

너른 골 백마산자락 금구정사에서

自虛堂(자허당) 黃 慧空(황 혜공)이 作(작)하다.

참고 문헌

1. 《천을진경》, 천을당 송영대 지음
2. 《인간의 이상과 자연의 원리》, 혜민 지음

노자와 부처의 노래

도덕경

인쇄·발행일	2024년 7월 31일
지은이	노자
엮은이	자허당 황혜공
펴낸곳	천을출판사
등록일자	2015년 7월 17일(제404-2015-000007호)
주소	경기 광주시 초월읍 쌍동리 277-22
전화	031)795-4536 / 010-5306-9936
이메일	geumgoo1@naver.com
값	28,000원

ISBN 979-11-982040-0-4 03150

*본 책자는 법보시로도 제작·배포하고 있습니다.
부처에게 올리는 공양물(燈 花 香 茶 果 米)의 공덕을 덮는 수승
한 공덕이 법보시이며 그것은 천신과 호법신장들이 글(말씀)과
함께하기 때문인 것입니다.
누구라도 동참하시면 무루공덕을 쌓는 것이며 天神(천신)과 호법
신장의 가호에 신통함이 따를 것입니다.

총판·도서 주문 도서출판 BG 북갤러리

주소_서울시 영등포구 국회대로 72길 6, 405호(여의도동, 아크로폴리스)
전화_02)761-7005(代)   팩스_02)761-7995